W0175604

Isabella Ackerl

Mutige Frauen

Isabella Ackerl

Mutige Frauen

46 Porträts

marixverlag

FSC
www.fsc.org
MIX
Papier aus ver-
antwortungsvollen
Quellen
FSC® C083411

Bibliografische Information der Deutschen Nationalbibliothek
Die Deutsche Nationalbibliothek verzeichnet diese Publikation in der
Deutschen Nationalbibliografie; detaillierte bibliografische Daten sind
im Internet über
http://dnb.d-nb.de abrufbar.

3. Auflage 2016

© by marixverlag in der Verlagshaus Römerweg GmbH, Wiesbaden 2014
Covergestaltung: Groothuis. Gesellschaft der Ideen und Passionen mbH
Hamburg Berlin
Bildnachweis: © akg-images GmbH, Berlin / Album
Satz und Bearbeitung: SATZstudio Josef Pieper, Bedburg-Hau
Der Titel wurde in der Palatino Linotype gesetzt.
Gesamtherstellung: CPI books GmbH, Leck – Germany

ISBN: 978-3-86539-995-3

www.verlagshaus-roemerweg.de

»Ich bin doch nur ein Mädchen.«

Elena Lucrezia Cornaro Piscopia

»Das ist alles, was ich Ihnen zu sagen habe, Sir!
Wir sind hier, nicht weil wir Gesetzesbrecherinnen sind;
wir sind hier, weil wir uns darum bemühen,
Gesetzgeberinnen zu werden.«

Emmeline Pankhurst

INHALT

7

Vorwort

Die nachfolgend dargestellten »mutigen« Frauen warfen sich nie ins Kampfgetümmel, sondern haben die ihnen durch Gesellschaft oder Zeitgeist auferlegten Schranken überwunden. Sie sind Mutmacherinnen für jene, die ihnen folgten und folgen werden. Sie sind beispielgebend, weil sie für ihre Zeit Ungewöhnliches wollten und auch erreichten, zielstrebig und unbekümmert. Die Auswahl der Dargestellten ist subjektiv und auch durch die Fülle oder das Fehlen von Überlieferung bestimmt. Zweifellos gab es viel mehr »mutige« Frauen, als wir heute wissen.

Zu allen Zeiten setzten sich mutige Frauen für den Frieden ein, beginnend mit der mythisch-literarischen Gestalt der Lysistrata bis zu den Friedensnobelpreisträgerinnen unserer Tage. Sie gingen unverdrossen und trotz teilweiser Erfolglosigkeit und Vergeblichkeit ihren Weg, sie setzten ihre Anstrengungen fort, auch wenn man sie wie Lysistrata zu einer Figur der Komödie machte, über die sich die Menschen im Amphitheater vor Lachen den Bauch hielten oder eine hämische Presse sie mit Beinamen wie die »Friedensbertha« für Bertha von Suttner verhöhnten. An ihre Erfolge glaubten nur wenige, erst im 21. Jahrhundert lassen Tendenzen gewaltlosen Widerstands und die damit einhergehenden Erfolge Hoffnung schöpfen.

Frieden bedeutet nicht nur das Verhindern von kriegerischen Auseinandersetzungen, sondern auch Gleichberechtigung der Völker, religiöser Gruppen oder Ethnien. Mutige Frauen veränderten durch ihren Einsatz unsere Weltsicht und konnten bisweilen nachhaltige Erfolge erzielen, etwa wie Jodie Williams durch ihre weltweite Kampagne gegen Landminen oder Jane Goodall, die durch ihre Forschungen zu Primaten nicht ungehört ihre mahnende Stimme zum Schutz unserer genetischen Verwandten erhebt.

Über die Jahrhunderte hinweg traten Frauen für mehr Bildung und damit für ihren Anteil am sozialen und kulturellen Leben der Gesellschaften ein. Die Emanzipationsgeschichte der Frauen ist vor allem eine Geschichte der Eroberung von Bildungschancen in patriarchalen Strukturen. In den westlichen Gesellschaften stehen den Frauen heute alle Bildungsmöglichkeiten offen. Doch mussten diese gegen erhebliche Widerstände im 19. Jahrhundert in jedem einzelnen Bereich erobert werden. Man bezichtigte Frauen der mangelnden Intelligenz, ja der Dummheit, man sprach ihnen schöpferische Phantasie ab, hochbegabte Frauen wurden in ihrem Streben schwer gehindert oder lächerlich gemacht, weiblicher Forschergeist zum Schaden der Menschheitsgeschichte an der Entfaltung gehindert. Jede einzelne, die sich über die ihr auferlegten Schranken hinwegsetzte, veränderte die Welt. Diese Frauen bewiesen, dass nicht nur Männer Forscher und Entdecker sein können, und machten späteren Generationen Mut, die »gläserne Decke« zu durchbrechen. Sie machten bis dahin Undenkbares möglich. Manche blieben solitäre Erscheinungen, gerieten vorübergehend in Vergessenheit und doch wurden sie von anderen Frauen wiederentdeckt und als Vorbilder angesehen. So berief sich etwa Laura Bassi, Universitätsprofessorin des 18. Jahrhunderts auf Bettisia Gozzadini, die schon im 13. Jahrhundert an der Universität von Bologna, der ältesten des Kontinents, juristische Vorlesungen gehalten haben soll.

Diesen mutigen Pionierinnen des Geistes und der Tat sei dieser Band gewidmet.

Hatschepsut

* etwa 1495 v. Chr.
† 1458 v. Chr. (14. Januar 1457?)

Ägyptischer Pharao

Hatschepsut, ägyptischer Pharao weiblichen Geschlechts, regierte während der 18. Dynastie. Der Beginn ihrer Regierungszeit wird auf 1479 v. Chr. datiert, d. h. sie erreichte schon im Alter von 16 Jahren eine machtvolle Position, die mit dem ehrenden Titel »die erste der vornehmen Frauen, die Amun umarmt« umschrieben wird. Hatschepsut ist eine Tochter des Pharaos Thutmosis I. und seiner Gattin Ahmose. Ihr Halbbruder Thutmosis II. war gleichzeitig ihr Ehemann, mit dem sie zwei Töchter hatte. Ein Sohn aus einer Verbindung von Thutmosis II. mit der Nebenfrau Isis folgte als Thutmosis III. dem Vater nach. Als Thutmosis III. die Herrschaft antreten sollte, war er allerdings erst vier Jahre alt und noch nicht in der Lage, sein Amt auszuüben.

In dieser vermutlich riskanten Phase übernahm Hatschepsut die Regentschaft für ihren Stiefsohn. Die tatsächliche Übernahme der Herrschaft durch eine Frau ist ungewöhnlich, da ein Pharao zugleich auch der höchste geistliche Würdenträger des Reiches war, ein Amt, das keinesfalls von einer Frau ausgeübt werden durfte. Daher wurde diese Herrscherin einerseits als Mann dargestellt, um den Gepflogenheiten Genüge zu tun, andererseits wurde eine Legende über ihre göttliche Geburt, d. h. ihre direkte Abstammung von Amun, geschaffen, um den Tabubruch abzuwehren, indem die Herrschaft einer Frau als göttlicher Wille dargestellt und sie somit außerhalb der Normen positioniert wird. In Hatschepsuts angeblicher Geburtsgeschichte, die im Tempel von Deir-el-Bahari in 15 Szenen dargestellt ist, heißt es: »Der Name meiner Tochter, die ich Dir in den Leib gelegt habe, soll deshalb auch Hatschepsut lauten … Hatschepsut wird das treffliche Amt des Königs ausüben im ganzen Land.« Dieser Mythos von der göttlichen Geburt steht so durchaus in der altägyptischen Tradition und reicht bis in die vierte Dynastie des Alten Reichs zurück. Diesen Mythos zu schaffen und zu verbreiten, war auch deshalb wichtig, weil ihr Vater Thutmosis I., ein Armeegeneral, unbekannter Herkunft war; jedenfalls stammte er nicht aus einer Zweiglinie von Pharaonen. Ihre Mutter Ahmose hingegen stammte von Amenhotep I. ab.

Zwei Jahre nach Übernahme der Regentschaft wurde Hatschepsut formell durch den Hohepriester mit der Krone Ober- und Unterägyptens gekrönt. Eine Schilderung dieser Zeremonie findet sich in der Roten Kapelle des Tempels von Karnak. Zwei weitere Inschriften aus späteren Jahren bestätigen ihre Herrschaft.

In ihrem neunten Regierungsjahr veranlasst Hatschepsut die Expedition in das Land Punt, eine äußerst wichtige und gut dokumentierte Unternehmung. Dieses sagenumwobene Land lag möglicherweise an der Westküste des Roten Meeres im heutigen Somalia oder Eritrea. Dieses Unternehmen ist in Hatschepsuts Totentempel ausführlich dargestellt, legendär sind die Bilder der Herrscherin des Landes Punt, die im Gegensatz zum üblichen ägyptischen Schönheitsideal als besonders beleibt dargestellt wurde. Ägypten bezog aus dem Lande Punt Weihrauch und Edelhölzer, Gold, Elfenbein und Harze, aber auch Tiere, die vom Künstler des Tempels der Hatschepsut für die Ewigkeit festgehalten wurden.

Hatschepsut kam auch den für einen Pharao üblichen militärischen Aufgaben nach. Sie führte vor allem Strafexpeditionen nach Nubien und Palästina durch. Eine weitere Strafexpedition führte sie gegen kriegerische Nomaden auf der Halbinsel Sinai. Zweck war die Wiedereröffnung der dortigen Türkisminen. Vermutlich hat Hatschepsut schon ihren Vater auf Kriegszügen begleitet und sich dabei Wissen angeeignet und Reputation gewonnen.

Der Baumeister Senenmut errichtete vermutlich in ihrem Auftrag den Totentempel in Deir-el-Bahari und führte Bauarbeiten am Amuntempel von Karnak durch. Es sind dies die Rote Kapelle, ein Barkensanktuar und Obelisken. Dieser Architekt spielte im Leben der Hatschepsut eine bedeutende Rolle, denn er wird auch als Erzieher ihrer Tochter Neferure genannt und als oberster Vermögensverwalter bezeichnet. Möglicherweise stand Senenmut der Herrscherin näher, zumindest lässt eine Statue, die ihn mit Hatschepsut und ihrer Tochter zeigt, dies vermuten. Der Tempel der Hatschepsut ist in seiner architektonischen Gestaltung einzigartig, vor allem die Terrassen und Rampen zu beiden Seiten sind ohne Beispiel. Außerdem ließ Hatschepsut zu Ehren Amuns in den gewaltigen Tempelanlagen von Karnak zwei Obelisken errichten, von denen einer noch aufrecht stehend erhalten blieb. Der zweite, zerbrochen in mehrere Teile, lagert in verschiedenen Museen der Welt.

Hatschepsut wurde vermutlich kaum älter als 35 Jahre. Nach der Identifizierung ihrer Mumie, die fast zweifelsfrei 2007 erfolgte, gehen die Forscher davon aus, dass sie an Krebs oder Diabetes starb. Gefunden hatte man Hatschepsuts Mumie schon 1903; sie konnte aber damals keinem Herrscher eindeutig zugeordnet werden. Mittels DNA-Analysen und CT-Untersuchung wurde mehr Klarheit gewonnen, allerdings bestehen noch immer gewisse Zweifel, vor allem wegen eines nicht exakt passenden Zahnes.

Zu ihren Lebzeiten stand Hatschepsut als Pharao wohl nicht in Frage, nach ihrem Tod wurden aber Inschriften, Reliefs und Statuen der Hatschepsut zerstört. Zunächst vermutete man ihren Halbbruder Thutmosis III. als Täter, inzwischen meint man, dass diese Vernichtungen der Erinnerung, diese »Damnatio memoriae«, einer jüngeren Zeit zuzuordnen sind. Offenbar sollte nie wieder die Tradition gebrochen werden, nie wieder eine Frau das Regierungsamt übernehmen.

Die Geschichtsschreibung beurteilt heute die Zeit der Hatschepsut als eine wichtige und innovative Übergangsphase zum Neuen Reich. Ihre Herrschaft wurde als segensreich für das Land gesehen, die es ihrem Stiefsohn Thutmosis III. ermöglichte, Eroberungszüge bis an den Euphrat zu führen. Generell war ihre 20-jährige Regierungszeit eine Epoche des inneren

Friedens. Ganz im Gegensatz zu Hatschepsut ist über die wahrscheinlich kurze Regierungsphase ihres Halbbruders und Ehemannes Thutmosis II. fast nichts bekannt, er stand sichtlich im Schatten seiner wesentlich tatkräftigeren Gattin und Halbschwester.

Ohne Zweifel war Hatschepsut eine sendungsbewusste, analytische und selbstsichere Frau. Ob sie die Übernahme der Herrschaft aus lauteren Beweggründen und nur im Interesse des Reiches vollzog, oder im Gegenteil aus Machthunger und Geltungsbewusstsein, werden wir wohl nie sicher wissen. In den Augen der Nachwelt, die sie verfemte, war ihre Herrschaft ein Tabubruch, denn eine Frau als Teil der religiösen Hierarchie war bis dahin unerhört und sollte sich auch nicht wiederholen. Für die Zeitgenossen war die Periode ihrer Herrschaft vermutlich gut. So können wir in einer Inschrift für den zur gleichen Zeit lebenden Bürgermeister von Theben lesen: »… sie, eine Herrin des Befehlens, deren Pläne vortrefflich waren; die die beiden Länder [gemeint sind Ober- und Unterägypten] beruhigte, wenn sie redete.«

Die Geschichtswissenschaft begegnete dieser außergewöhnlichen Frau zum ersten Mal nach Entschlüsselung der Hieroglyphen durch Jean-François Champollion, als man wenige Jahre später in Theben die Kartusche eines bis dahin unbekannten Herrschers entdeckte, der in keiner der klassischen Königslisten auftauchte. Eine Beischrift deutete daraufhin, dass es sich um eine Frau handeln könnte, doch blieb das Rätsel um diese Herrscherin noch lange bestehen und bleibt bis heute geheimnisvoll.

LYSISTRATA
(WÖRTLICH: HEERESAUFLÖSERIN)

Lysistrata ist eine Kunstfigur, eine literarisch-fiktionale Gestalt. Sie ist die Kopfgeburt des griechischen Dramatikers und Komödienautors Aristophanes, der seine Komödie »Lysistrata« im zwanzigsten Jahr des Peloponnesischen Krieges zwischen Athen und Sparta schrieb, um die kriegsmüden und erschöpften Menschen mit den Mitteln der Komödie auf Frieden einzustimmen. Das Stück des Aristophanes, aus Anlass der Lenäen, den Festspielen zu Ehren des Gottes Dionysos, aufgeführt, ist ein im Mantel der Komödie verpacktes Politstück pazifistischen Inhalts und bereits die dritte Komödie, die Aristophanes zu diesem Thema verfasste.

Die Geschichte Lysistratas lässt sich schnell erzählen: Die Frauen Athens sind des sinnlosen Tötens leid und wollen endlich Frieden. Da die Männer keinerlei Anstalten machen, Friedensverhandlungen einzuleiten, besetzen sie auf Anraten der schlauen und tatkräftigen Lysistrata die Akropolis, den Burgberg der Stadt. Mit einem Schlag haben sie den strategisch wichtigsten Platz der Stadt in ihre Gewalt gebracht und damit auch die Kriegskasse, die sich im Jupitertempel befand. Den überraschten und völlig übertölpelten Männern, deren Autorität durch diese Tat gründlich untergraben wurde, haben sie noch eine zusätzliche Bedingung auferlegt: Erst wenn Frieden herrsche, würden die Frauen wieder in die ehelichen Schlafgemächer zurückkehren. Diese sexuelle Verweigerung wurde noch durch eine Allianz mit den Spartanerinnen, personifiziert durch Lampito, die Gleiches im Namen der spartanischen Frauen ihren Ehemännern droht, verschärft. Nach verschiedenen Verstrickungen – liebestolle Männer versuchen vergeblich die Burg zu stürmen, nicht ganz standhafte Frauen wollen die Akropolis verlassen, um zu ihren Männern heimzukehren – lenken die athenischen und spartanischen Männer ein. Der Liebesentzug führt letztlich ein glückliches Ende und den lang ersehnten Frieden herbei.

Aristophanes, ein genialer Komödiendichter, der mit Vorliebe Frauen zu den zentralen Figuren seiner Stücke machte, hatte die Hand am Puls der Zeit. Er stellte komödienhaft dar, was sich keiner ernsthaft zu formulieren getraute. Seit zwanzig Jahren herrschte Krieg, eine Generation junger Männer kannte nichts anderes als den Kampf. Sicherlich waren auch sie erschöpft und müde, doch ihr Stolz ließ nicht zu, dem unsinnigen Treiben ein Ende zu setzen. Aristophanes wählte keineswegs eine feine rhetorische Klinge, seine Dialoge sind derb und direkt. Jeder athenische Mann sollte verstehen, worum es in diesem Stück ging. Vordergründig ist es ein Kampf friedliebender Frauen gegen kriegstreibende Männer. Dahinter steckte eine grundsätzlich pazifistische Haltung eines Mannes, der sich der Frauen als Sprachrohr für seine Gesinnung bediente. Er wählte das Genre der Komödie vor allem deswegen, weil es das Publikum äußerst witzig fand, wenn Frauen politisch denken und handeln, einen Plan schmieden und durchführen. In der historischen Realität waren Frauen üblicherweise ans Haus gefesselt, ungebildet und standen dem politischen Geschehen fern. Wir können vermuten, dass es nicht viele Männer in Athen gab, die die Meinung des Dichters teilten, aber alle Männer waren von der Friedensstrategie der fiktiven Heldin beeindruckt, zumindest insofern, als dass sie zufrieden ihre eigene Situation mit der der Protagonisten im Stück verglichen und sich glücklicher schätzten als die vermeintlich Unbelehrbaren. Auf die Wirklichkeit bezogen sah die Lage in Athen trotzdem alles andere als gut aus, denn es sollte immerhin noch sieben Jahre dauern, bis endlich Frieden herrschte. Athen musste eine schwere Niederlage hinnehmen.

Gab es ein historisches Vorbild der Lysistrata? Kannte Aristophanes vielleicht eine Athenerin, die ihrem Mann die ehelichen Freuden verweigerte, damit er endlich seine Stimme für den Frieden erhöbe? Wir wissen es nicht; jedenfalls war zunächst nur die Komödie des Dichters ein Erfolg.

Die Thematik des Bühnenstücks des Athener Dichters, aus dem Augenblick einer konkreten politischen Situation geboren, wird immer wieder in der Literatur aufgegriffen. Die Ideen und Taten der »Heeresauflöserin« sind ein konstantes Menschheitsthema. Die Figur der Lysistrata lebt weiter in Musicals oder Hörspielen, im Film und Fernsehen. Im 20. Jahrhundert hätten Gesinnungsgenossen der »L.« sie wahrscheinlich für den Friedensnobelpreis vorgeschlagen. Viele Friedenskämpferinnen unserer Tage streiten nach wie vor gegen die sprichwörtlichen Windmühlen. Daher ist Lysistrata ein leuchtendes Vorbild für die Umsetzung eines edlen Gedankens.

Hildegard von Bingen

* zwischen Mai und September 1098 Bermersheim
(Rheinland-Pfalz)
† 17. September 1179 Kloster Rupertsberg bei Bingen

Universalgelehrte und Mystikerin

Schon zu ihren Lebzeiten wurde Hildegard von Bingen als Heilige verehrt. Ihr wichtigster Übersetzer und Biograph Bernard Gorceix nannte sie das »geistliche und moralische Gewissen ihrer Zeit«. Erst im 20. Jahrhundert wurden ihre Schriften zur Heilkunde wiederentdeckt und als »Hildegardismedizin« zu Quellen für alternative medizinische Anwendungen, vor allem im Bereich der sich auf Kräuterkunde stützenden »sanften« Naturmedizin.

Als Hildegard von Bingen geboren wurde, befand sich Europa in einer Phase großer Veränderungen. Das christliche Abendland stürzte sich in das Abenteuer der Kreuzzüge, Adelige, einfache Bauern, Frauen und sogar Kinder wollten die Stätten des Christentums von den »Ungläubigen« befreien. Ein Mobilitätsschub ging durch den Kontinent, Städte wurden gegründet und breiteten sich aus. Das mönchische Leben erhielt neue Impulse durch die von Cluny ausgehende Reformbewegung, an zahlreichen Orten entstanden neue klösterliche Gemeinschaften, die zu Zentren von Frömmigkeit und auch Kultur wurden.

Hildegard, das zehnte Kind der rheinhessischen Adeligen Hildebert und Mechtild wurde gemeinsam mit ihrer Verwandten Jutta von Spanheim erzogen. Letztere zog sich bereits mit 14 Jahren von der Welt zurück und führte ein Leben als Klausnerin nach den Regeln des Hl. Benedikt. Vermutlich um 1112 legte auch Hildegard gegenüber Bischof Otto von Bamberg das Gelübde ab und lebte im Kloster Disibodenberg, einer Gründung irischer Mönche, die im Gefolge des Hl. Kolumban auf den Kon-

tinent gekommen waren. Ein derart früher Eintritt in eine Or-
densgemeinschaft war im Hochmittelalter durchaus üblich, sicherte er doch die Zukunft junger Mädchen. 1136 wurde sie zur
Magistra (= Lehrmeisterin) der Novizinnen und zur Äbtissin
gewählt. Mit Abt Kuno von Disibodenberg, dem Vorsteher des
Männerklosters – damals war es üblich, dass parallel Männer-
und Frauenklöster an einem Ort gegründet wurden, wobei das
Frauenkloster bis zu einem gewissen Grad unter der Vormund-
schaft des Abtes des Männerklosters stand – hatte sie einige
grundsätzliche Auseinandersetzung, denn seine Prinzipien der
Askese, die strengen Speisevorschriften und die überaus langen
Gebetszeiten waren ihr ein Dorn im Auge. Offenbar lag ihr ein
praktisches Christentum, die Sorge um Arme und Kranke, sowie die Belehrung der Menschen mehr am Herzen.

Um 1140 traten bei ihr gehäuft visionäre Vorstellungen und
religiöse Offenbarungen auf. Unsicher, ob diese tatsächlich göttlicher Eingebung zu danken wären, wandte sie sich brieflich –
so wird überliefert – an Abt Bernhard von Clairvaux, um Rat,
der sie vorsichtig ermahnte, diese »inneren Unterweisungen«
anzunehmen. Jedenfalls bestätigte Papst Eugen III., ein ehema-
liger Zisterzienserpater, 1148 auf der Synode von Trier ihre Se-
hergabe und wies Hildegard an, ihre Visionen zum vermehrten
Ansehen der Kirche niederzuschreiben. Mit Hilfe eines Schrei-
bers ließ sie diese Visionen in lateinischer Sprache aufzeichnen.
Sie selbst hatte wohl mit Hilfe geistlicher Texte schreiben und lesen gelernt, aber nie eine gründliche Schulung in Grammatik erhalten. Dieser reich illuminierte Text ist leider nur als Faksimile
erhalten, das Original ging im Zweiten Weltkrieg verloren. Moderne Ärzte und Naturwissenschaftler wollten auf Grund von
Hildegards genauen Beschreibungen ihrer Zustände bei ihr immer wiederkehrende schwere Migräneanfälle diagnostizieren,
die zu Halluzinationen führen können.

Hildegards Kloster wurde fast täglich von zahlreichen Menschen aufgesucht, die sich Heilung von Krankheiten oder geist-
lichen Zuspruch erwarteten. 1147 gründete sie gegen den Willen
von Abt Kuno von Disibodenberg, der ein Abwandern der die
populäre Hildegard verehrenden Gläubigen in das neue Kloster

befürchtete, das Kloster Rupertsburg bei Bingen. Da die Zahl der Nonnen in Rupertsberg stetig anstieg, erwarb Hildegard 1165 ein leerstehendes Augustinerkloster in Eibingen bei Rüdesheim am anderen Ufer des Rheins, um Platz für eine weitere klösterliche Gemeinschaft zu schaffen. Der Zustrom von Gläubigen brachte dem Kloster gute Einkünfte und Spenden und ließen die Gemeinschaft, deren Mitglieder sich anfangs nur aus adeligen Familien rekrutiert hatten, durchaus wohlhabend werden. Erst im Kloster Eibingen wurden auch Nonnen aus nichtadeligen Familien aufgenommen.

Hildegard war schon zu Lebzeiten wegen ihrer breitgestreuten Bildung eine Legende und ihre sehr selbstständige Denkweise war für ihre Zeit ungewöhnlich. Sowohl die Geistes- als auch die Naturwissenschaften fanden ihr Interesse. Ihr hauptsächliches Wissensgebiet war die Heilkunde, von weither strömten die Menschen in ihr Kloster, um sich medizinisch und pharmazeutisch beraten zu lassen. Ohne Unterschied des Standes und des Besitzes kümmerte sie sich um alle ratsuchenden Kranken.

Ihre Visionen über das Wirken Gottes legte sie in der Schrift »Scivias« (= wörtlich: Du sollst wissen) – fertiggestellt 1151 – nieder. Damit wurde sie zur wichtigsten Literatin ihrer Zeit. Sie schrieb außerdem Gedichte, Mysterienspiele und Hymnen. Zudem komponierte sie religiöse Lieder, deren Noten in Neumenform überliefert wurden. Es sind insgesamt 77 liturgische Gesänge erhalten, aber auch ein geistliches Drama.

In »Causae et curae« (= Ursachen und Heilungsmethoden) fasste sie ihr gesamtes praktisches medizinisches Wissen zusammen. Einen wichtigen Stellenwert nimmt bei ihr eine gesunde und ausgewogene Ernährung ein, sie propagiert vor allem Dinkel als sehr bekömmliches Getreide, was die heutige Forschung in extenso bestätigt. In ihren Anweisungen ging sie auch auf psychosomatische Symptome ein. Einen Tabubruch stellten ihre Ausführungen zum Sexualverhalten der Menschen dar. Im Grunde fasste sie in ihrem Werk einen großen Teil des medizinischen Wissens ihrer Zeit zusammen, was umso hilfreicher war, da es noch kein Medizinstudium im heutigen Sinne gab. Grundsätzlich war das medizinische Wissen im europäischen Hochmittelalter den Kenntnissen arabischer Ärzte weit unterlegen.

In ihrem Werk »Liber vitae meritorum« (Buch der Verdienste des Lebens) beschreibt sie Tugenden und Laster. Insgesamt hinterließ sie fünf Schriften in lateinischer Sprache und etwa 300 Briefe an Gelehrte und bedeutende Machthaber ihrer Zeit. Dank ihrer adeligen Herkunft wurden ihre Ermahnungen und Anweisungen zu theologischen Fragen, aber auch zu Problemen des täglichen Lebens gehört und respektiert. Sie hat sogar mit Kaiser Friedrich I. Barbarossa korrespondiert, möglicherweise kam es zu einer persönlichen Begegnung in der Pfalz von Ingelheim bei Mainz. Oft nimmt sie in ihren Briefen Bezug auf die Kreuzzüge, die sie als möglichen Reinigungsprozess für begangene Sünden ansieht. Noch in hohem Alter ging sie auf Predigtreise und sprach sogar an Bischofssitzen wie in Trier, Köln oder Bamberg zu den Gläubigen. Sicherlich war es damals ungewöhnlich, dass eine Nonne die Abgeschiedenheit des Klosters verließ und zu den Gläubigen vor Ort predigte.

Im 20. Jahrhundert im Zuge der Frauenbewegung und der Entdeckung der gelehrten und heilkundigen Frauen des Mittelalters entstand ein regelrechter Hildegard-Kult, sie wurde quasi zur Schutzmantelmadonna aller Esoteriker und Alternativen. Einige Komponisten des 20. Jahrhunderts wurden von der Gestalt Hildegards zu musikalischen Werken inspiriert, wie Sofia Gubaidulina oder Peter Janssens.

Ein Prozess zu ihrer Heiligsprechung wurde 1228 begonnen, aber auch wegen Widerständen des Mainzer Domkapitels nie zu Ende geführt. Allerdings wurde sie durch die Jahrhunderte wie eine Heilige verehrt. Papst Benedikt XVI., der sich während seiner Universitätsprofessur in Bonn intensiv mit Leben und Wirken der Hildegard von Bingen auseinandergesetzt hatte, nahm sie 2012 in das Verzeichnis der Heiligen auf und erhob sie zur Kirchenlehrerin.

Von den von ihr errichteten Klöstern haben sich bis in unsere Tage nur Ruinen erhalten. Disiboden wurde zur Zeit der Reformation aufgegeben, Rupertsberg während des Dreißigjährigen Krieges zerstört, das Kloster Eibingen 1803 säkularisiert. In der erhaltenen Klosterkirche von Eibingen werden ihre Reliquien aufbewahrt. 1904 kam es zu einer Neugründung eines Frauenklosters in Eibingen, das sich als Nachfolgeinstitution der Hildegard von Bingen versteht.

Tamar

* 1160 Tiflis
† 18. Januar 1213

Königin von Georgien

Bereits an ihrem 18. Geburtstag übertrug ihr der Vater Georgi III. aus dem Hause der Bagratiden die Mitherrschaft in seinem Reich Georgien, dem Kolchis der Argonautensage. Als ihr Vater sechs Jahre später starb, trat sie unbestritten seine Nachfolge an, da es einen männlichen Erben nicht gab. Mit ihrer Herrschaft begann in Georgien ein »Goldenes Zeitalter«, in dem dieses Land die größte Ausdehnung seiner Geschichte erreichte. Georgien war das erste Land, das im Jahre 337 n. Chr. das Christentum als Staatsreligion eingeführt hatte. Seit 975 n. Chr. war Georgien ein souveräner Staat, der sich allerdings immer wieder gegen Einfälle aus den Nachbarregionen behaupten musste, etwa 1064 n. Chr. gegen die Türken.

Welche Ausbildung Tamar erfahren hat, wissen wir nicht. Vieles in ihrer Geschichte bleibt im Dunklen, bzw. wurde zum Mythos. Tamars Großvater David, genannt der Erbauer, hatte bereits wesentliche Reformschritte eingeleitet. Tamar war in erster Ehe mit dem russischen Prinzen Juri verheiratet. Da die Ehe jedoch kinderlos blieb und ihr Ehemann den strengen moralischen Ansprüchen nicht genügte – angeblich war er in seinem Umgang höchst unmoralisch und war dem Alkohol zugeneigt –, wurde er zeitgenössischen Berichten zufolge nach Konstantinopel verbannt. Der vertriebene Ehemann suchte in der Hauptstadt des byzantinischen Reiches Verbündete, mit deren Hilfe er ein Heer aufstellte, um sich in den Besitz des Thrones zu bringen. Dieses Heer erlitt jedoch eine klägliche Niederlage – angeblich befand sich Tamar selbst unter den Kämpfern – und Juri musste sein Heil in der Flucht suchen. Kommandant der siegreichen Truppen war der ossetische Fürst David Soldan, den sie später heiratete. Zuvor hatte sie noch eine Ehe mit einem Sohn des deutschen Kaisers Friedrich Barbarossa ausgeschlagen. Dies alles lässt darauf schließen, dass Tamar zu ihrer Zeit weithin bekannt und eine begehrte Heiratskandidatin gewesen sein muss.

Nach dem Sieg über ihren Ex-Ehemann wandte sie sich grundlegenden Reformen zu. Sie stärkte die Rechte des Adelsparlaments Darbasi, indem sie das Inkrafttreten von Gesetzen an dessen Zustimmung band. Sie installierte Gerichte und eine diesen übergeordnete Berufungsinstanz. Todesstrafe und verstümmelnde Leibesstrafen wurden abgeschafft. Als neue Bildungszentren gründete sie Klöster und förderte den Kirchenbau. Auf ihre Anregung wurden die Kirchen mit Fresken geschmückt, in den Klöstern reich illuminierte Handschriften hergestellt. Wissenschaftler und Künstler, vor allem Goldschmiede, konnten sich ihrer Wertschätzung erfreuen. In ihrem Auftrag schrieb der bedeutendste georgische Literat des 12. Jahrhunderts, Schota Rustaweli, der sich übrigens auch um die Finanzen der Königin kümmerte, das Heldenepos »Der Recke im Tigerfell«, in dem Tapferkeit, ritterliche Tugenden und Edelmut gepriesen wurden. Die mittelalterliche Handschrift hat sich erhalten. Angeblich durfte sich der Nationaldichter auch der besonderen Gunst der Königin erfreuen, was aber wahrscheinlich in den Bereich der zahlreichen Legenden um diese beeindruckende Frau gehört. Außer diesem Heldenepos entstand zu dieser Zeit eine Landeschronik, »Kartlis Tshokvreba«, die die Ereignisse in diesem christlichen Land seit dem 8. Jahrhundert nach Christi schildert.

Unter Tamars Herrschaft wurde in Georgien ein sehr ausgeklügeltes Bewässerungssystem installiert, das die Erträge des Landes steigern sollte. Zuvor konnte Georgien nur Wein exportieren, danach stieg der Ertrag von Baumwolle, Reis und Flachs. Angeblich wurde auch die georgische Rinderzucht bis nach Westeuropa gewürdigt.

Mit Unterstützung des Adels führte Tamar eine Reihe erfolgreicher Feldzüge, was den führenden Adelsfamilien reiche Beute und einen entsprechenden Machtzuwachs brachte. So erzielte sie 1195 einen Sieg über die Perser bei Shamkor (heute Shamkir in Aserbeidschan). 1204 nützte sie den Überfall der christlichen Kreuzfahrer auf Konstantinopel aus, um sich das Gebiet um Trabzon, im Norden der kleinasiatischen Halbinsel, einzuverleiben.

Als Tamar 1213 unerwarteterweise verstarb, trat ihr Sohn Georgi IV. die Nachfolge an. Nach ihrem Tod wurde Tamar wegen ihrer Verdienste um die Klostergründungen von der Georgischen Orthodoxen Apostelkirche kanonisiert. Wo sie begraben wurde, ist bis heute unklar. Der Legende nach sollte das ganze Land ihr Grab sein. Daher blieb ihre Grabstätte geheim.

Georgi IV. konnte sich nicht lange eines blühenden Reiches erfreuen, er fiel 1224 gegen die Mongolen, ein Jahr später eroberten diese Tiflis und die Unabhängigkeit des Landes ging verloren.

HL. ELISABETH VON THÜRINGEN

* 7. Juli 1207 Sárospatak (Ungarn)
† 17. November 1231 Marburg an der Lahn

Heilige der katholischen Kirche

Die ungarische Königstocher Elisabeth ist eine der unge-
wöhnlichsten Heiligen der katholischen Kirche. Aus einer der
einflussreichsten Familien Europas stammend, führte sie in der
Nachfolge Christi ein derart demutsvolles und heiligmäßiges
Leben, dass ihre Heiligsprechung auf Grund zahlreicher Wunder schon vier Jahre nach ihrem Tod erfolgen konnte. Die als
Gloria Teutoniae (Deutschlands Ruhm) gepriesene thüringische
Landesherrin widmete den Großteil ihres kurzen Lebens der
Fürsorge für die Armen und Kranken. Darin unterschied sie
sich bedeutend von vielen Frauen ihres Standes, die ein Leben
in luxuriöser Sorglosigkeit führten, während sie zum Symbol
christlicher Nächstenliebe wurde.

Elisabeth, Tochter des ungarischen Königs Andreas II. und
der Gertrud von Andechs-Meranien, wurde bereits im Alter von
vier Jahren mit Ludwig, dem Sohn des Landgrafen Hermann I.
von Thüringen verlobt. Die Familie ihrer Mutter gehörte dem
europäischen Hochadel an und war vielfach mit den führenden
Familien versippt. Eine Schwester der Mutter war die später heiliggesprochene Hedwig von Schlesien, eine zweite Schwester
Mathilde, einflussreiche Äbtissin des Klosters Kitzingen.

Wie öfter in Familien ihres Standes üblich, wuchs Elisabeth
in Thüringen bei der Familie ihres künftigen Ehemannes auf
deren verschiedenen Gütern, wie der Runneburg bei Weißensee
oder der Neuenburg bei Freyburg auf. Der thüringische Landgraf war weithin bekannt als Förderer der Dichter und Minne-
sänger. Sowohl Walter von der Vogelweide als auch Wolfram
von Eschenbach lebten eine Zeitlang am thüringischen Hof.

Aus Aussagen ihrer Zeitgenossen geht hervor, dass Elisabeth ein sehr liebenswertes, lebhaftes und temperamentvolles Kind war. Im Alter von sechs Jahren musste sie jedoch erfahren, dass ihre Mutter von Gegnern ihres Vaters, der sich auf einem Kreuzzug befand, ermordet worden war. Angeblich hätte sie Deutsche gegenüber den Ungarn bevorzugt.

Bereits im vierzehnten Lebensjahr heiratete sie, da ihr Schwiegervater verstorben war und ihr Bräutigam als Ludwig IV. die Herrschaft von Thüringen antrat. Der Landgraf war in Thüringen Stellvertreter von König Friedrich II. und verwaltete die Königsgüter auf seinem Territorium. Er reiste viel und hatte umfangreiche repräsentative Pflichten zu erfüllen, wie etwa die Abhaltung von Hoftagen. Die Ehe, der drei Kinder entsprangen, galt als sehr glücklich. Ludwig IV. unterstützte seine Gattin in allen ihren karitativen Unternehmungen, die von der Hofgesellschaft aber heftig kritisiert wurden. Die Hofgesellschaft prangerte immer wieder Elisabeths bescheidenes Auftreten an. So nahm man ihr übel, dass sie einfachste Kleidung und keinen Schmuck trug. Großen Unmut erregte, als sie während der großen Hungersnot der Jahre 1225/1226 die landgräflichen Kornkammern öffnen ließ und Getreide an die Armen verteilte. 1223 gründete Ludwig IV., wohl unter dem Einfluss seiner Gemahlin, ein Spital für Arme und Sieche in Gotha, 1226 ein weiteres am Fuße der Wartburg bei Eisenach, die Ludwig inzwischen zu seinem Stammsitz ausgebaut hatte.

Im Juni 1227 musste er Friedrich II., dem er im Wort war, auf den Sechsten Kreuzzug folgen. Elisabeth begleitete ihn bis an die Grenzen Thüringens. Von Otranto in Italien aus sollten sich die Kreuzfahrer ins Heilige Land einschiffen. Doch Ludwig IV. erkrankte an einer damals grassierenden Seuche – man vermutet, dass es Malaria gewesen wäre – und starb noch in Italien.

In Thüringen übernahm sein Halbbruder Heinrich die Regentschaft für den noch unmündigen Sohn Ludwigs, Hermann, und beeilte sich, die lästige Elisabeth aus dem Hause zu jagen. Sie musste ohne Mittel – ihr Witwengut hatte Heinrich einbehalten – mit ihren drei Kindern die Wartburg verlassen und war im Grunde der Verelendung preisgegeben. Niemand wollte sie aufnehmen, war doch ihr Einsatz für die Armen Ärgernis erregend geworden. Schließlich fand sie Schutz bei ihrem Onkel, dem Bischof Egbert von Bamberg, einem politisch äußerst einflussreichen Mann in Europa. Er war ein Vertrauter des Stauferkönigs Friedrich II. und zuletzt während der Auseinandersetzung mit dem Babenberger Herzog Friedrich dem Streitbaren von Friedrich II. als Statthalter in den Ländern des Aufmüpfigen eingesetzt worden. Bischof Egbert versuchte, Elisabeth zu einer neuerlichen Vermählung zu überreden. Sogar eine Ehe mit dem Stauferkönig Friedrich II. wurde von ihm angedacht. Doch Elisabeth verweigerte sich seinen Plänen.

Zu dieser Zeit kam Elisabeth mit Konrad von Marburg in Kontakt, der ihr spiritueller Mentor und Beichtvater wurde. Er war ein landauf, landab bekannter Prediger, ein strenger, zölibatär lebender Asket, der von Elisabeth fast unmenschliche Kasteiungen verlangte. Den Beitritt zum Orden der Franziskanerinnen allerdings verwehrte er ihr, sie wurde nur Mitglied des Dritten Ordens. Die Franziskaner, als europaweite Armutsbewegung in Widerspruch zu den reichen Klöstern und Stiften, erfreuten sich damals großen Ansehens und Zuspruchs. Ganz praktisch verhalf Konrad von Marburg der vertriebenen Witwe zur Wiedergewinnung ihres Witwengutes bzw. eines Teiles davon, indem er es auch verstand sie unter den Schutz des Papstes zu stellen. Das wiedergewonnene Vermögen verwendete Elisabeth 1228/1229 zur Errichtung eines Armen- und Siechenhauses in Marburg, wo sie selbst die Kranken pflegte. Ihre besondere Fürsorge galt den Aussätzigen, denn die an Lepra oder ähnlichen Krankheiten erkrankten Menschen wurden aus der Gesellschaft ausgestoßen. Damals wusste man noch nicht, dass behandelte Lepra nicht ansteckend sei. Daher wurden auch alle, die sich mit der Behandlung der Leprakranken beschäftigten und selbst gesund blieben, als Wundertäter bestaunt.

1231 verstarb Elisabeth erst 24-jährig, vermutlich an den Folgen ihrer intensiven Tätigkeit im Hospital und den frommen Kasteiungen. Schon kurze Zeit nach ihrem Tod wurden die ersten Wunderheilungen durch Elisabeth kolportiert, Mythen und Legenden um sie entstanden. Ihr in christlicher Demut, der edelsten der Tugenden, geführtes Leben wurde zum Vorbild ihrer Zeitgenossen.

Ein Jahr nach ihrem Tod beantragte Konrad von Marburg ihre Kanonisation, wozu er eine Lebensgeschichte, eine Summa Vitae der künftigen Heiligen verfasste. Außerdem liegen die Protokolle der Beschreibungen der Zeitgenossen über das wundersame Wirken der Landgräfin Elisabeth vor. Ihre Heiligsprechung erfolgte nur wenige Jahre später zu Pfingsten, am 27. Mai 1235 durch Papst Gregor IX. Zu ihrem Gedenktag wurde der 19. November bestimmt. Ihre Grablege stand inzwischen unter der Obhut des Deutschen Ritterordens. In dessen Auftrag wurde auch die Elisabethkirche in Marburg zwischen 1235 und 1283 errichtet. In dieser gotischen Kirche fand auch der Sarkophag mit den sterblichen Überresten Elisabeths seinen Platz. Als die Protestanten im 16. Jahrhundert in Thüringen das kirchliche Leben bestimmten und den Heiligenkult beseitigten, wurden ihre Reliquien zerstreut. Das Haupt der Hl. Elisabeth befindet sich heute im Kloster der Elisabethinerinnen in Wien als besonders kostbare Reliquie. Möglicherweise ist es über Erzherzog Maximilian, Hochmeister des Deutschen Ordens, Ende des 16. Jahrhunderts nach Wien gelangt, wo es zunächst zu den Klarissinnen und dann an seinen heutigen Verwahrungsort kam.

Gegen Ende des 13. Jahrhunderts verfasste der Dominikanerpater Dietrich von Apolda eine Lebensbeschreibung, die Vita sanctae Elyzabeth, in der auch die Zeugenaussagen von Lebensbegleiterinnen aufgenommen wurden. Dieses Werk wurde immer wieder aufgelegt.

Weltweit tragen heute hunderte Kirchen den Namen der Hl. Elisabeth, zahlreiche Krankenpflegeorden sind noch immer in ihrem Namen und nach ihrem Beispiel tätig.

Zahlreiche Künstler verewigten in ihren Werken die Wohltaten und Wunder der Hl. Elisabeth. Eines der prachtvollsten Werke ist ein Zyklus von 23 Tafeln im Heiliggeistspital in Lübeck aus der ersten Hälfte des 15. Jahrhunderts. Ihr Leben wurde auch Gegenstand von Kompositionen. Die sicherlich populärste ist die Oper von Richard Wagner »Tannhäuser und der Sängerkrieg auf der Wartburg«. Noch 2007 fanden anlässlich ihres 800. Geburtstages mehrere Ausstellungen zur Erinnerung an die thüringische Landesherrin statt.

CASSANDRA FEDELE

* 1465 Venedig
† 24./25. März 1558 Venedig

Humanistische Gelehrte

Zu ihren Lebzeiten galt sie wegen ihrer großen Gelehrsamkeit als eine »Zierde Italiens« (lat.: decus Italiae nostrae). Ihr Ruhm verbreitete sich im ganzen Land. Ein Porträt der Vielgerühmten aus dem siebzehnten Jahrhundert bezeichnet sie noch als »litteris clarissima«, als eine Frau, die wegen ihrer literarischen Fähigkeiten hochberühmt war. Doch das frauenfeindliche 19. Jahrhundert ließ sie in Vergessenheit geraten. Erst die feministische Forschung, die es sich zum Ziel gesetzt hatte, vergessene bedeutende Frauen wieder zu entdecken, brachte ihr interessantes Leben und ihre literarischen Erzeugnisse wieder zum Vorschein.

In Venedig geboren und vom Vater, der möglicherweise zu den venezianischen Nobili gehörte, nachdrücklich gefördert, erhielt sie eine gründliche humanistische Ausbildung durch Hauslehrer. Zunächst erlernte sie die klassischen Sprachen Griechisch und Latein, die sie schon mit zwölf Jahren fließend gesprochen haben soll. Später schlossen sich Studien in Dialektik und Philosophie an. Ihr Lehrer war der Prior des Servitenklosters in Venedig Gasparino Borro. Ein Universitätsstudium blieb ihr jedoch verwehrt. Sie soll aber nicht nur literarisch, sondern auch musikalisch sehr begabt gewesen sein. Angeblich habe sie spontan lateinische Verse verfasst und diese, sich selbst auf der Gitarre begleitend, vorgetragen.

Im Jahre 1487 – sie war damals 22 Jahre alt – wurde sie anlässlich der Graduierung ihres Cousins von der Universität Padua eingeladen, eine Lobrede auf die Wissenschaften zu halten. Sie muss schon zu dieser Zeit wegen ihrer hohen Bildung und eleganten Formulierungskunst weithin bekannt gewesen sein. Ihre Rede (»Oratio pro Bertuccio Lamberto«) erschien im Druck, aus dem Jahr 1489 ist sogar eine Ausgabe aus Nürnberg überliefert.

Sie führte mit anderen Gelehrten und bedeutenden Persönlichkeiten ihrer Zeit einen lebhaften Briefwechsel, in dem sie die Wissenschaften und vor allem die Empfänger ihrer Briefe rühmte. Berühmte Empfänger ihrer Briefe waren Niccolò Leonico Tomeo, Humanist und Professor in Padua, Eleonore von Aragon, Herzogin von Ferrara, Ferdinand II. von Aragon oder König Ludwig XII. von Frankreich. Der venezianische Senat beauftragte sie immer wieder mit offiziellen Reden, auch um unter Beweis zu stellen, welch großer Blüte sich die humanistischen Wissenschaften in der Republik Venedig erfreuten. Isabella von Kastilien wollte die Fedele für ihren Hof gewinnen, doch der Doge Agostino Barberigo soll diese Reise untersagt haben.

Um 1500 heiratete sie den Arzt Giammaria Mapelli aus Vicenza, ein Umstand, der ihrem Leben als Privatgelehrte ein Ende setzte. Als verheiratete Frau musste sie sich um ihren Haushalt kümmern. Sie übersiedelte mit ihrem Mann auf die Insel Kreta, die damals zum Machtbereich der Dogenrepublik gehörte. Nach einigen Jahren kehrte das Ehepaar nach Venedig zurück, allerdings völlig verarmt, weil Cassandra Fedele und ihr Mann ihre gesamten Besitztümer bei einem Schiffbruch verloren hatten.

Nach dem Tod ihres Mannes 1520 wandte sich die Gelehrte ein Jahr später an Papst Leo X. mit der Bitte um Unterstützung, erhielt aber keine Antwort, allerdings verstarb Leo X. im selben Jahr. Erst dessen Nachfolger Papst Paul III., auf dem Stuhle Petris seit 1534, veranlasste den venezianischen Senat, Cassandra Fedele zur Vorsteherin eines Waisenhauses, das der Kirche San Domenico di Castello angeschlossen war, zu ernennen und damit ihre Existenz zu sichern. Während ihrer Witwenschaft verfasste sie noch das Werk »De scientiarum ordine«, eine Abhandlung über die Gliederung der Wissenschaften, doch diese Arbeit ging durch die Unachtsamkeit eines Verlegers verloren.

Noch einmal trat sie hoch betagt an die Öffentlichkeit, als sie 1556, bereits 90 Jahre alt, auf dem Bucintoro eine Begrüßungsrede für die polnische Königinmutter Bona Sforza hielt, die nach dem Tod ihres Ehemannes Sigismund I. von Polen nach Italien in das von der Mutter ererbte Herzogtum Bari zurückkehrte. Als Fedele mit 93 Jahren in Venedig starb, wurde sie in aller Feierlichkeit in San Domenico beigesetzt, ein Grabdenkmal nach einem Bild von Giovanni Bellini für sie errichtet.

Unglücklicherweise sind nicht alle ihre Schriften erhalten, vor allem ihre lyrischen Werke, die von hoher Qualität gewesen sein sollen, sind verschollen. Doch ihre öffentlichen Reden und ihre Briefe (123 Briefe und drei Reden) erschienen 1636 in Padua unter dem Titel: Clarissimae feminae Cassandrae Fidelis venetae: Epistolae et Orationes (die Reden und Briefe der berühmten Venezianerin Cassanda Fedele). Herausgeber war Jacopo Filippo Tomasini. Auch Zeugnisse von Zeitgenossen über Fedeles stupende Gelehrsamkeit sind überliefert. Alvise Zorzi, einer der bedeutendsten Geschichtsschreiber Venedigs im 20. Jahrhundert, berichtet, dass sie als »echtes Wunder« angesehen worden sei.

Elena Lucrezia Cornaro Piscopia

* 25. Juni 1646 Venedig
† 26. Juli 1684 Padua

Erste Frau, die einen Doktortitel erhielt

Die Venezianerin Elena Cornaro Piscopia stammte von einer
der ältesten Familien der Stadt ab. Die Familie Cornaro bzw.
Corner gehört zu den Case vecchie (alte Häuser), den zehn alten
Familien, die angeblich bereits den ersten Dogen gewählt hat-
ten. Sie war das fünfte von sieben Kindern des Prokurators
Gianbattista Corner. Das Amt des Vaters war nach dem Dogen
das bedeutsamste der Stadt, verwaltete der Prokurator doch die
Finanzen der Republik.

Wie ihre Geschwister erhielt das Mädchen Elena Privatunter-
richt in den klassischen und modernen Sprachen. Es heißt, dass
sie insgesamt acht Sprachen beherrschte. Weitere Unterrichtsge-
genstände waren die sogenannten »freien Künste«, das heißt
Grammatik, Rhetorik, Dialektik, Arithmetik und Geometrie,
sowie Astronomie und Musik.

Schon im Alter von sieben Jahren galt sie als Wunderkind
und wurde als solches in die intellektuellen Kreise eingeführt.
Das junge Mädchen fasste schon sehr früh den Entschluss, allein
zu leben und nicht zu heiraten, ging zunächst aber noch nicht ins
Kloster. Eine vom Vater vorgeschlagene Ehe mit einem deutschen Prinzen lehnte sie ab. Schließlich legte sie bei den Benedik-
tinerinnen das Gelübde ab, da sie sich zwischen Kloster und Heirat entscheiden musste. Die gesellschaftliche Situation, die mit
der zeitgenössischen Redensart »martiar o monocar« (heiraten
oder ins Kloster gehen) umschrieben wurde, ließ ihr keinen Aus-
weg. Ihre persönliche Neigung galt wohl auch eher der klösterli-
chen Bescheidenheit als dem zur Schau gestellten Luxus der Dogenrepublik. Im Gegensatz zu vielen anderen Mädchen, die das
Klosterleben wegen mangelnder Mitgift wählen mussten, war

Elena Piscopia freiwillig diesen Weg gegangen, vor allem, weil er ihr die Möglichkeit eröffnete, ihre Studien fortzusetzen und sich ohne Abhängigkeit von einem Ehemann weiterzubilden.

Elenas Vater förderte bewusst die wissenschaftlichen Interessen seiner hochbegabten Tochter, diente dies doch auch der Förderung des Familienprestiges. Er war es auch, der ihr akademische Debatten im Elternhaus ermöglichte. Nach einer besonders außergewöhnlichen Debatte richteten der Vater und ihre Professoren an das theologische Kolleg der Universität Padua das Ansuchen, Elena Cornaro Piscopia zum Doktorexamen zuzulassen.

Das war für die Zeitgenossen ein unglaubliches Ansinnen, vor allem im Bereich der Theologie. Hieß es doch im 1. Korintherbrief des Paulus »mulier taceat in ecclesia«, die Frau habe in der Kirche zu schweigen. Es war kirchenrechtlich undenkbar, dass eine Frau eine Lehrmeinung vertreten dürfte. Der Bischof von Padua Gregorio Barbarigo, 1960 von Papst Johannes XXIII. heiliggesprochen, lehnte ohne zu zögern ab. Denn eine Frau dürfe nicht über ein theologisches Thema ein Examen ablegen, da dies auch zur Lehre berechtigen würde. Er räumt ihr aber ein, über ein philosophisches Thema – sie wählte zwei Thesen von Aristoteles – eine Prüfung abzulegen.

Das außergewöhnliche Ereignis fand am 25. Juni 1678 in der Kirche der Heiligen Jungfrau in Padua statt, in Anwesenheit aller Honoratioren der Stadt und zahlreicher Universitätsprofessoren. Man war sich schnell einig, dass Elena ihr Examen bravourös bestanden hätte. Daher wurden ihr alle Insignien der Doktorwürde übereicht, die da waren Buch, Ring, Hermelinumhang und Lorbeerkranz. Sie selbst, die sich immer äußerst bescheiden gab und kleidete, meinte zu ihrem neu erworbenen Ruhm: »Ich bin doch nur ein Mädchen.«

Die nächsten Jahre widmete sie dem Schreiben und seltenen Vorträgen bzw. Diskussionen in der Öffentlichkeit. Sie starb 1684 – unsicheren Quellen zufolge an der Pest, allerdings ist zu dieser Zeit keine Epidemie bekannt. Sie wurde feierlich zu Grabe getragen, welches sich in der Basilika Santa Giustina in Padua befindet. Eine Nachfolgerin fand sie erst fast sechs Jahrzehnte später in Laura Bassi aus Bologna.

Maria Sibylla Merian

* 2. April 1647 Frankfurt am Main
† 13. Januar 1717 Amsterdam

Entomologin und Künstlerin

Die »Merian«, die zu den Pionierinnen der exakten Naturwissenschaften gehört, lebte in einem Umfeld, das der Förderung ihrer Talente besonders entgegenkam. Abstammend von
der jüngeren Frankfurter Linie der Basler Merians, die alle als
Künstler und Kunsthändler tätig waren, war sie von klein auf
mit allen künstlerischen Belangen vertraut. Schon durch die
weit verzweigte Verwandtschaft und den Handel mit Kupferstichen und Aquarellen wurde ihr eine gewisse Weltläufigkeit in
die Wiege gelegt. Ihr Vater Matthäus Merian der Ältere starb
früh, ihre Mutter Johanna Catharina Sibylla Heim vermählte
sich ein zweites Mal mit Jacob Marrel, einem Schüler des Stillle-
benmalers Georg Flegel. Matthäus Merian war als Verleger und
Kupferstecher in ganz Europa bekannt, er gab das »Theatrum
Europaeum« heraus und sehr beliebte topographische Ansichten aus ganz Europa. Sein Verlagshaus wurde von zwei Söhne
aus seiner ersten Ehe weitergeführt.

Maria Sibylla Merians Stiefvater Marrel arbeitete in einem
Frankfurter Atelier, betrieb aber gleichzeitig einen Kunsthandel
in Utrecht, was zu häufiger Abwesenheit führte. Bei Maria Sibylla war schon als kleines Kind ihr Talent zu bemerken, doch
die Mutter, die eher kleinbürgerlich und allem Artistischen völlig abgeneigt war, verhinderte eine künstlerische Ausbildung.
Heimlich kopierte das Mädchen Kunstblätter und eignete sich
so Basiskenntnisse an. Ihr Stiefvater, der Maria Sibyllas Talent
entdeckte, förderte ihre künstlerische Ausbildung. Wegen seiner häufigen Abwesenheiten beauftragte er seinen Schüler, Ab-
raham Mignon, ihr Unterricht zu geben. Schon mit elf Jahren

konnte das Mädchen Kupferstiche von bester Qualität herstellen. Es waren vor allem Blumenbilder nach dem Vorbild der Utrechter Malerschule, denen sie aber eigenständig Details hinzufügte, nämlich kleine Insekten und Schmetterlinge.

Ihr naturwissenschaftliches Interesse zeigte sich ebenfalls früh. Sie züchtete Seidenraupen, eine durchaus akzeptierte, weil wirtschaftlich ertragreiche Tätigkeit. Mit der Zeit konzentrierte sie sich auch auf andere Raupen und beobachtete deren Entwicklungsphasen. »Ich habe mich von Jugend an mit der Erforschung der Insekten beschäftigt. Zunächst begann ich mit Seidenraupen in meiner Geburtsstadt Frankfurt am Main. Danach stellte ich fest, dass sich aus anderen Raupenarten viel schönere Tag- und Eulenfalter entwickelten als aus Seidenraupen. Das veranlasste mich, alle Raupenarten zu sammeln, die ich finden konnte, um ihre Verwandlung zu beobachten.« So beschrieb sie selbst ihren Weg zur wissenschaftlichen Beobachtung. Mit Eulenfaltern bezeichnete man damals Nachtfalter.

Ihrer Mutter gefiel dies ganz und gar nicht, auch weil ihr dieses Kleingetier, das keinen wirtschaftlichen Nutzen brachte, abstoßend und hässlich erschien. Maria Sibylla hingegen war fasziniert. In diesen kleinen Naturwundern entdeckte sie Gottes Schöpfung in ihrer ganzen Pracht. Die Ehrfurcht vor der Schöpfung blieb immer ein Teil von Merians künstlerischem Schaffen. Dass Merians Mutter den Interessen und Begabungen ihrer Tochter mit Misstrauen begegnete, beweist die Tatsache, dass sie sie bereits 1865, wenige Wochen nach ihrem 18. Geburtstag mit Andreas Graff, einem Schüler von Marrel, vermählte.

Graff war für Zeichnungen und Kupferstiche von Kirchen und anderen Bauwerken bekannt. Er unterrichtete als Zeichenlehrer, so war etwa der Barockbaumeister Johann Jacob Schübler ein Schüler Graffs. Nach drei Jahren Ehe wurde die Tochter Helena geboren, zwei Jahre später übersiedelte die Familie nach Nürnberg, in Graffs Geburtsstadt. Eine zweite Tochter Dorothea folgte 1678. Wirtschaftlich dürfte es um das Auskommen der kleinen Familie nicht besonders gut bestellt gewesen sein, denn Maria Sibylla musste zum Haushaltseinkommen beitragen. Offiziell durfte sie als Frau laut strenger Handwerksordnung nicht

malen und nur auf Papier und Pergament zeichnen. Hauptein-
nahmequelle wurde daher der Handel mit Farben und allem
Malerzubehör, den Maria Sibylla im Grunde allein führte. Außerdem nahm sie Aufträge für Seidenmalereien und bemalte
Tafeltücher. Sie unterrichtete junge Frauen in Blumenmalerei
und -stickerei, wofür sie kleine Musterbücher mit Kupferstichen
entwarf. Vielfache Anregungen erhielt sie durch die »Hesperi-
dengärten« der Nürnberger Patrizierfamilie Imhoff. Dies waren
parkähnliche große Gartenanlagen, in den sogar Zitrusfrüchte
gediehen. Da sie eine Tochter der Imhoffs in Malerei unterrichtete, erhielt sie Zugang zu diesen Gärten. Aus dieser Beschäftigung entstand auch ihre erste Veröffentlichung, das »Neue Blu-
menbuch«, das als Musterbuch gedacht, ihre Kupferstiche zu
Blumen enthielt. Der erste Band erschien 1675, zwei weitere
folgten 1677 und 1680. Leider erfolgte der Druck des Werks auf
eher schlechtem Papier und das war ohnehin für den oftmaligen
Gebrauch bestimmt, so dass sich nur wenige Exemplare dieser
wunderbar kolorierten Naturstudien erhalten haben.

Offenbar waren diese Kupfersticheditionen finanziell ein Erfolg, jedenfalls veröffentlichte die Merian rasch – nämlich 1679
und 1683 – zwei weitere Bände mit dem Titel »Der Raupen wun-
derbare Verwandlung und sonderbare Blumennahrung«, worin
sie ihre jahrelangen Naturbeobachtungen verarbeitete. In diesen beiden Bänden hatte sie ihre typische Darstellungsweise bereits gefunden, die darin bestand, dass sie die verschiedenen
Entwicklungsphasen von der Raupe bis zum Schmetterling auf
einem Blatt darstellte, zusätzlich zum für die einzelnen Schmetterlinge typischen pflanzlichen Umfeld. Dieses Raupenbuch erschien in einem kleinen Oktavformat, wohl relativ preisgünstig
und daher leicht verkäuflich. Auch von diesem Werk haben sich
nur wenige Exemplare erhalten. Naturwissenschaftler mögen
diese beiden Bände als Forschungsbeitrag zur Entomologie be-
trachten. Sie selbst wollte ihre Beiträge eher als Andachtsbücher
für die Großartigkeit von Gottes Schöpfung verstehen, womit
sie sich ganz in der Tradition der Naturfrömmigkeit ihrer Zeit
befand, die das Wirken Gottes auch in den kleinsten Kreaturen
sah. Sie schrieb im Vorwort: »Suche demnach hierinnen nicht

meine sondern allein Gottes Ehre Ihn als einen Schöpfer auch dieser Kleinsten und geringsten Würmlein zu preisen.« Für die Frauen dieser Zeit war diese Verknüpfung von Handwerk und Wissenschaft zweifellos der einzige Weg, sich wissenschaftlich betätigen zu können.

1685 entschloss sich Maria Sibylla, ihren Mann mit den beiden Töchtern zu verlassen und sich mit diesen einer Labadistengemeinde, einer frommen pietistischen Gemeinschaft, in Wieuwerd im niederländischen Friesland anzuschließen. Das Zentrum der Gemeinde, Schloss Waltha, gehörte der Familie des Cornelis van Aerssen van Sommelsdijk, damals Gouverneur von Suriname, Niederländisch-Guyana in Südamerika, und auch zu einem Drittel quasi Eigentümer der Kolonie. In dieser Kolonie, die auch einen Außenstützpunkt in Suriname hatte, lebten die Mitglieder in einer urchristlichen, naturverbundenen Gemeinschaft, fern der orthodoxen Amtskirche. Sie verdienten ihren Unterhalt mit verschiedenen Handwerken und lebten äußerst bescheiden. Maria Sibylla übernahm die künstlerische Ausbildung ihrer Töchter, eignete sich selbst für ihre naturwissenschaftlichen Studien bessere Lateinkenntnisse an und beschäftigte sich mit der in Schloss Waltha befindlichen Schmetterlingssammlung aus Suriname, was ihren Wunsch, dieses Land zu besuchen, beflügelte. 1691 verließ sie die Gemeinde, die unter dem Einfluss des Predigers Yvon immer rigider geworden war und übersiedelte mit ihren Töchtern nach Amsterdam, wo sie wieder Kontakt mit Künstlern und Naturwissenschaftlern aufnahm. Sie nahm größere Aufträge für Zeichnungen und Kupferstiche an, etwa für einen Verwaltungsbeamten der Ostindien-Kompanie, dessen aus Indonesien mitgebrachte Sammlung sie in einem Werk festhielt. Auch die Sammlung des Amsterdamer Bürgermeisters dokumentierte sie mit ihren prachtvoll kolorierten Kupferstichen. Da sie sich 1692 von ihrem Mann hatte scheiden lassen, war ihre gesellschaftliche Position etwas schwierig, aber dank ihrer Kunst konnte sie sich behaupten.

In diesen Amsterdamer Jahren schuf sie die finanzielle Grundlage für eine Reise nach Suriname. 1699 verkaufte sie fast alle ihre Bilder und ihre naturkundlichen Sammlungen, hinterlegte ein Testament bei einem Amsterdamer Notar zu Gunsten ihrer Töchter und brach mit der jüngeren Tochter Dorothea auf dem Kauffahrtssegler »Willem de Ruyter« nach Suriname auf. Man hatte sie vor den Strapazen der Reise, vor dem mörderischen Klima vor Ort und generell vor den Unbilden, die zwei allein reisenden Frauen drohten, gewarnt, doch sie blieb standhaft. Mit großem Gepäck, vor allem Utensilien zur Aufzucht und Konservierung von Insekten und natürlich Pergament und Pinsel und Farben, überstand sie die Seereise zur Küstenstadt Paramaribo. Sie mietete für sich und ihre Tochter ein kleines Haus und machte sich sofort auf die Suche nach exotischen Pflanzen, Käfern, Larven und Raupen. Im Garten des Hauses setzte sie die Pflanzen ein, für die Raupen hatte sie kleine Behälter, um die Metamorphosen dieser Tiere zu beobachten. Beim Einsammeln der verschiedenen Objekte bediente sie sich der Hilfe der eingeborenen Kariben und schwarzer Sklaven, für die sie nur lobende Worte fand. Vor allem bei Expeditionen in den Dschungel brauchte sie Hilfe für das Freischlagen von Pfaden. Einen Teil der Reise in das Landesinnere legte sie allerdings mit einem Boot auf dem Fluss Suriname zurück. Nicht berichtet hat sie, wie sie alle Mühen dieser Reise überstand, war doch der Fluss voller Kaimane, es gab unbekannte Schlangen und Echsen, die Hitze war drückend. Ihr Forschungseifer war wohl so groß, dass all diese Gefahren und Unwägbarkeiten angesichts der abenteuerlichen Ergebnisse keine Erwähnung fanden.

Am 18. Juni 1701 kehrte sie mit dem Segler »De Vreede« nach zwei Jahren wieder nach Amsterdam zurück. Einen großen Teil der mitgebrachten Objekte verkaufte sie, da es in den reichen Handelsstädten der Niederlande eine große Anzahl von Sammlern gab.

1705 hatte sie einen Band über die in Suriname beobachteten Tiere und Pflanzen unter dem Titel »Metamorphosis insectorum Surinamensium oder Verwandlung der surinamischen Insekten, worin die surinamischen Raupen und Würmer in allen ihren Verwandlungen nach dem Leben abgebildet sind und beschrieben werden und wobei sie auf die Gewächse, Blumen und Früchte gesetzt werden, auf denen sie gefunden wurden. Es werden hier auch Frösche, wundersame Kröten, Eidechsen, Schlangen, Spinnen und Ameisen gezeigt und erklärt, und alles wurde in Amerika nach dem Leben und in natürlicher Größe gemalt« herausgebracht, der ihr viel Anerkennung brachte. Infolge der Größe dieses Werkes hat sie nicht alle Kupferstiche selbst hergestellt, sondern bei renommierten Künstlern stechen lassen. Sie selbst rührte in Frankfurt bei der jährlichen Herbstpräsentation der Neuerscheinungen die Werbetrommel für ihr Werk. Es war ein Folioband mit 60 Kupferstichen im Format 50 mal 35 cm, von dem im 18. Jahrhundert mehrere Nachdrucke erschienen. Ein Faksimile wurde erst 1975 hergestellt.

Die nächsten Jahre lebte sie von den Erträgen ihrer Bücher, aber auch vom Handel mit Malutensilien und Pigmenten, sowie vom Verkauf mancher exotischer Objekte. In Amsterdam war sie eine anerkannte Persönlichkeit, deren Leistungen gewürdigt wurden. 1717 erlitt sie einen Schlaganfall, von dem sie sich nicht erholte. Das Werk der Mutter setzte ihre jüngere Tochter Dorothea fort. Diese heiratete den aus der Schweiz stammenden Maler und Kunsthändler Georg Gsell, der es bis zum Hofmaler Peters des Großen brachte. In einer erst 1800 erschienenen Würdigung Maria Sibylla Merians hieß es: »Wenn je ein Frauenzimmer lebte, welches auf einen bleibenden Ruhm und innige Hochachtung mit Recht Anspruch machen konnte, so ist es die berühmte Maria Sibylla Merian.«

LAURA MARIA CATERINA BASSI

* 29. Oktober 1711 Bologna
† 20. Februar 1778 Bologna

Erste Universitätsprofessorin Europas

Laura Bassi, einziges Kind des Juristen und Anwaltes Giuseppe Bassi und der Rosa Cesarei, zeigte schon in frühkindlichem Alter eine große Begabung und eine ebenso große Bildungsbeflissenheit. Nach häuslichem Unterricht durch den Vater unterwies sie der Hausarzt und Professor für Medizin Gaetano Tacconi in Latein und Französisch, so dass sie bereits mit 14 Jahren beide Sprachen fließend sprechen konnte. Bald wurde ihr Talent und ihr großes Wissen in der ganzen Stadt bekannt und daher erhielt sie weiteren allgemeinen philosophischen Unterricht und speziell in Logik, Metaphysik und Naturphilosophie. Als Vorbild für Laura Bassi diente die Juristin Maria Delfini Dosi, die sich vergeblich um eine Professur beworben hatte.

Zur Tradition der Stadt, deren Universität als die älteste Europas gilt, gehörten wissenschaftliche Streitgespräche, die Disputationes. Diese verliefen derart, dass eine Gruppe von anerkannten Wissenschaftlern sich versammelte und zu einem von außen gegebenen Thema eine Diskussion führte. Dabei konnte jeder seine Gelehrsamkeit unter Beweis stellen, überdies sich eine auf der Höhe der Zeit befindliche Gesprächstechnik aneignen. Zuhörer aller Stände verfolgten einerseits wissbegierig, andererseits jeweils Partei ergreifend die Diskussionen. Diese Streitgespräche fanden sowohl öffentlich statt, etwa wenn ein bekannter Wissenschaftler die Stadt besuchte, aber auch in privatem Kreis und gehörten zum gesellschaftlichen Leben der intellektuellen Kreise der Stadt. In solchen privaten Streitgesprächen schulte die juvenile Laura ihr Talent und erregte große Bewunderung, gleichzeitig wurde ihre Bescheidenheit gerühmt.

Ihr Ruf wurde im Laufe der Jahre so bedeutend, dass sie am 17. April 1732 zu einem öffentlichen Streitgespräch im Prunksaal des Rathauses von Bologna eingeladen wurde. Es war ein sensationelles Ereignis, an dem die gesamte politische, kirchliche und gesellschaftliche Elite der Stadt teilnahm. Die 21-Jährige stellte sich sieben Mitgliedern der Akademie der Wissenschaften zu einer Diskussion über unterschiedliche Themengebiete. Ihr Auftritt wurde zu einem Triumph, sie wurde in der Stadt gefeiert, als neue Minerva bezeichnet und man verlieh ihr einen symbolischen Doktortitel. Diese Verleihung fand in einem großen Zeremoniell statt. Laura Bassi wurde in einer Kavalkade von 18 Wagen von der Universität zum Rathaus gefahren, wo sie nach mehreren Ansprachen mit den Insignien ihrer Würde, unter anderem einem Pelzumhang, ausgezeichnet wurde. Zu diesem Anlass wurde eine ganze Reihe von feierlichen Gelegenheitsdichtungen für »Laura laureata« (wörtlich: die lorbeerbekränzte Laura) verfasst.

Im Vorlesungsverzeichnis des Jahres 1732/1733 erscheint sie als Universitätsprofessorin für Philosophie, tatsächlich hielt sie aber nur zwei Vorlesungen. Eine dritte, deren Text überliefert ist, wurde nie gehalten. Denn in ihrer Ernennungsurkunde wurde ausdrücklich vermerkt, dass sie nur auf Aufforderung des Senats eine Vorlesung halten sollte, was sicherlich eine Diskriminierung der Frau darstellte.

Kamen berühmte Gäste in die Stadt, so wurde sie als intellektuelles Aushängeschild der Stadt zu einem Streitgespräch eingeladen. Laura Bassi gab sich allerdings mit dieser Rolle als Vorbild nicht zufrieden und setzte ihre Studien fort. Ihre Interessen verlagerten sich zunehmend auf das Gebiet der Mathematik und der experimentellen Physik. Sie hielt in ihrem Privathaus Vorlesungen und lud Publikum zu physikalischen Experimenten ein.

Im Jahr 1738 überraschte sie die Gesellschaft von Bologna durch ihre Heirat mit dem um vier Jahre älteren Mediziner Giuseppe Verati. Manche hielten dies für eine Vernunftehe, da sie nach dem Tod ihres Vaters allein lebte und es daher einen schlechten Eindruck machte, wenn Schüler in ihrem Haus Vorlesungen besuchten. Tatsächlich wurde es eine sehr gute Ehe und die Bassi brachte acht Kinder zur Welt, von denen fünf überlebten. Die Liebe zur Wissenschaft einte das Paar, beide führten eine umfängliche internationale Korrespondenz mit Fachkollegen. Es ist hervorzuheben, dass Verati den wissenschaftlichen Ehrgeiz seiner Frau nicht bremste, sondern sie gewähren ließ. Der jüngste Sohn Paolo, der bei den Eltern studiert hatte, trat in ihre Fußstapfen: Er war Professor für Physik und praktizierte als Arzt.

Neben der Universität gab es in Bologna die Accademia, die aber in den dreißiger und vierziger Jahren des 18. Jahrhunderts ohne wissenschaftlichen Belang war. Papst Benedikt XIV., vor seiner Ernennung zum Hl. Vater Erzbischof Prospero Lambertini von Bologna und von Anbeginn einer der Gönner und Patrone Laura Bassis, forcierte eine Reform der Akademie. Dem Papst lag nicht nur seine Vaterstadt am Herzen. Bologna gehörte damals zum Kirchenstaat, was sein besonderes Interesse an einem florierenden Geistesleben nachvollziehbar macht. Der Papst ernannte mehr als 20 Professoren für die neue Akademie, darunter auch Laura Bassi, allerdings mit dem Zusatz »sopra numero« (außer der Zahl). Er begründete also nicht einen weiblich besetzten Lehrstuhl, schuf aber für Laura Bassi gleichsam zusätzlich einen ihr entsprechenden Wirkungskreis, der überdies mit einer jährlichen Remuneration verbunden war. Die Akademie wurde auch mit dem neuesten technischen Gerät ausgestattet und galt europaweit als die modernste Forschungsinstitution. Der um eine Generation jüngere Luigi Galvani war ebenfalls Mitglied der Accademia Benedittina.

Für Laura Bassi war der Zugang zu technischem Gerät ideal, da sie sich zu dieser Zeit hauptsächlich mit physikalischen Experimenten beschäftigte. Jährlich präsentierten die Akademiemitglieder eine wissenschaftliche Arbeit, Laura Bassi forschte etwa zum Luftdruck, über Luftblasen in frei fließenden Gewässern und solche in Flüssigkeiten. Leider sind nicht alle ihre Arbeiten überliefert. Ab Anfang der sechziger Jahre interessierte sie sich für Elektrizität. Ihre physikalischen Arbeiten wurden schließlich 1776 mit der Verleihung eines Lehrstuhls für experimentelle Physik an der Universität honoriert. Theoretisch fußte sie auf den Lehren Newtons und Descartes. Damit distanzierte sie sich von den Lehrmeinungen der Scholastik, die sich ihrerseits auf Aristoteles berief.

Neben den Disputationes gab es in Bologna traditionell öffentliche Anatomiesektionen, die als wissenschaftliches Ereignis von den Intellektuellen der Stadt, auch von Frauen, gerne besucht wurden. An den Diskussionen im »anatomischen Theater« nahm auch Laura Bassi immer wieder teil und brachte ihre Standpunkte und Ideen in den Diskurs ein.

Nachdem Laura Bassi eine Akademiesitzung besuchte hatte, verstarb sie am nächsten Tag an plötzlichem Herzversagen. Einen Tag später wurde sie feierlich beigesetzt. Die ihr bei der Promotion verliehenen Ehrengaben wie der Pelzumhang wurden ihr mit ins Grab gegeben.

Laura Bassi entsprach dem Wissenschaftsideal ihrer Zeit, ihre sensationelle Gelehrsamkeit machte gleichsam den »Makel« ihrer Weiblichkeit wett. Außerdem diente sie als hoch gebildetes Wunderkind dem »Image« der Stadt als Zentrum von Gelehrtentum. Bologna wollte ja seinen schmückenden Beinamen »Bologna, la dotta« – das gelehrte Bologna verteidigen. Daher wurde die Bassi weithin von ihren Zeitgenossen akzeptiert, die Wissenschaftsgemeinschaft betrachtete sie als eine der ihren. Aber: Alle Zeitgenossen waren sich durchaus der Einmaligkeit des Ereignisses bewusst. Jedenfalls sollte keine Norm daraus entstehen, dass fürderhin alle Frauen Bildung erwerben und öffentlich ihre Gelehrsamkeit unter Beweis stellen dürften, obwohl es neben der Bassi eine Reihe von gelehrten Zeitgenossinnen gab, die allerdings Bassis Bekanntheitsgrad nie erreichten. Unter den Wissenschaftskollegen in Bologna genoss Laura Bassi insofern eine Ausnahmestellung, als dass sie die einzige war, die sich sowohl theoretisch mit Mathematik als auch experimentell mit Physik beschäftigte.

Dorothea Christiane Erxleben

* 13. November 1715 Quedlinburg
† 13. Juni 1762 Quedlinburg

Erste promovierte Ärztin Deutschlands

Studieneifer und Bildungshunger, großes Interesse für die medizinische Wissenschaft, sowohl in praktischer als auch in theoretischer Hinsicht gehörten bei der Arzttochter Dorothea Leporin zur Familientradition. Hieß der Ahnherr väterlicherseits noch Haase, so latinisierte der Urgroßvater den Namen auf Leporinus (lat. lepus = der Hase), was auf große Bildungsbeflissenheit schließen lässt.

Dorotheas Vater Christian Polycarp Leoporin war ausgebildeter Arzt und später Stadtsyndikus in Quedlinburg, ihre Mutter Anna Sophie stammte aus der Familie des Konsistorialrates Meinecken. Dorothea hatte drei weitere Geschwister, sie war kränklich, lernte aber sehr viel und gerne und war wohl das begabteste Kind. Die ersten Unterweisungen lagen in den Händen des Vaters. Bibel und Katechismus halfen beim Erlernen von Lesen und Schreiben, für Sprachen, d. h. Französisch und die »nützlichen« Wissenschaften kam ein Hauslehrer.

In der Erziehung der Kinder machten die Eltern keinen Unterschied zwischen Jungen und Mädchen, Christian Leoporin publizierte sogar ein Buch, in dem er Bildung für breitere Kreise forderte, etwa Akademien, an denen Gelehrte kostenlos Vorträge für die Allgemeinheit halten sollten. Wie ihr Bruder lernte Dorothea beim Rektor der Quedlinburger Ratsschule Latein, das sie außerordentlich gut beherrschte, ja so gut, dass sie später in dieser Sprache ihre Doktorarbeit verfassen konnte. Ihr Lateinlehrer berichtete ihr auch von der nur unwesentlich älteren Laura Bassi, die an der Universität von Padua Naturwissenschaften lehrte. Dieses Beispiel mag ihren Ehrgeiz beflügelt haben. Ihre naturwissenschaftliche Ausbildung übernahm der Vater, der die sehr interessierte Tochter früh zu Patientenbesuchen mitnahm und sie allmählich mit kleineren Handreichungen betraute. Sie soll sich überaus geschickt erwiesen haben und hatte bald einen ausgezeichneten Ruf.

Zudem war Quedlinburg eine Stadt mit einer langen Tradition für Mädchenbildung. Seit der Zeit der Ottonen existierte in Quedlinburg ein Damenstift, das ein Bildungszentrum für Mädchen war. Die jeweilige Äbtissin des Klosters befand sich im Rang einer Reichsfürstin, sie war auch in Zeiten sinkender Macht Schutzherrin des Bildungswesens.

Im 18. Jahrhundert war die medizinische Wissenschaft noch mehr oder weniger streng auf zwei Berufsbilder aufgeteilt. Für die innere Medizin waren die akademisch ausgebildeten Ärzte zuständig, überwiegend Theoretiker, die sich erst im Berufsleben praktische Erfahrungen erwarben. Ihr medizinisches Repertoire beschränkte sich auf Aderlass, den Einsatz von Blutegeln und die Gabe von Urin treibenden Mitteln. Für Verletzungen, Brüche und kleinere operative Eingriffe konsultierten die Menschen einen Bader oder Wundarzt, der etwa das Zahnziehen zur Volksbelustigung auf Märkten praktizierte. Die Alltagsmedizin lag zumeist in den Händen von kundigen Frauen, die im Wege der Nachbarschaftshilfe Kräuter und Salben sehr erfolgreich verwendeten. Grundsätzlich herrschte Mangel an akademisch ausgebildeten Ärzten.

Ärzte und Bader standen in Konkurrenzkampf, die Praktiker prangerten den Medikamentenmissbrauch der akademischen Ärzte an, die mit Medikamenten experimentierten und damit oft den Zustand der Patienten verschlimmerten. Dorotheas Vater war ein streitbarer Mann, der sich des Öfteren mit dem Stadtphysikus Scharmützel lieferte. Seine Tochter vertiefte bei ihm ihr praktisches Wissen, was Krankheitssymptome betrifft, und verinnerlichte den sparsamen Umgang mit Medikamenten.

Dorotheas Bruder strebte ein Studium an der Universität in Halle an, seine Schwester wollte ebenfalls in seiner Begleitung ein Universitätsstudium beginnen. Doch durch die Einberufung zum Militär musste er sein Studium unterbrechen. Schließlich entzog er sich dem Militär durch Flucht in das benachbarte Hessen-Kassel. Damit war Dorothea die Möglichkeit zu einer Ausbildung an der Universität gemeinsam mit dem Bruder unmöglich geworden.

Ihre Enttäuschung über das Scheitern ihrer Pläne verarbeitete sie in einer Streitschrift mit dem Titel: »Gründliche Untersuchung der Ursachen, die das Weibliche Geschlecht vom Studieren abhalten, Darin deren Unerheblichkeit gezeiget, und wie möglich, nöthig und nützlich es sey. Daß dieses Geschlecht der Gelahrheit sich befleisse.« Diese Schrift, 1738 verfasst, also im Alter von 23 Jahren, erschien 1742 mit einem Vorwort ihres Vaters, der von der Logik und Stringenz ihrer Gedanken sehr beeindruckt war. Sie führt in ihrer Schrift etwa aus: »Ein jeder will gern ein verständiges Weib haben, aber die Mittel des Verstandes will man ihnen nicht zulassen … Man will, dass wir tugendsam seien, wie können wir es aber werden, wenn man uns das Lesen der Bücher verbietet, aus welchen die Tugend muss erlernt werden. Soll uns dieselbe, wie die gebratenen Tauben in Utopien, aus der Luft zufliegen? Warum müssen wir also in einer aufgedrungenen Unwissenheit verderben? Sind wir nicht so wohl Menschen als die Männer?« Zusätzlich merkte sie noch an, dass Gelehrsamkeit zur »Glückseligkeit« beitrage. Ohnehin gäbe es auch dumme Männer und kein Mann könne beweisen, dass Frauen weniger Verstand als Männer hätten. Sie weist noch darauf hin, dass misogyne Vorurteile wohl aus der Bibel stammen, obwohl darin Mann und Frau als Ebenbilder Gottes dargestellt werden. Mit dieser Argumentation steht sie in der Tradition der deutschen Protestanten des 18. Jahrhunderts, welche die Bildung der Mädchen für wesentlich hielten. Das 19. Jahrhundert brachte in dieser Frage einen entscheidenden Rückschritt. Die institutionelle Bildung konnte mit der Unterweisung im privaten Bereich, die meist viel tiefergehend war, nicht mithalten.

Jahre später wandte sich ihr Vater mit einem Gesuch an König Friedrich II., die Universität von Halle möge seine Tochter zur Promotion zulassen. Diesem Ansuchen wurde stattgegeben, allerdings konnte Dorothea dem nicht gleich Folge leisten, da sie inzwischen den verwitweten Diakon Johann Christian Erxleben geheiratet hatte. Er brachte fünf Kinder in die Ehe mit, drei weitere Kinder folgten in den nächsten Jahren. Das bedeutete, dass Dorothea Erxleben eine große Familie zu versorgen hatte und die karitativen Pflichten einer Pfarrersfrau übernehmen musste. Sie betrieb in ihrer »Öconomie« einen Obstgarten, einen Schweinestall und eine Räucherkammer. Der Basisunterricht der Kinderschar lag ebenfalls in ihren Händen. Darüber hinaus war sie nach wie vor in der Bevölkerung ihrer Stadt als Ärztin geschätzt und wurde häufig konsultiert. Mit dieser Vielfachtätigkeit und auch Belastung stellte sie ein frühes Beispiel von Vereinbarkeit von Beruf und Familie dar.

Nach dem Tod ihres Vaters übernahm sie dessen Praxis und führte sie erfolgreich allein weiter, was den Neid der akademischen Ärzteschaft auslöste, die sie schließlich wegen »Pfuschery« anzeigte. Gegen das vom Stiftshauptmann ausgesprochene Praxisverbot verfasste sie eine sehr intelligente und diplomatische Antwort, worauf das Verbot widerrufen wurde. Auch die Äbtissin des Damenstiftes unterstützte sie. Um jedoch weitere Angriffe zu unterlaufen, reichte sie 1754 an der medizinischen Fakultät der Universität Halle ihre Dissertation »Dissertatio inauguralis medica exponens quod nimis cito ac iucunde curare saepius fiat causa minus tutae curationes« (Dt.: Academische Abhandlung von der gar zu geschwinden und angenehmen, aber deswegen öfters unsichern Heilung der Krankheiten, 1755 in Halle erschienen) ein und legte glanzvoll am 6. Mai 1754 ihr Examen ab.

Wie ihr Vater vertrat sie mit ihrer Doktorarbeit eine »sanfte« Medizin, die langsam ohne purgierende Mittel und mit wenigen Medikamenten nachhaltig den Zustand der Patienten bessern will. Zeitgenossen nannten ihren Fall einen »Casus novissimus« (etwa das allerneueste und damit einen unglaublichen Fall). Leider blieb sie für mehr als ein Jahrhundert einzigartig, erst nach 1899 wurden wieder Frauen zum Studium zugelassen.

Sarah Grimké

* 26. November 1792 Charleston (South Carolina)
† 23. Dezember 1873 Hyde Park (Massachusetts)

Angelina Grimké

* 20. Februar 1805 Charleston
† 26. Oktober 1879 Hyde Park (Massachusetts)

Kämpferinnen gegen Sklaverei und für Frauenrechte

Sarah und Angelina Grimké, beide leidenschaftliche Kämpferinnen für Frauenrechte und gegen die Sklaverei, sind in Europa fast unbekannt. In Amerika schrieb die Exilösterreicherin Gerda Lerner, Begründerin der wissenschaftlichen Frauengeschichte, die erste wissenschaftlich fundierte Biographie der beiden Schwestern. Sie stammten aus einer reichen Sklavenhalterfamilie der Südstaaten. Ihr Vater, John Faucheraud Grimké, hatte Jura in England studiert und sich der amerikanischen Revolutionsarmee angeschlossen. Als Delegierter der verfassunggebenden Versammlung der unabhängigen Neuenglandstaaten setzte er sich für den Gleichberechtigungsgrundsatz ein. Diesen Grundsatz sollte er auch als Oberster Richter von South-Carolina wahren, doch Sklaven waren nicht gemeint. 1784 heiratete er die Bankierstochter Mary Smith, mit der er vierzehn Kinder hatte.

Auf seinem beträchtlichen Landbesitz baute er vor allem Baumwolle an. Durch die Erfindung der »cotton gin«, einer Maschine, mit der Baumwolle und Kapseln auf einfache Weise getrennt wurden, war es zu einer erheblichen Produktionssteigerung und Ausweitung der Produktpalette gekommen. Diese erhöhte Produktion kurbelte auch den Sklavenhandel im Süden an. Vater Grimké war ein sturer Verteidiger der Sklaverei und der Unterwerfung der Ehefrauen. Sarah war das achte Kind, Angelina das jüngste. Der Vater dominierte den Haushalt wie ein Patriarch, seine Frau entsprach ziemlich genau dem Typ der »southern lady«, d. h. sie musste ihren Ehemann lieben und ehren, ihm gehorchen, ihn manchmal vergnügen, seine Kinder aufziehen und den Haushalt organisieren. Körperlich schwach, was bei den vielen Schwangerschaften nicht verwundert, war sie völlig auf männliche Hilfe angewiesen, sie war ängstlich und bescheiden, hübsch und lieblich, so zumindest wurde die ideale Lady der Südstaaten beschrieben. Eine Bezugsperson konnte eine solche Frau für ihre Kinder nicht sein, diese Rolle nahm die schwarze Kinderfrau an. Das bedeutete, dass den Kindern die mütterliche Zuneigung fehlte, den Vater kannten sie nur als strenges Familienoberhaupt. Die Familie gehörte der Episkopalkirche an und lebte ihre religiösen Überzeugungen. Am Sonntag gaben die Mädchen des Hauses den Schwarzen Bibelunterricht, d. h. sie lasen ihnen die Bibel vor.

Sarah schloss sich früh ihrem älteren Bruder Thomas an, mit dem sie auch die Lernstunden teilte, so dass sie sich einige Grundkenntnisse in den Naturwissenschaften und in Griechisch aneignete. Die Söhne hingegen wurden alle auf das Jurastudium vorbereitet. Zur Einstimmung in das Studium gab es immer Debattierklubs, um die Eloquenz der Söhne zu fördern. Sarah durfte auch hin und wieder teilnehmen, und der Vater meinte sogar, dass, wäre sie ein Sohn, eine großartige Juristin aus ihr geworden wäre. Doch den Lateinunterricht verbot er ihr grundsätzlich. Sarah verfügte aber nicht nur über hohe intellektuelle Fähigkeiten, sondern sie war auch in hohem Maße empathiefähig. Als sie eine schwarze Spielkameradin durch den Tod verlor, war sie tief traurig, was auf das völlige Unverständnis bei ihren Eltern stieß. Immer wieder war sie äußerst erschüttert, wie auf den Plantagen mit Sklaven umgegangen wurde.

Als Sarah zwölf Jahre alt war, ging ihr Bruder Thomas zur weiteren Ausbildung nach Yale, womit ihr ein wichtiger Gesprächspartner verloren ging. Um sich die Zeit zu vertreiben, war Sarah dazu übergegangen, schwarzen Mädchen Unterricht in Lesen und Schreiben zu geben. So könnten sie selbst die Bibel lesen, meinte das naive Mädchen. Als der Vater das entdeckte, wäre das schwarze Mädchen zu Sarahs Erschütterung fast ausgepeitscht worden.

Inzwischen war ihre jüngste Schwester Angelina geboren worden, deren Taufpatin Sarah wurde. Ihr Bruder Thomas studierte, wie vom Vater bestimmt, Jura, ein Studium, das Sarah gerne absolviert hätte, da sie sich der Unterstützung der Armen und Hilflosen annehmen wollte. Als sie 16 Jahre alt wurde, erfolgte ihre Einführung in die Gesellschaft. Doch Sarah verweigerte sich, sie empfand eine Heirat als intellektuellen Tod. Sie hatte längst begriffen, wie trostlos das Leben einer »southern lady« war. Sie stieß sich an der Doppelmoral und Bigotterie der Gesellschaft, welche die Frauen wie Gefangene oder Sklaven hielt, den Männern aber alles erlaubte. Mit wachen Augen hatte sie erkannt, woher die vielen Mulattinnen auf den Plantagen kamen. Ihr Gerechtigkeitssinn verlangte Klarheit. Daher besuchte sie mit 24 Jahren ein »revival meeting« eines Presbyterianers, der sie bekehrte. Sie fühlte sich »schuldig«, schuldig, weil der Gesundheitszustand des Vaters schlecht war, schuldig am Übel der Welt. Sie stürzte sich in die Pflege des Vaters, die für sie einen Befreiungsprozess einleitete. Er hatte sie als gleichberechtigt akzeptieren müssen, sie wurde dadurch souveräner. Abgesehen davon, hatte sie nach seinem Tod reich geerbt und war finanziell unabhängig.

Sie übersiedelte nach Philadelphia und fand Eingang in Quäkerkreise, die schon seit längerem gegen Sklaverei agitierten. Mit der Familie, die sich nach dem Tod des Vaters in alle Winde zerstreut hatte, hatte sie gebrochen. Im Kreis der Quäker fühlte sie sich trotz strenger Verhaltensregeln wohl. Als sie nach sieben Jahren nach Charleston zurückkehrte, interessierte sich ihre Schwester Angelina ebenfalls für die Quäker. Angelina, auch Gegnerin der Sklaverei, hatte schon seit geraumer Zeit eine Sabbathklasse für fast 100 Kinder mit »inter-faith-prayer-meetings« organisiert, was die Gesellschaft in Charleston schockierte. Nun forderte Angelina ganz offiziell, aber natürlich erfolglos von den Kirchenoberen der Presbyterianer eine öffentliche Stellungnahme gegen Sklaverei. 1829 ging Angelina daher wie ihre Schwester nach Norden und schloss sich der Quäkergemeinde an. Bald waren beide Schwestern von den religiösen Gemeinschaften desillusioniert, aus wirtschaftlichen Gründen wollte niemand offiziell gegen Sklaverei Stellung beziehen, außerdem wollten sie nichts für die Bildung von Frauen tun.

Die Sache geriet ein wenig in Bewegung nach der äußerst brutalen Niederschlagung des Nat Turner-Aufstandes, einer Sklavenerhebung, die nach zwei Tagen endete und bei der 17 der etwa 70 aufständischen Sklaven verhaftet worden waren. 16 der Verhafteten wurden gehenkt, Nat Turner grausam gefoltert und gehäutet. Die Folge waren noch strengere Sklavengesetzes. Es folgte aber auch ein beispielgebender Schritt, denn in den britischen Kolonien wurde die Sklaverei abgeschafft, was unmittelbar in Philadelphia zur Gründung der »American-Anti-Slavery-Society« führte. Nun verlangte man statt der bisher geforderten allmählichen Abschaffung eine »immediate abolition«, d. h. eine schlagartige Abschaffung. Angelina wurde sofort Mitglied der neuen Society, Sarah erst zwei Jahre später. Die Gegner der Bewegung veranstalteten »riots« gegen die Befürworter, es war gefährlich geworden, diese Meinung zu vertreten. Beide Schwestern verließen in der Folge die Quäkerbewegung und wurden »female agents« der Abolitionisten. Angelina trat als erste öffentlich mit der Schrift »Appeal to the Christian Women of the Southern States« in Erscheinung, einer engagierten Antisklaverei-Schrift. Beide hielten zahlreiche Vorträge im privaten Kreis, quasi in Salons, in größeren Gremien wie Kirchen verwehrte man ihnen den Zutritt. Trotzdem konnten sie nach zwei Jahren eine beachtliche Bilanz ziehen: In 88 Reden an 67 Orten hatten sie ca. 40.000 Zuhörer in den Städten der Neuenglandstaaten gewinnen können. Sie wurden allgemein bekannt.

1838 heiratete Angelina Theodore Weld, einen Gesinnungsgenossen, Sarah schrieb »Epistle to the Clergy of the Southern States«, mit der sie die kirchlichen Führer aufforderte, im Kampf gegen die Sklaverei die Führung zu übernehmen. Die Kritik der beiden Schwestern an den etablierten Kirchen nahm stetig zu, zumal sie neben Abschaffung der Sklaverei auch Frauenrechte einforderten, quasi als logische Fortsetzung ihres Kampfes. Die beiden hatten ihre Finger auf Wunden gelegt – wie etwa Heiratsverbot für Schwarze oder sexuelle Ausbeutung von schwarzen Frauen – »things which ought not be named«. Die Geistlichkeit der Kirche antwortete mit einer Art Hirtenbrief gegen die beiden Schwestern, in dem eine traditionell untertänige Rolle der Frauen betont wurde. Diesen Krieg der Denkschriften führte Sarah mit ihren »Letters on the Equality of Sexes and the Condition of Women« fort. Die Stimmung wurde immer aufgeheizter. Als Angelina in der »Pennsylvania Hall«, einem Veranstaltungszentrum der Abolitionisten eine Rede hielt, wurde am nächsten Tag ein Brandanschlag verübt und die Halle komplett zerstört.

Trotz einiger Unterbrechungen – Angelina bekam drei Kinder – führten die Grimké-Schwestern ihren Kampf unverdrossen weiter. Im Amerikanischen Bürgerkrieg standen sie beiden quasi selbstverständlich auf der Seite des Nordens. Mitten im Krieg verfassten die beiden eine weitere Streitschrift, nämlich »Appeal to the Women of the Republic«, in der sie eine Nationalversammlung der Frauen forderten. Damit wurden sie auch Vorkämpferinnen einer amerikanischen Stimmrechtsbewegung für Frauen.

Da beide Schwestern Grimké Teil des Südstaaten-Sklavereisystems gewesen waren, verdienten sie umso mehr Glaubwürdigkeit. Sie waren überzeugende Referenzen, doch eine Veränderung sollte noch lange dauern. Diese beiden Frauen hatten ein ausgeprägtes Problembewusstsein dafür entwickelt, was zu ändern wäre. Sie waren der Ansicht, dass alle Probleme, sowohl Abschaffung der Sklaverei als auch die Frauenfrage gleichzeitig zu lösen wären. Viele ihrer Mitstreiter wollten eher zuerst die Sklaven befreien und erst dann über Frauenrechte reden. Jedenfalls hatten sie für ihre Überzeugungen mit Familie, Heimat und Kirche gebrochen, um für ihre Anschauungen eintreten zu können.

Tatsächlich wurde die Sklaverei erst nach dem Sezessionskrieg allmählich beseitigt, das Frauenwahlrecht in allen amerikanischen Bundesstaaten wurde erst nach dem Ersten Weltkrieg Realität. Der Kampf um die bürgerliche und soziale Gleichstellung für die schwarze Bevölkerung sollte noch bis in das letzte Viertel des 20. Jahrhunderts dauern.

IDA PFEIFFER

* 14. Oktober 1797 Wien
† 28. Oktober 1858 Wien

Weltreisende

Als die nicht mehr jugendliche Ida Pfeiffer 1842 zu ihrer ersten großen Reise allein aufbrach, war dies zweifellos eine Sensation für ihr bürgerliches Milieu, vor allem aber eher ein Skandalon für ihr gesellschaftliches Umfeld, denn eine bewundernswerte Entscheidung. Da ihr diese Problematik sicherlich bewusst war, wählt sie als erstes Ziel das Heilige Land, argumentierend, dass es sich um eine Pilgerfahrt handle. Tatsächlich begann mit dieser Reise ihr wirkliches Leben, wie sie es sich von Jugendtagen an erträumt hatte. Sie war niemandem Rechenschaft schuldig, von ihrem Mann lebte sie getrennt, ihre Söhne waren erwachsen, sie war nur sich selbst verantwortlich.

Woher kam diese Frau entre deux ages, die sich in das große Reiseabenteuer stürzte? Sie entstammte als einziges Mädchen – ein zweites Mädchen kam 1806 als Nachzüglerin zur Welt – unter zehn Geschwistern einer gut situierten Kaufmannsfamilie, die in der Wiener Vorstadt Mariahilf ein zweistöckiges Haus bewohnte. Das Mädchen wurde streng wie die Jungen erzogen, asketischer Lebenswandel und Schmerzunempfindlichkeit gehörten zu den vom Vater präferierten Tugenden für Heranwachsende. Dafür durfte Ida Jungenkleider tragen und sich auch wie ein Junge benehmen. Dazu meinte Ida, wie ihr erster Biograph, der Historiker Konstantin von Wurzbach berichtete: »Ich war nicht schüchtern, sondern wild wie ein Junge und beherzter und vorwitziger als meine älteren Brüder.«

1806, als sie neun Jahre alt war, starb der Vater. Die sechs überlebenden Brüder wurden in eine Lehranstalt gebracht, ihre Mutter versuchte, wieder ein »Mädchen« aus ihr zu machen, was von Ida verweigert, ja sogar mit vorübergehender Krankheit beantwortet wurde. Zum Ärger der Mutter, blieb alles wie bisher. Ida distanzierte sich von weiblichen Fertigkeiten wie Sticken und Klavier spielen. Vielmehr stürzte sie sich in Reiseliteratur, ihre erste Weltreise unternahm sie auf dem »Kanapee«. Dass ihr als Mädchen die Realität des Reisens verwehrt war, dass es als unschicklich galt, als Mädchen oder Frau allein zu reisen, erfüllte sie mit Wehmut.

Doch mit 13 Jahren musste sie sich an Mädchenkleider gewöhnen, ein Hauslehrer namens Trimmel kam für weitere Unterweisungen ins Haus. Er wurde ihre ausschließliche Vertrauensperson, seinetwegen eignete sie sich hausfrauliche Kenntnisse an. Ihren Wandel beschreibt sie so: »Ihm verdanke ich es, daß ich im Verlaufe von drei bis vier Jahren vollkommen zu der Einsicht und zu den Pflichten meines Geschlechts gelangte, daß aus dem wilden Jungen eine bescheidene Jungfrau wurde.« In den zehn Jahre älteren Mann, der sie mit Gedichten anhimmelte, verliebte sie sich unsterblich. Doch eine eheliche Verbindung wurde von der Mutter, die sich eine bessere Heirat, also eine lukrativere, wünschte, verhindert.

Schließlich fand die Mutter einen offenbar geeigneten Mann, Mark Anton Pfeiffer, Witwer, Rechtsanwalt, 24 Jahre älter, in Lemberg lebend. Die Verehelichung fand am 1. Mai 1820 in Wien statt. Voller Erwartung übersiedelte Ida nach Lemberg, doch der Ehemann erwies sich als untüchtig und musste bald mangels Auftraggebern die Kanzlei schließen. Zuvor hatte er noch einen Prozess gegen korrupte Beamte angezettelt, den er zwar gewann, aber sein Ruf war ruiniert. Es begann eine entbehrungsreiche Zeit, die junge Ehefrau musste für die Familie, die sich durch die Geburt von zwei Söhnen vergrößert hatte, sorgen, indem sie Musik- und Zeichenunterricht gab. Nach dem Tod der Mutter 1831, durch den Ida eine Erbschaft machte, zog sie wieder nach Wien, wo sie die Ausbildung der Söhne finanzieren konnte. 1836 fuhr sie mit ihrem jüngeren Sohn Oscar nach Triest, um seine Gesundheit zu stärken. Sie war völlig vom Meer fasziniert und die alten Reisesehnsüchte erwachten wieder, doch ihre Söhne waren noch minderjährig.

Erst 1842 konnte sie ihre Träume verwirklichen und nach Palästina aufbrechen. Nach der Rückkehr von ihrer ersten Reise veröffentlichte sie 1844 ihr Reisetagebuch unter dem Titel »Reise einer Wienerin in das Heilige Land«. Das Buch wurde ein großer Erfolg, sie wurde nicht nur als Reiseschriftstellerin bekannt, sondern konnte auch Geld für Ihre zweite Reise erwirtschaften. Reich wurde Ida Pfeiffer allerdings nicht, sondern musste ihre Ausgaben scharf kalkulieren und eine spartanische Lebensweise einhalten. Ihr Grundkapital resultierte aus der kleinen Erbschaft von ihrer Mutter, ihr großer Vorteil war eine gute Planung der Reiseroute.

Ihre nächste Reise führte sie 1845 nach Skandinavien. Vor allem wollte sie die Naturwunder Islands besichtigen. Möglicherweise war sie die erste Österreicherin, die dieses Land besuchte. Geraume Zeit vor Antritt der Reise organisierte sie Empfehlungsschreiben, mit denen sie sich von Etappe zu Etappe weiterhalf. Über die Ziele ihrer Reise hatte sie im Vorfeld bereits viel gelesen und verfügte daher über gute bis ausgezeichnete Kenntnisse über ihr jeweiliges Reiseziel. Für ihre Skandinavienreise hatte sie sogar Grundkenntnisse in Dänisch erworben. Immer wieder versuchte sie, sich anderen Reisenden anzuschließen, um ihr Risiko zu minimieren und an bessere Informationen zu gelangen. Im Falle von Island war es ein dänischer Kaufmann, den sie als Begleiter fand. Denn eine regelmäßige Personenschifffahrt nach Island gab es damals noch nicht.

Mit der Reise des Jahres 1846 steckte sich Pfeiffer bereits fernere Ziele. Von Hamburg startete sie mit dem Schiff nach Brasilien, von dort nach China, Ceylon und Ostindien. Zu Lande ginge es weiter nach Persien, Mesopotamien, Armenien, Griechenland und wieder zurück nach Wien. Diese Reise wurde in einem Artikel in den »Sonntagsblättern für heimatliche Interessen« angekündigt. Der Bericht über diese Reise erschien als dreibändiges Werk mit dem Titel »Eine Frauenfahrt«.

Ida Pfeiffer war aber keineswegs, wie dieser Titel vermuten ließe, eine prononcierte Kämpferin für Frauenrechte, doch unterwegs beobachtete sie schon sehr genau, was sie erlebte und auch wie es Frauen in anderen Ländern erging. Sie lieferte kei-

nen wissenschaftlichen Bericht, ging von ihrem europäischen
Standpunkt, den sie grundsätzlich für fundierter hielt, aus und
verglich. Ihr selbst war der komparative Ansatz nicht bewusst,
auch nicht ihr eurozentrischer Zugang. Kritik übte sie immer
wieder an der Tätigkeit mancher Missionare, welche die indigene Bevölkerung taufen, Bücher verteilten, die von niemandem
gelesen werden, und damit ihre Arbeit als vollendet betrachte-
ten. Sie hatte Missionare erwartet, die in Armut die Bibel ver-
kündeten, doch stattdessen traf sie Europäer, die manchmal
vielleicht sehr gelehrt waren, aber ihrer eigentlichen Aufgabe
nicht nachkamen. Pfeiffer verurteilt zwar den Kolonialismus
und die Sklaverei; dies hinderte sie aber nicht daran, manches
rassistisch zu beurteilen – so schreibt sie über hässliche schwarze Einwohner in Brasilien. Zuweilen stellt sie indigene Völker
als sittenlos dar, so zeiht sie die Bewohner von Tahiti der Pro-
miskuität und Schamlosigkeit. Manche ihrer Berichte lassen
Empathie vermissen, doch bei längeren Aufenthalten an einem
Ort lernte sie auch zu differenzieren. Sehr interessiert beschreibt
sie die Teeproduktion in China, lobt den Eifer und Fleiß der
Chinesen. Mit Abscheu schilderte sie das Einbinden der Füße
von Mädchen. Neben Tempeln und Pagoden berichtete sie über
Opiumhandel und Piraterie. Entsetzt äußert sie sich über das
Elend, das ihr zuweilen begegnet. Angetrieben von ihrer un-
bändigen Neugierde besuchte sie auch indigene Stämme im bra-
silianischen Urwald. Insgesamt versucht sie, sich ein möglichst
umfassendes Bild von den bereisten Ländern zu machen. In Indien beschreibt sie die üppige Eleganz der dort lebenden Europäer, kritisiert aber auch den Luxus, dem sich manche reiche Europäer hingeben. Das herrschende Kastenwesen verwundert
sie. Sie schilderte die Hindus als sehr tolerant und gütig, ist aber
von den Gebräuchen bei Hochzeiten oder Begräbnissen scho-
ckiert. Generell berichtete sie mit Respekt über religiöse Gepflogenheiten, mit Kuhdung beschmierte Gurus fand sie aber »wi-
derlich«. In Gesellschaft weißer Kolonialherren beteiligt sie sich
in Singapur an einer erfolglosen Tigerjagd, in Brasilien ging sie
mit den »Wilden« auf Papageien- und Affenjagd. Öfter legte sie
unterwegs Männerkleidung an, weil diese bequemer und kli-

magerechter sein konnte. Nie jedoch wollte sie leugnen Europäerin zu sein und trug daher auch nie einheimische Kleidung, wie dies etwa Lady Montagu oder die Schweizer Reisende Isabella Eberhardt taten.

Generell lobte sie jene Länder, in denen ihr kein Unbill widerfuhr. Armenien, wo sie von Kosaken kurzfristig gefangen genommen wurde, schilderte sie weniger schmeichelhaft. Empört zeigte sie sich über Russland, über Rohheit, Unhöflichkeit und Stumpfsinn der Bewohner, sehr freimütig beschreibt sie die schlechten Zustände im Land. Im Zuge ihrer Reisen entwickelte sie auch eine lebhafte Sammeltätigkeit. Sie hatte gelernt, Insekten zu präparieren, erwarb, wo immer sie war, spezifische Gegenstände, manchmal auch Waffen. Öfters schickte sie von unterwegs Sammelstücke nach Wien. Einen Teil dieser Materialien verkaufte sie den Wiener Museen. Insgesamt sollen sich etwa 4200 von Ida Pfeiffer gesammelte Objekte in den Wiener Museen befinden. Sie sammelte Insekten und Käfer, Schmetterlinge, Fische, kleine Vögel, Mineralien und Speere, aber auch Textilien; über alle Objekte führte sie penible Listen.

Ein weiterer wichtiger und sehr diszipliniert eingehaltener Vorgang war die Führung eines Reisetagebuchs. Sie konnte zwar ihre erste Reise selbst finanzieren, musste aber für weitere Reisen Geld organisieren. So war der Plan entstanden, durch Veröffentlichungen von unterwegs in der Tagespresse Honorare von verschiedenen Zeitungen zu lukrieren. Ihre Berichte wurden zwar nicht fürstlich honoriert, erfreuten sich aber großer Beliebtheit, sicherlich, weil die Berichterstattung durch eine Frau erfolgte, was den Lesern Abenteuerromantik und Exotik in ungewöhnlicher Form frei Haus lieferte.

Nicht alle Zeitgenossen waren begeistert, die »Vernünftigen« nannten sie eine »Närrin« und »überspannte Person«, man nahm ihr übel, was man einer Person von Stand, einer Adeligen, nicht vorgeworfen hätte. Sogar bösartige Karikaturen wurden gezeichnet.

Sie ertrug Strapazen, lange Fußmärsche und Hitze wie Kälte geradezu stoisch. Unvorhergesehene Hindernisse nahm sie als Herausforderung. Ihr wichtigster Antrieb war ihre unbändige

Reiselust, ihre Neugier, auf alles andere, Exotische, bisher nicht Erlebte. Sie wollte lernen und wissen, ihren Horizont erweitern. Lange bevor sie ihre Reisepläne umsetzte, hatte sie sich Englischkenntnisse angeeignet und kam mit dieser Lingua franca tatsächlich rund um die Welt.

Politische Kommentare zu ihren Reisezielen sind in ihren Erinnerungen selten zu finden, sicherlich auch im Hinblick auf eine Veröffentlichung ihrer Berichte in der Heimat. Zu den Ereignissen des Jahres 1848 in Wien und Österreich nahm sie sehr wohl Stellung, als sie schrieb: »Die Ereignisse der Märztage haben mich so entzückt und begeistert, daß ich mich mit Stolz eine Oesterreicherin nannte.« Sie selbst kehrte in den Oktobertagen des Jahres 1848 nach Wien zurück und erlebte so die letzten Tage der Belagerung der Stadt durch Fürst Windischgraetz.

Reisepläne nach Australien oder nach Südafrika musste sie aus finanziellen Gründen begraben, daher machte sie sich nach Singapur auf und in den malaiischen Archipel. In Borneo durchquerte sie als erste Europäerin die Insel und besuchte die Dajaks, ein gefürchtetes indigenes Volk. Sie besichtigte die Tempelanlage von Borobudur, die erst 1814 wieder entdeckt worden war. Auf den Molukken ließ sie es sich nicht nehmen, das Volk der Alfuren, berüchtigte Kopfjäger, zu besuchen. Bisweilen ließ sie sich offiziell ihre Reiseziele bestätigen, um nicht als »Lügenbaronin« angesehen zu werden.

Sie erwies sich als fleißige Briefschreiberin, die im Laufe der Jahre ein dichtes Netz von Kontakten, vor allem in der angelsächsischen Welt aufbaute. Es waren englische Diplomaten und oft Missionare, denen sie wertvolle Hinweise und Empfehlungen verdankte. Eine Reihe von bemerkenswerten Begegnungen hat sie in ihren Berichten festgehalten, so ein Gespräch mit der Witwe eines Altösterreichers in Brasilien, der Erzherzogin Leopoldine von Österreich zu ihrer Hochzeit mit Dom Pedro nach Brasilien begleitet hatte.

Ihre Tagebücher enthalten auch sehr sinnvolle Ratschläge, etwa in Bezug auf die Wahl des Schiffes. Sie selbst plädierte für Dampfer, die viel bequemer wären und eine ruhigere Fahrt ermöglichten. Sollte man mit Kindern unterwegs sein, würde sich

die Mitnahme einer Ziege empfehlen, um die kleinen Reisege-
fährten mit Milch zu versorgen.

1856 brach sie zu ihrer zweiten Weltreise auf, deren spekta-
kulärster Abschnitt der Besuch der Insel Madagaskar war. Über
diese Insel gab es kaum Informationen, selbst Humboldt warn-
te sie vor diesem Ziel, das auch ihre Gesundheit beeinträchtigen
könnte. Zuvor reiste sie noch nach Paris, um Erkundigungen
einzuziehen. Mit beiden Bedenken sollte Humboldt Recht be-
halten, den Pfeiffer kehrte aus Madagaskar schwer erkrankt zurück und sollte sich von diesen Strapazen nicht mehr erholen.
Pfeiffer war in Madagaskar von der dort herrschenden Königin
Ranavalona verhaftet und abgeschoben worden, diese Herrscherin wollte ihr Land von ausländischen Einflüsse, vor allem
von Missionaren, frei halten. Dieser Reisebericht – »Meine zweite Weltreise« – wurde zu einem großen Erfolg.

Insgesamt unternahm Ida Pfeiffer fünf große Reisen, auf denen sie etwa 300.000 Kilometer zurücklegte. Auf Veranlassung
von Alexander von Humboldt, der die Leistungen Ida Pfeiffers
aus eigener Erfahrung zu würdigen wusste, wurde sie mit der
Ehrenmitgliedschaft der Berliner Geographischen Gesellschaft
ausgezeichnet. Mit Humboldt war Pfeiffer schon in früheren
Jahren bekannt geworden.

Pfeiffer starb im Oktober 1858 in Wien an Leberkrebs als Folge der langjährigen Malariaerkrankung. Sie wurde am St. Marxer Friedhof beigesetzt. Als der Wiener Zentralfriedhof 1874 eröffnet wurde, erfolgte ihre Umbettung in ein Ehrengrab der
Stadt Wien. Am St. Marxer Friedhof erinnert lediglich eine Ge-
denktafel an sie.

Ihr Sohn Alfred, der eine Sensenschmiede in Ybbsitz in Nie-
derösterreich betrieb, kümmerte sich um ihren Nachlass, der
noch heute neben manchen Erinnerungsstücken an ihre Reisen
in Ybbsitz liegt. Ihr Sohn Oscar, der die Laufbahn eines Pianis-
ten und Komponisten einschlug, erbte das Reisefieber der Mutter, er fuhr um die halbe Welt und ließ sich schließlich in Buenos
Aires nieder. Ganz vergessen wurde Ida Pfeiffer nie, ihre Reiseberichte wurden immer wieder aufgelegt. Die Stadt Wien widmete ihr als erster Frau 1892 ein Ehrengrab.

Pfeiffers Reiseberichte sind kritisch, aber subjektiv, vom Standpunkt einer gebildeten Europäerin geschrieben. Was ihr politisches Weltbild betrifft, ist sie ein Kind des Biedermeier und der vormärzlichen geistigen Enge. Den Anspruch, wissenschaftlich korrekt zu berichten, hat sie nie erhoben. Im Gegenteil, sie betonte ihr Unwissen, und entsprach damit einem gesellschaftlichen Comment. Für die Fachwelt blieb sie immer eine mutige, aber dilettantische Frau.

Florence Nightingale

* 12. Mai 1820 Florenz
† 13. August 1910 London

Begründerin der modernen Krankenpflege

Florence Nightingales Eltern waren viktorianische Großbürger. Das Leben auf einem komfortablen Landsitz nahe London war so selbstverständlich. Vor allem Florences Mutter pflegte hingebungsvoll eine Lebensweise nach adeligem Vorbild, wozu das in Untätigkeit verbrachte Leben auf dem Lande, nur unterbrochen durch Bälle, Gesellschaften und Soireen in London, unzweifelhaft gehörte. Als sich William und Fanny Nightingale 1818 auf Hochzeitsreise begaben, war Italien das Sehnsuchtsziel. Die beiden Töchter erhielten ihre Namen nach den Städten, in denen sie geboren wurden, Parthenope nach Neapel, Florence nach Florenz. Während des Italienaufenthalts wurde der Landsitz Lea Hurst für die Sommermonate, Embley in Hampshire für die Wintermonate adaptiert, das heißt großzügig ausgebaut, um auch eine größere Gästeschar unterbringen zu können. Für die Highlights der Londoner Saison mietete man in der Stadt ein entsprechend großes Appartement.

Die beiden Töchter erwartete bis zu ihrer lukrativen Verheiratung ein sorgloses Leben. Pferde, Hunde und sonstige Haustiere vertrieben die Langeweile. Der Vater William Edward Nightingale, kurz Wen genannt, ein höchst gebildeter Mann, unterrichtete seine Töchter selbst, wollte er doch nicht, dass sie zu konservativ erzogen würden. Denn er war ein Anhänger der Whig-Partei, hatte mit den Amerikanern im Unabhängigkeitskrieg sympathisiert und sprach sich gegen die Sklaverei aus. Lediglich für die musischen Fächer kam eine Hauslehrerin ins Haus.

Florence, die zu einem sehr hübschen und klugen Mädchen heranwuchs, geriet mehr nach dem bibliophilen Vater, Parthenope, in der Familie Parthe genannt, war ein Ebenbild der oberflächlichen Mutter. 1837 gingen die beiden Mädchen mit den Eltern auf eine Bildungsreise über Südfrankreich nach Italien. Dafür wurde eine extra geräumige Kutsche angeschafft, die alles, was zur Bequemlichkeit nötig war, aufnehmen konnte, einschließlich der vier Bedienten. Florence war tief beeindruckt von der Kunst Italiens, aber auch die absolutistische Herrschaft Österreichs und die sich erhebende Risorgimento-Bewegung entgingen nicht ihrer Aufmerksamkeit. Sie und der Vater fanden Eingang in patriotische Kreise und begeisterten sich für die italienischen Unabhängigkeitskämpfer. In Paris verkehrte sie im Hause der Julié Récamier, wo sie die Ideen der Frauenemanzipation und den Schriftsteller und Diplomaten François René Vicomte de Chateaubriand kennenlernte. Mit einem derartig erweiterten Horizont meinten die Eltern wären die beiden Töchter nun reif, am Geburtstagsempfang der Königin in London in die Gesellschaft eingeführt zu werden, um danach möglichst bald eine lukrative Ehe einzugehen.

Florence zeigte nun für diese Pläne wenig Begeisterung. Sie begann sich für Mathematik zu begeistern und wollte sich auch allgemein weiterbilden. Von großem Einfluss auf sie war die Bekanntschaft mit dem preußischen Gesandten in London, Christian von Bunsen, einem Vertrauten Alexander von Humboldts. Von Bunsen, der sowohl Studien zu Altägypten veröffentlichte, als sich auch religionswissenschaftlich betätigte, machte Florence Nightingale mit den Schriften Schopenhauers und Schleiermachers bekannt und lenkte ihren Tatendrang auf die Krankenpflege und allgemein auf soziale Fragen. Nahe ihrem Landsitz Lea Hurst entdeckte Florence die Arbeitswelt und das Elend der durch den Einsatz von Maschinen arbeitslos gewordenen Weber. In ihr Tagebuch schrieb sie: »Mein Geist ist ganz ausgefüllt von dem Gedanken an die Leiden der Menschheit …« Tatsächlich waren durch die Entdeckung der Dampfmaschine viele Manufakturen durch Fabriken ersetzt worden. Die Arbeiter erhielten weniger Lohn und verelendeten. Armut, Epidemien wie Typhus, Cholera und Tuberkulose und hohe Kindersterblichkeit waren die Folge. Florence fühlte sich immer mehr gedrängt, nicht nur das Los dieser Armen zu beklagen, sondern auch etwas dagegen zu tun. Zu dieser Zeit erkrankte ihre Großmutter, deren Pflege sie sich widmete und dabei entdeckte, dass Mitleid allein für eine gute Krankenpflege nicht ausreichte, sondern dass auch Wissen eminent wichtig wäre. Ihrem Wunsch, in Deutschland eine Ausbildung zu machen, widersetzten sich die Eltern. Daher widmete sie sich intensiv dem Studium einschlägiger Werke.

1847 begab sie sich mit einer älteren Freundin auf eine Italienreise. In Rom studierte sie Spitäler und lernte das Ehepaar Elizabeth und Sidney Herbert kennen, die ihren Ideen Verständnis entgegenbrachten und mit denen sie ein Leben lang verbunden blieb.

Nach ihrer Rückkehr wurde sie mit der Werbung eines langjährigen Anbeters konfrontiert, den sie jedoch abwies. Ihre Entscheidung für ein anderes Leben war gefallen: »Nun keine Kindereien mehr, keine Liebe, keine Heiratspläne.« Sie besuchte in Deutschland ein Spital in Kaiserswerth, das man ihr als Vorbild empfohlen hatte, wo man sich um Kleinkinder, aber auch Strafentlassene und die Schwesternausbildung kümmerte. Rasch erkannte Nightingale die religiös begründeten Unterschiede in der Krankenpflege zwischen den katholischen Ländern und dem protestantischen England. In den katholischen Ländern war es seit Jahrhunderten üblich, dass Nonnen sich der Krankenpflege widmeten und dabei reiches Wissen erwarben. Die anglikanische Kirche konnte sich für Pflegetätigkeit nicht begeistern. Üblicherweise wurden in England Personen von Stand, wenn sie erkrankten, im Rahmen der Familie gepflegt. Arme oder Sterbende kamen in Siechenhäuser mit schlechten Standards, wo sie von unausgebildeten und miserabel bezahlten Frauen und Männern minimal versorgt und vom Leben zum Tode begleitet wurden. Diese Pflegedienste genossen zudem ein geringes gesellschaftliches Ansehen. All diese Zustände schrien für Florence Nightingale nach Verbesserung. Sie trennte sich daher 1853 von ihrer Familie, von der sie eine beachtliche jährliche Apanage von 500 Pfund erhielt und begann an einer Krankenanstalt zu arbeiten. Als eine der häufigen

Cholera-Epidemien ausbrach, verlegte sie ihre Tätigkeit an das Middlesex Hospital, wo sie sich um Cholerapatienten kümmerte.

1853 brach zwischen dem Zarenreich einerseits und dem Osmanischen Reich, unterstützt von Frankreich und Großbritannien, ein Krieg aus. Russland war in die beiden Donaufürstentümer Moldau und Walachei, die offiziell noch unter dem Patronat der Osmanen standen, einmarschiert, weil Sultan Abdul Medschid ein russisches Patronat für die im Osmanischen Reich lebenden Christen abgelehnt hatte. Tatsächlich wollte Russland sich in Richtung Dardanellen auf Kosten des Osmanischen Reiches ausdehnen. Kriegsschauplatz war die Krim und der Kampf um den russischen Schwarzmeerhafen Sewastopol. Anfängliche Erfolge der Russen scheiterten letztlich an der technischen Überlegenheit der westlichen Armeekontingente. In Großbritannien stand die Öffentlichkeit auf der Seite des »kranken Mannes am Bosporus«, fürchtete man doch einen gewaltigen Machtzuwachs des Zarenreiches. Die auf die Krim entsandten britischen Truppenkontingente erlitten schwere Verluste, nicht so sehr in den Kämpfen, als durch Seuchen, vor allem die Cholera, die die Soldaten noch vor ihrem Einsatz an der Front hinwegraffte. Die medizinische Versorgung für die Soldaten erwies sich als völlig veraltet und unzureichend, was die Truppenführer kaum tangierte. Die Sachlage änderte sich aber, als ein Korrespondent der Londoner »Times« über die verheerenden Zustände in den Lazaretten die englische Öffentlichkeit informierte und gleichzeitig berichtete, wie viel besser es um die Versorgung der Franzosen bestellt wäre, die von katholischen Nonnen gepflegt wurden. Das englische Lazarett befand sich in Skutari (türkisch: Üsküdar) auf der asiatischen Seite der Dardanellen. Sidney Herbert, ein alter Freund von Nightingale, war inzwischen zum Kriegsminister berufen worden, er sah keine andere Abhilfe als Florence Nightingale mit der Organisation der Pflege der Kranken und Verwundeten zu betrauen.

Für Nightingale war es eine willkommene Aufgabe, aber infolge der tatsächlichen Umstände fast unlösbar. Das Lazarett lag auf einer Anhöhe über dem Meer, war völlig verdreckt und in jeder Hinsicht unzureichend ausgestattet. Das größte Problem war der Wassermangel, abgesehen von der schwierigen Kompetenzlage zwischen Ärzten und pflegendem Personal. Es gab weder ordentliche Betten, noch ausreichend Wäsche und Hygieneartikel. Die Verpflegung war denkbar schlecht, ein Wunder an Organisationskraft war gefragt. Auf Verständnis von Seiten der Generäle konnte sie nicht hoffen, für diese waren die Soldaten nur Kanonenfutter. Augenzeugen schilderten die Situation so: »… weder Gefäße für Wasser, noch Geräte irgendwelcher Art, keine Seife, Handtücher oder Hospitalkleidung. Die Leute lagen in ihren Uniformen, die von geronnenem Blut steif waren und von Schmutz in einer Art und bis zu einem Grade starrten, die kein Mensch schildern kann. Ihre Körper waren mit Ungeziefer bedeckt, das auf den Böden und Wänden der scheußlichen Höhle des Schmutzes, der Pest und des Todes herumkroch … Die Ärzte arbeiteten mit unermüdlichem Eifer, aber ihre Zahl war völlig ungenügend.«

Zunächst widmete Florence sich der Beseitigung des Schmutzes und beschaffte die nötige Ausstattung, finanziert durch einen Fonds, für den Geld in England gesammelt worden war. Des Weiteren musste sie das Vertrauen der Ärzte gewinnen, die sicher sein mussten, dass sie sich nicht in die ärztliche Belange einmischte. Letztlich ging es vor allem darum, bei allen Beteiligten ein Umdenken herbeiführen, und zu zeigen dass die Soldaten verwundete Menschen waren, die mit Respekt zu behandeln wären.

Mit Mühen gelangen Nightingale Verbesserungen: Sie richtete eine Küche ein, motivierte die Soldatenfrauen, die ihre Männer ins Feld begleitet hatten, die Wäsche zu waschen, sie verbesserte die Wasserversorgung und Kanalisation. Schließlich realisierte sie den Ausbau des Lazaretts. Sie ließ weitere ausgebildete Pflegerinnen aus England kommen, aber noch immer funktionierte vieles nicht. Immer wieder musste sie Geld aus ihrem Privatvermögen zuschießen, um Patienten und Schwestern verpflegen zu können. Einer ihrer wichtigen Grundsätze war, dass jeder Soldat ohne Ansehen seiner Religion zu versorgen wäre. Mit der Zeit wurde die »Lady with the lamp« – nachts pflegte sie die Krankensäle zu inspizieren und einzelnen Patienten Trost zu spenden – bekannt. Schilderungen ihrer Tätigkeit erschienen in der »Times«: »Sie ist in diesen Hospitälern ohne Übertreibung ein ›helfender Engel‹, und wenn ihre schlanke Gestalt langsam durch die Korridore gleitet, erhellt sich das Gesicht jedes armen Burschen vor Dankbarkeit bei ihrem Anblick. … Der Volksinstinkt hatte nicht geirrt, der sie als Heldin begrüßte, als sie England auf ihrer Mission der Barmherzigkeit verließ.« Doch es gab auch Gegner und Neider, die eine Kampagne gegen sie lostraten.

Als sie 1855 direkt auf den Kriegsschauplatz, auf die Krim reisen wollte, brach sie zusammen. Einige Ärzte versuchten sie sofort nach England einzuschiffen, was sie in letzter Minute verhindern konnte. Sie blieb in Üsküdar, brauchte aber Monate, um sich zu erholen. Ihre Gegner gaben nicht auf, während die Soldaten, für die sie sogar Unterricht in Lesen und Schreiben organisiert hatte, sie umjubelten. Die Militärführung empfand ihre Initiativen als Einmischung, ja als Provokation.

Nach dem eiligen Frieden von Paris von 1856 kehrte sie nach London zurück, die Armeeführung wollte möglichst schnell die Ereignisse um die Versorgung der Verwundeten vergessen und zum gewohnten Alltag zurückkehren. Doch Florence war keineswegs bereit, die Dinge auf sich beruhen zu lassen, sie wollte eine dauerhafte Reform. Dazu fertigte sie eine große Anzahl von Berichten und Denkschriften an, die sie mit statistischem Material anreicherte. Grundsätzlich hatte sie die Unterstützung von Queen Victoria, musste aber immer wieder gegen die Beharrungskräfte von Bürokratie und die Indolenz der Generalität ankämpfen. Ende 1856 schrieb sie:

»Man ist es leid, von der Krimkatastrophe zu hören. Man will nichts mehr wissen von den kalten und feuchten Gräbern, von den Lagern, in denen der Hunger- und Kältetod lauerte, von den fehlenden Rationen, von den ungenutzten Vorräten, die der großen Armee der Toten hätten helfen können; von den Generälen, die zuschauten … und die nichts weiter zu sagen wußten als: ›Sie verwöhnen diese Untiere.‹ Von den Stabsoffizieren, die die Pferde mit Zwieback fütterten, den die Leute nicht essen durften …«

Die folgenden Jahre verbrachte sie in labiler Gesundheit, die sich mit den Jahren verschlechterte, gleichzeitig aber eine Reihe von Denkschriften zum Gesundheitswesen verfassend. Nach dem Ausbruch des Sepoy-Aufstandes in Indien verfasste sie auch zur Lage in Indien Denkschriften. Obwohl sie das Land nie besuchte, erkannte sie klar, dass viele Probleme Indiens in der sozialen Situation begründet waren, die durch Kolonialismus, Kastenwesen und unterschiedliche Religionen erschwert wurden.

Mit Genugtuung verfolgte sie die Propagierung der Ideen Henri Dunants, der unter dem Eindruck der Schlacht von Solferino 1857 die Gründung einer internationalen Hilfsorganisation angeregt hatte, aus der nach einigen Konferenzen und Rückschlägen 1864 das Rote Kreuz und die Genfer Konvention entstand.

Florence Nightingale wollte grundsätzlich eine weltliche, neuzeitliche Krankenpflege, die sich auf professionelles Personal stützte. Ihr ist zu verdanken, dass sich Hospitäler, d. h. Institutionen der Barmherzigkeit, zu Krankenhäusern mit Versorgung und Pflege auf der Höhe des Wissens der Zeit wandelten. In modernen Krankenhäusern war nicht die »Rettung der Seelen« das Ziel, sondern die Heilung des Patienten. Hygienische Standards mussten selbstverständlich werden. Die Erkenntnis, dass gute medizinische Versorgung ohne ebensolche Pflege wirkungslos bleiben musste, setzte sich langsam, aber stetig durch. Ein wesentlicher Aspekt ihrer Reformen war auch, dass sie eine Ausbildung für Frauen des Mittelstandes kreierte, die ihnen ein selbstbestimmtes Leben ermöglichte.

Ab 1861 war Nightingale durch ihren schwachen Gesundheitszustand immer öfter ans Bett gefesselt, sie konnte nur mit großem Aufwand das Haus verlassen. Unermüdlich allerdings war sie bei der Verfassung ihrer Studien; sie hinterließ immerhin mehr als 15 umfangreiche theoretische Arbeiten zur Krankenpflege. Erst Blindheit im hohen Alter zwang sie, ihre schriftstellerische Tätigkeit einzustellen. Sie vereinsamte, viele Freunde waren ihr im Tode vorausgegangen. Zuletzt lebte sie allein mit sechs Katzen. Sie hinterließ umfangreiches Schriftenmaterial, Manuskripte und hunderte Briefe, die in der British Library aufbewahrt werden.

Erste Biographien über das Leben der »Lady with the lamp« erschienen noch zu ihren Lebzeiten, alle sehr hagiographisch und Legenden spinnend. Bühnenstücke und Filme wurden über sie verfasst. Erst in den fünfziger Jahren wurden neutralere Werke über Florence Nightingale geschrieben, die dieser komplexen Persönlichkeit gerecht wurden.

Bertha von Suttner

* 9. Juni 1843 Prag
† 21. Juni 1914 Wien

Schriftstellerin und Pazifistin

Als 1843 Bertha Sophia Felicitas Gräfin von Chinic und Tettau in Prag geboren wurde, war ihr Vater Feldmarschall-Leutnant Graf Kinsky, aus altem böhmischem Adel stammend, bereits verstorben. Ihre Mutter, 50 Jahre jünger als Franz Joseph Kinsky, war keine ebenbürtige Ehepartnerin gewesen. Da Graf Kinsky nicht Majoratsherr war, war auch das Vermögen der Familie bescheiden.

Berthas Vormund, Friedrich Graf Fürstenberg, sorgte für eine gute Erziehung, doch litt sie am »Makel« ihrer Geburt ein Leben lang. Berthas Mutter versuchte erfolglos in den Casinos Europas das Vermögen aufzustocken. Als Bertha 18 Jahre alt war, wurde sie in die Gesellschaft eingeführt, um möglichst schnell einen reichen Mann für sie zu finden. Sie fand zwar viele Bewunderer, aber keinen seriösen Ehemann.

Daher musste sie sich für den Beruf einer Gouvernante oder Gesellschaftsdame entscheiden, was bei ihrer zweifellos vorhandenen großen Bildung kein Problem schien. Sie sprach drei Fremdsprachen, konnte singen und Klavier spielen und war sehr belesen. 1873 trat sie eine Stelle im Haus von Carl von Suttner an, wo sie die vier Töchter zu beaufsichtigen hatte. Im Haus Suttner entspann sich zwischen dem jüngsten Sohn der Familie Arthur Gundacar – er war um sieben Jahre jünger als sie – und Bertha eine Liebesbeziehung, die drei Jahre lang geheim gehalten werden konnte. Letztlich verweigerte die Familie ihre Zustimmung zu einer Eheschließung. Über Baronin Suttner erhielt Bertha den Hinweis, dass in Paris ein älterer Herr eine sprachenkundige Sekretärin suche. Sie bewarb sich um diesen Posten und wurde von Alfred Nobel angestellt. Sie arbeitete allerdings nur für kurze Zeit in Paris, so sehr ihr die Arbeit gefiel und sie das Gespräch mit Nobel schätzte, denn sie hatte Heimweh und Liebeskummer. Sie kehrte nach Wien zurück, blieb aber weiterhin mit Nobel in Kontakt.

1876 wurde heimlich in der Vorstadtkirche von Gumpendorf geheiratet, dann ging es fast fluchtartig nach Georgien. Als Exilland wurde Georgien gewählt, weil Bertha von Suttner aus früheren Jahren die verwitwete Fürstin Ekaterina Dadiani von Mingrelien kannte. Von ihr erhoffte sie sich eine Stellung, von der ihr Mann und sie leben könnten. Daraus wurde nichts; ihr Mann und sie gaben vielmehr Musik- und Französischunterricht. Nach Ausbruch des russisch-türkischen Krieges wurde die wirtschaftliche Lage immer schlimmer; niemand wollte mehr Französisch lernen. Daher versuchte sich Arthur Suttner als Schriftsteller. Er berichtete für westeuropäische Zeitungen über Georgien und auch vom Kriegsschauplatz. Bertha von Suttner verlegte sich ebenso auf das Schreiben, ihre Romane erschienen in Fortsetzungen in verschiedenen Zeitschriften.

Als sich die finanzielle Lage des Ehepaares noch mehr verschlechterte, kehrten sie beide nach Österreich zurück. Die Aussöhnung mit Arthurs Familie war inzwischen erfolgt. Das Ehepaar ließ sich in Harmannsdorf im Suttnerschen Schloss nieder, beide schrieben aber weiterhin um Geld zu verdienen.

1887 erschien Berthas erstes wichtiges Buch »Das Maschinenzeitalter«, in dem sie sich mit aktuellen Entwicklungen auseinandersetzt. Sie kritisiert den allgegenwärtigen Nationalismus, tadelt das Schulsystem, das technischen Neuerungen gegenüber nicht aufgeschlossen wäre und beklagte generell die schlechte gesellschaftliche Stellung der Frau.

1887 erhielt sie in Paris Kenntnis von der Existenz einer internationalen Friedensbewegung, für die sie das Buch »Die Waffen nieder!« schrieb. Dieser 1890 erschienene Tendenzroman wurde ein Bestseller und erlebte innerhalb von vier Jahren zwölf Auflagen. Bis zu Suttners Tod wurde dieses Buch in 26 Sprachen übersetzt. Suttners Buch traf eine damals in Europa herrschende Stimmung: einerseits schrankenloser Imperialismus und hemmungsloser Nationalismus, andererseits linke Massenparteien, die Menschenrechte einforderten.

Noch im Erscheinungsjahr wurde die Österreichische Friedensgesellschaft, als eine Sektion der Internationalen Friedensgesellschaft, gegründet. Bertha von Suttner widmete ihr ganzes künftiges Leben dieser noblen Idee. Sie schrieb hunderte Artikel und Abhandlungen, hielt Vorträge und nahm an Tagungen teil. Einen Mitstreiter fand sie in Österreich in Alfred Fried; Schriftsteller wie Leo Tolstoi oder Peter Rosegger unterstützten sie. Ab 1892 gab sie die Zeitschrift »Die Waffen nieder« heraus.

Zur Förderung der Friedensidee fanden Weltfriedenskonferenzen statt; 1889 zum ersten Mal in Paris. Einen wesentlichen Impuls für die Friedensbewegung bedeutete die testamentarische Verfügung Alfred Nobels, aus den Zinsen seines Vermögens einen Preis für Verdienste um die Friedensbewegung zu stiften. Bertha von Suttners Mann engagierte sich im »Verein zur Abwehr des Antisemitismus«. 1905 wurde Bertha von Suttner für ihr unermüdliches Wirken mit dem Friedensnobelpreis ausgezeichnet.

Trotzdem blieb ihre Arbeit nicht ohne Kritik. Man zieh sie der Naivität und versuchte sie mit allen Mitteln lächerlich zu machen. Unzählige Karikaturen der »Friedensbertha« machten sich über ihren Optimismus lustig.

Sie starb am 21. Juni 1914, wenige Wochen vor Ausbruch des Ersten Weltkrieges, mitten in den Vorbereitungen für einen weiteren Weltfriedenskongress, der in Wien stattfinden sollte. Nur kurz das Idol dieser sehr ehrenwerten Initiative, wurde Bertha von Suttner bald vergessen.

Sofja Wassiljewna Kowalewskaja

* 3. Januar 1850 Moskau
† 29. Januar 1891 Stockholm

Erste Universitätsprofessorin für Mathematik

Die heute fast in Vergessenheit geratene russische Universitätsprofessorin für Mathematik an der Universität Stockholm, Sofja Kowalewskaja, verfügte über eine beeindruckende Doppelbegabung. Sie war nicht nur eine hervorragende Mathematikerin, sondern auch eine interessante Schriftstellerin, die durch ihren frühen Tod aus einer vielversprechenden Karriere herausgerissen wurde. Für ihre Generation war sie in vieler Hinsicht ein großes Vorbild, da sie sich trotz widriger Umstände, etwa gegen mehrfache Verweigerungen einer akademischen Karriere und Mobbing, durchzusetzen wusste.

Eindrucksvoll schilderte sie in ihren Erinnerungen an ihre Jugendzeit, die sie erst 1889 veröffentlichte, das Leben eines wohlbehüteten Kindes einer wohlhabenden Familie im zaristischen Russland. Erste prägende Eindrücke vermittelten ihr nicht ihre Eltern, sondern ihre Kinderfrau, die sich das Kind fast abhängig machte. Den Eltern begegnete Sofja nur bei den Mahlzeiten, steifen und zeremoniengleichen Vorgängen, die unnahbare Mutter war schön und distanziert. Die Schwester Anna war um sieben Jahre älter, der Brüder fünf Jahre jünger, jedenfalls keine Spielgefährten für das Kindesalter. Die schöne Mutter hatte einen um 20 Jahre älteren Offizier, General Wassili Wassiljewitsch Korwin-Krukowski, geheiratet, um einem trostlosen Elternhaus mit sechs Tanten zu entfliehen. Sie war gebildet – immerhin sprach sie vier Sprachen –, spielte Klavier und sang, aber die Lebensfreude war ihr längst verloren gegangen. Die Karriere des Vaters ging immerhin bis zum General, er wurde geadelt und trug den Doppelnamen Korwin-Krukowski, wobei Korwin auf eine angebliche Herkunft von dem ungarischen König Matthias Corvinus Bezug nimmt. Sofjas Vater, ebenfalls sehr bildungsaffin, lebte mit der Familie seit 1858 auf dem Landgut Palibino bei Witebsk, das von Leibeigenen bewirtschaftet wurde. Zuvor hatte die Familie in Moskau gelebt, aber die Spielschulden des Vaters hatten einen Umzug aufs Land geraten sein lassen.

Auf dem Land wurde zuerst eine französische Gouvernante angestellt, die die Herrschaft der Kinderfrau brechen sollte. Als der Vater entdeckte, dass seine Töchter über keinerlei Bildung verfügte, wurde eine neue Gouvernante, Miss Margaret Smith, engagiert, die mit strenger Disziplin aus den beiden Töchtern englische Ladies machen sollte. Ein polnischer Hauslehrer ergänzte das Erziehungsteam. Das Pensum der Engländerin war zwar langweilig, doch war das Leben auf dem Gutshof abwechslungsreich. Besonders genoss die heranwachsende Sofja die Erzählungen und Unterweisungen ihrer beiden Onkel, einer ein Naturwissenschaftler, der ihr von der Quadratur des Kreises berichtet, der andere ein Bücherwurm, der ihr die Schönheiten der Bibliothek im Hause eröffnete. Einen ungeplanten Mathematiklehrgang absolvierte Sofja aber über die Tapeten ihres Kinderzimmers. Denn als man das Landgut ausstattete, waren nicht genügend Tapeten besorgt worden. Daher begnügte man sich für das Kinderzimmer mit Papierbögen, die auf dem Dachboden gefunden worden waren. Es handelte sich um die Vorlesungen des berühmten russischen Mathematikers Ostrogradski, die der Vater seinerzeit gehört hatte. Sofja war von dieser anfangs völlig unverständlichen Zeichenwelt fasziniert. »Stundenlang stand ich vor ihnen und las das dort Gedruckte immer wieder. ... es war, als ziehe mich eine unwiderstehliche Macht zu dieser Beschäftigung.«

Anfangs sah der Vater das gar nicht gerne, aber als ihr Cousin Michail in den Sommermonaten Nachhilfeunterricht vom polnischen Hauslehrer bekam, durfte sie zuhören. Ein Gutsnachbar und Physikprofessor in St. Petersburg, dessen Lehrbuch sie las, war von ihrem Talent so überzeugt, dass er den Vater veranlasste, seine Tochter zu fördern. Daher erhielt sie Mathematikunterricht von Alexander Nikolajewitsch Strannoljubski, einem Lehrer in St. Petersburg, der noch dazu ein Förderer der Mädchenbildung war. Sofjas Vater begann einen gewissen Stolz zu entwickeln, waren doch in der Familie der Mutter bedeutende Mathematiker gewesen.

Neben der Mathematik und dem selbstverständlichen Studium von Sprachen – mit den Eltern sprach sie französisch, mit der Kinderfrau russisch, mit der Gouvernante englisch, mit dem Hauslehrer polnisch und den Tanten ihrer Mutter deutsch – galt ihre ganze Aufmerksamkeit und Empathie den Armen und Unterdrückten. Sie sympathisierte mit dem polnischen Aufstand, was einem zaristischen Offizier wie ihrem Vater nicht gerade gefallen konnte, noch dazu, wo er zum Adelsmarschall, d. h. Sprecher der Adeligen des Bezirks gewählt worden war. Als einer der Generäle, die an der Unterdrückung des polnischen Aufstands beteiligt gewesen waren, zu Gast bei ihren Eltern war, brüskierte sie ihn vor allen Gästen, was ihr den Beifall der polnischen Besucher einbrachte.

Sehr wichtig für Sofjas weitere Bildung wurde ihre ältere Schwester, die über einen abtrünnigen Popensohn mit den Nihilisten in Kontakt gekommen war. Sie lehrte sie die Ideen Darwins und alle sozialromantischen und idealistischen Vorstellungen dieser jungen russischen Generation. In diesen Jahren verkehrte auch Dostojewski in ihrem Elternhaus, der von seiner Verbannung nach Sibirien berichtete und schließlich ihrer Schwester einen Heiratsantrag machte, der aber abgewiesen wurde. Um alle diese Träumereien zu beenden, nahm die Mutter die beiden Mädchen auf eine ausgedehnte Reise durch Deutschland und die Schweiz mit. Die ältere Anna war sich nicht recht darüber im Klaren, was sie wollte, aber Sofja, eben 18 Jahre alt geworden, wusste es genau. Ein Jahr zuvor hatte die Russin Nadeschda Suslowa in der Schweiz promoviert und wurde Sofjas Vorbild. Allerdings gab es noch sehr große Hindernisse, denn Frauen konnten in Russland weder studieren, noch das Land allein verlassen, weil sie keinen Pass besaßen. Nur eine verheiratete Frau bekam einen Pass. Daher überlegte Sofja eine Scheinehe einzugehen, die ihr ein Studium im Ausland ermöglichen könnte. Dies war kein leichtes Unterfangen, doch schließlich traf sie den jungen »Nihilisten« Wladimir Onufrijewitsch Kowalewski, der sich bereit erklärte. Die Ablehnung des Vaters hebelte sie durch eine im Haus des künftigen Ehemannes verbrachte Nacht aus. Die Heirat fand im September 1868 in Palibino statt.

Bereits im April des nächsten Jahres verließen die beiden Schwestern und der angebliche Ehemann Russland. Anna ging nach Frankreich, Sofja begann in Heidelberg bei Helmholtz zu studieren, ihr Ehemann beschäftigte sich mit Paläontologie. Das Verhältnis zu ihrem Scheinehemann war ziemlich angespannt, außerdem hatte Sofja finanzielle Sorgen. 1870 ging sie nach Berlin, wo ihr der anfangs etwas skeptische Professor Karl Weierstraß eine Chance gab, die sie großartig nutzte. Allerdings wollte ihr die Universitätsverwaltung keine Möglichkeit geben, an öffentlichen Vorlesungen teilzunehmen, sie wurde daher Privatschülerin von Weierstraß, der von ihrer Begabung bald überzeugt war.

Ihre Schwester Anna lebte inzwischen in Paris und hatte sich in die politische Arbeit für die Linken gestürzt und war eine Ehe mit einem Freund von Karl Marx, Victor Jaclard eingegangen. Bei Ausbruch des deutsch-französischen Krieges, floh Anna nach Genf. Als 1871 in Paris die Kommune kurz die Macht übernahm, war Anna sofort begeistert. Sofia eilte ihrer Schwester zu Hilfe und verhalf ihr nach der brutalen Niederschlagung der Kommune zur Flucht. Sofjas Sympathie war wohl auf Seiten der Kommune, aber für eine praktische politische Arbeit hielt sich selbst für ungeeignet.

1874 reichte sie als Studienabschluss in Göttingen drei Arbeiten ein, eine über die »Theorie der partiellen Differentialgleichungen«, eine weitere trug den Titel »Gestalt der Saturnringe«. Der Göttinger Mathematiker Ernst Schering war von der Qualität ihrer Arbeiten sehr beeindruckt und meinte, dass die wissenschaftliche Leistung »weit über das Maaß der an eine Doctordissertation zu stellenden Anforderungen« hinausging. Im August 1874 konnte sie im Alter von 24 Jahren stolz ihre Promotion »summa cum laude« erleben. Noch im Sommer 1874 kehrten sie und Wladimir nach St. Petersburg zurück. Sie stürzte sich in das Gesellschaftsleben der Stadt und genoss ihre neue Freiheit in vollen Zügen. Der Versuch, in Russland als Lehrerin zugelassen zu werden, wurde vom Ministerium abgelehnt. Sie wurde nicht einmal zur nötigen Prüfung zugelassen, obwohl ihre Fachkollegen wegen ihrer herausragenden Fähigkeiten nichts einzuwenden gehabt hätten.

Da das Ehepaar, Waldimir und sie, in finanziellen Schwierigkeiten steckten, die nach dem Tod ihres Vaters noch schlimmer wurden, zog sie sich von der Wissenschaft zurück und versuchte mit Wladimir, mit dem sie inzwischen doch eine Ehe eingegangen war, durch verschiedene Geschäfte zu Geld zu kommen. Es waren meist eher riskante Geschäfte, die nur Verluste brachten. Weder ein Immobilienhandel noch die Gründung einer Zeitung wurden erfolgreich. 1878 brachte sie ihre Tochter Sofja, genannt Fufa, zur Welt. Inzwischen ging ihr Mann bankrott, sie musste dringend für das langfristige Überleben der kleinen Familie sorgen. Daher wandte sie sich wieder der Wissenschaft zu, hielt in Moskau einen sehr akklamierten Vortrag und versuchte neuerlich, aber vergeblich, eine Zulassung zum Mathematikexamen zu bekommen. Die Antwort des Ministeriums war eher niederschmetternd. »… der Erziehungsminister teilte ihr herablassend mit, daß nicht nur Sofja, sondern auch ihre Tochter alt werden würden, ehe Frauen an Rußlands Universitäten zugelassen würden.«

Sofja fasste neuen Mut, ließ Wladimir, der immer mehr an Wahnvorstellungen litt, zurück. Ihre Tochter blieb bei Freunden und sie ging nach Berlin und nahm ihre Arbeit bei Weierstraß wieder auf. Sie beschäftigte sich wieder mit Differentialgleichungen zur Beschreibung der Doppelbrechung des Lichts und suchte Gleichungen zum Problem der Rotation eines starren Körpers um einen festen Punkt.

Der schwedische Mathematiker Gösta Mittag-Leffler hatte sie schon früher nach Skandinavien holen wollen. Es klappte zwar nicht in Helsinki, damals Helsingfors, weil dort die Russen das Sagen hatten, aber à la longue in Stockholm. Denn in Schweden durften Frauen zu diesem Zeitpunkt bereits studieren.

Sofja machte sich nach Frankreich auf, um sich mit französischen Kollegen auszutauschen, wobei sie u. a. Henri Poincaré und Emile Picard kennenlernte. Als sich Wladimir im Frühjahr 1983 das Leben nahm, stürzte sie kurz in eine tiefe Krise, aus der ihr letztlich die Mathematik heraushalf. Sie stellte ihre Arbeit über die Lichtbrechung fertig und nahm gerne Mittag-Lefflers Angebot für eine zunächst befristete Dozentur in Stockholm an. Als Witwe konnte sie sich freier bewegen und konnte mit größerer Akzeptanz rechnen. Für Stockholm war ihre Anstellung eine Sensation, über die sogar die Zeitungen berichteten. »Es ist nicht der Besuch eines nichts bedeutenden Fürsten oder sonstige hohe Persönlichkeit, den wir heute unseren Lesern anzukündigen haben: nein, es handelt sich um etwas ganz und unvergleichlich anderes. Die Fürstin der Wissenschaft, Frau Sophie von Kowalevsky hat unsere Stadt mit ihrem Besuch beehrt und beabsichtigt Vorlesungen an unserer Universität zu halten.« Zweifellos ein freundliches Willkommen für eine gar nicht verwöhnte, damals 34-jährige Wissenschaftlerin. Am 30. November 1884 hielt sie mit großem Erfolg ihre erste Vorlesung, noch in englischer Sprache. Im zweiten Semester konnte sie nach eifrigem Studium ihre Vorlesungen bereits in Schwedisch halten. Eine Freundin schilderte Sofjas äußere Erscheinung später so: »... klein, aber mit einem sehr großen Kopf, unregelmäßigen Zügen, mit Augen von undefinierbarer Farbe, aber starkem Glanz, sehr lebhaften Bewegungen, überhaupt von außerordentlich lebhaftem Wesen, ... eine Persönlichkeit ..., für welche man sich enthusiasmieren konnte.« Trotz beachtlicher Kurzsichtigkeit trug sie in der Öffentlichkeit nie eine Brille, um ja nicht als Blaustrumpf zu erscheinen. Man muss sich dazu in Erinnerung rufen, dass Stockholm damals eine kleine Stadt mit einem sehr konservativen Bürgertum war.

Ab 1884 redigierte sie und übernahm die Herausgeberschaft der Zeitschrift »Acta Mathematica«, sie war damit weltweit die erste Frau, die im Impressum einer wissenschaftlichen Zeitschrift stand. In den Sommermonaten versuchte sie Artikel aus Frankreich und Deutschland für diese Zeitschrift zu akquirieren. Ab Herbst 1884 erhielt sie endlich eine fixe, allerdings nicht gut dotierte Anstellung für fünf Jahre als »Professor Ordinarius in höherer Analysis«. Die 4000 Kronen jährlich reichten gerade zum Überleben.

Wirklich wohlgefühlt hat sie sich in Schweden nie, die kühle Art der Skandinavier lag ihr nicht, daher verbrachte sie ihre Sommer in Russland bei ihrer Tochter und bei der Familie und Freunden. In Schweden enthielt sie sich auch jeder politischen Diskussion, wohl wissend, dass ihre eher linken Ansichten anecken würden. Fachlich wurde sie völlig akzeptiert, man übertrug ihr sogar die Vorlesung in theoretischer Mechanik, aber noch gab es für die Frau ganz klar eine Grenze, die ihrem Ehrgeiz gesetzt wurde: Eine Aufnahme in die Schwedische Akademie der Wissenschaften wurde abgelehnt. Auch in der schwedischen Öffentlichkeit gab es Proteste gegen die »Sozialdemokratin«, der Dichter August Strindberg, eine gewichtige Stimme des kulturellen Lebens, verfasste einen eher bösartigen Artikel zu ihrer Berufung. Er meinte, dass »eine Frau als Mathematikprofessor eine schädliche und unangenehme Erscheinung sei, ja, dass man sie sogar ein Scheusal nennen könnte.«

Ihr Forschungsinteresse galt noch immer der Berechnung der Gleichungen für das Rotationsproblem. In Frankreich erfuhr sie, dass sie anonym für den 1888 wieder zu vergebenden Bordin-Preis einreichen könnte. Bis 1. Juni 1888 hatte sie einen ersten Entwurf fertiggestellt, Ende November reichte sie den nochmals überarbeiteten Beitrag ein. Sie bekam tatsächlich den Preis, noch dazu wurde wegen der hohen Qualität der Arbeit der Preis von 3.000 auf 5.000 Francs aufgestockt. Dieses Preisgeld erleichterte ihre angespannte finanzielle Situation erheblich, sie nahm ihre Tochter zu sich nach Stockholm. Den Frühsommer 1889 verbrachte sie in Frankreich, wo sie ihre »Erinnerungen an meine Kindheit« niederschrieb, die ein großer Erfolg wurden. Das Werk wurde literarisch sehr gelobt, verkaufte sich auch sehr gut und wurde mehrfach übersetzt.

Gerne hätte sie wie ihre 1887 verstorbene Schwester in Frankreich gelebt, doch als Frau an einer französischen Universität akzeptiert zu werden, schien unmöglich. Außerdem erhielt sie 1889 in Stockholm Bescheid, dass ihre Professur in eine Langzeitprofessur umgewandelt worden war. Neben der Mathematik war es nun die Literatur, die sie sehr beschäftigte, sie schrieb den Bildungsroman »Die Nihilistin« und ein weiteres Buch »Kampf ums Glück«, beide Werke ebenfalls erfolgreich.

Im Herbst 1890 unternahm sie eine Europareise. Bei der Rückkehr im Januar 1891 nach Schweden zog sie sich eine schwere Erkältung zu, eine Lungenentzündung führte Anfang Februar ihren Tod herbei. Ihr Tod löste in der akademischen Welt einen Schock aus, zu ihrer Beerdigung kamen enorm viele Leute. Es fanden zahlreiche Gedenkveranstaltungen statt, vor allem russische Frauenrechtlerinnen hielten lange ihr Andenken als einer Pionierin für Frauenkarrieren hoch. Ihr Nachlass blieb in Schweden. In einem Nachruf auf sie hieß es u. a.: »Die Geschichte der Mathematik wird von ihr als einer der merkwürdigsten Erscheinungen unter den überhaupt äußerst seltenen Forscherinnen zu berichten haben.«

Emmeline Pankhurst

* 14. Juli 1858 Manchester
† 14. Juni 1928 London

Kämpferin für das Frauenwahlrecht

Emmeline Pankhurst widmete in größter Selbstverleugnung und unter Hintanstellung aller persönlichen Bedürfnisse 40 Jahre ihres Lebens geradezu monomanisch dem Kampf um das Frauenwahlrecht, das schließlich im Jahre ihres Todes Wirklichkeit wurde.

Die als drittes Kind geborene Tochter der radikalen Demokraten Robert Goulden und Sophia Crane erlebte bereits im Elternhaus unbedingten Einsatz für politische Ziele. Als Mitglieder der Liberalen Partei begehrten die Eltern gegen Sklavenhandel auf, diskutierten heftig über den amerikanischen Bürgerkrieg und forderten nachdrücklich das Frauenwahlrecht. Die erst 14-jährige nahm bereits an einschlägigen Versammlungen teil. Sie schreibt dazu in ihren Erinnerungen, die sie anlässlich eines Amerikaaufenthaltes 1913 verfasste und die 1914 unter dem Titel »My own Story« erschienen: »Ich verließ die Versammlung als bewußte und entschlossene Befürworterin des Wahlrechts für Frauen.«

Zwischen 1873 und 1879 besuchte sie eine fortschrittliche Mädchenschule in Frankreich. Nach ihrer Rückkehr lernte sie den um 24 Jahre älteren Rechtsanwalt Richard Marsden Pankhurst kennen, noch im selben Jahr wurde geheiratet. Dieser von Pankhurst selbst als ideale Ehe bezeichneten Verbindung entsprangen fünf Kinder, wobei der ältere Sohn Frank mit fünf Jahren an Diphterie starb. Noch als die Kinder klein waren, arbeitete Pankhurst bereits in der Gesellschaft für Frauenwahlrecht. Vor allem die Töchter Christabel und Sylvia kämpften später Seite an Seite mit der Mutter.

1885 – zu dieser Zeit waren bereits drei Gesetzesvorlagen für das Frauenwahlrecht abgelehnt worden – kandidierte ihr Mann, der mit John Stuart Mill befreundet war, für einen Unterhaussitz in einem Londoner Wahlbezirk für die Independent Labour Party. Er blieb aber erfolglos, trotz der tatkräftigen Unterstützung seiner Frau.

1893 kehrte die Familie wieder nach Manchester zurück, ein Jahr später wurde Pankhurst in den städtischen Armenausschuss gewählt, der sich um alle Formen von Armut zu kümmern hatte. Es wurde ein Arbeitshaus betrieben, ein Krankenhaus unterhalten, Werkstätten für Arbeitslose eingerichtet und Schulen für die ärmeren Kinder etabliert. Mit Eifer stürzte sie sich in diese Aufgabe und lernte dabei die allgemeine soziale Lage kennen, wie sehr vor allem Frauen zu leiden hatten und wurde dabei eine tatkräftige Organisatorin. Jetzt betrachtete sie das Frauenwahlrecht nicht nur als eine Frage von Gerechtigkeit, sondern als eine Notwendigkeit, um die Lage der Frauen grundsätzlich zu verbessern.

Nach dem Tod ihres Ehemannes 1898 hatte Emmeline größte Mühe die noch minderjährigen Kinder zu erhalten. Sie sah sich daher gezwungen die schlecht bezahlte Arbeit einer Standesbeamtin für Geburts- und Todesfälle anzunehmen.

1903 gründete sie in Manchester eine militante Frauenwahlrechtsorganisation, die Soziale und Politische Frauenunion (Women's Social and Political Union, W.S.P.U.), die rasch Mitglieder gewann und einen immer intensiveren Kampf um das Frauenwahlrecht führte. Überall, wo Menschen zusammenkamen, hielten Emmeline Pankhurst und ihre Mitstreiterinnen Reden, verteilten Flugzettel, gaben Zeitschriften und Propagandamaterial heraus und stellten den liberalen Abgeordneten unangenehme Fragen zum Frauenwahlrecht. Einige der Liberalen hatten zwar in der Vergangenheit dahingehende Lippenbekenntnisse abgegeben, waren dann aber im politischen Alltagsgeschäft nicht gesonnen, sich an diese Versprechen zu halten.

Um ihren Forderungen Nachdruck zu verleihen, hatten die Frauen sich verschiedene Formen des gewaltlosen Widerstandes zu Eigen gemacht, die später von der amerikanischen Frauenbewegung, aber auch von der Antikolonialismuskampagne eines Mahatma Gandhi in Indien kopiert wurden. Um den Liberalen einen Denkzettel zu verpassen, führten sie bei Nachwahlen einen intensiven Wahlkampf gegen den liberalen Kandidaten, der teils zahlreiche Stimmen, teils sogar den Wahlkreis verlor wie etwa Churchill. Diese Strategie war bereits in den Auseinandersetzungen um die irische Unabhängigkeit erfolgreich verfolgt worden. Anlässlich der jährlichen Parlamentseröffnung organisierten die Suffragetten, wie die Wahlrechtskämpferinnen nach dem englischen Wort *suffrage* für Wahlrecht genannt wurden, beeindruckende Massendemonstrationen.

Anfangs störten sie Parteiversammlungen und versuchten ins Unterhaus zu gelangen, um Petitionen zu überreichen, wurden aber von der Exekutive daran gehindert, sogar mit dem Einsatz berittener Polizei. Als alle gewaltfreien Versuche mit Verhaftungen bzw. Verurteilungen beantwortet wurden, entschlossen sich die Frauen zu einem militanteren Vorgehen. Geldstrafen bezahlten sie prinzipiell nicht, sondern gingen ins Gefängnis. Als man sie dort wie Kriminelle und nicht als politische Gefangene behandelte, traten sie in den Hungerstreik. Anfangs wurden sie bald danach freigelassen, in der Folge schritt die Staatsgewalt zu Zwangsernährung, was einen brutalen Übergriff gegen die Frauen bedeutete. In einer der vielen Gerichtsverhandlungen verantwortete sich Pankhurst folgendermaßen: »Das ist alles, was ich Ihnen zu sagen habe, Sir! Wir sind hier, nicht weil wir Gesetzesbrecherinnen sind; wir sind hier, weil wir uns darum bemühen, Gesetzgeberinnen zu werden.«

Doch weder Gefängnisaufenthalte, Hungerstreiks, Zwangsernährung noch schwere gesundheitliche Einbußen konnten die Kampfbereitschaft der Frauen brechen. Sie verschärften sogar ihre Methoden, zertrümmerten Fensterscheiben, organisierten Brandanschläge auf unbewohnte Objekte, immer gegen Eigentum kämpfend, aber nicht gegen Menschen. Beliebte Ziele waren Londoner Herrenclubs, Golfplätze, deren Wiesen verätzt wurden und die Landsitze prominenter Politiker. In London kam es schließlich zu Straßenschlachten mit zahlreichen Verletzten und vielen Verhaftungen.

1913 stand Emmeline Pankhurst vor Old Bailey wegen Verhetzung und Anstiftung zu einem Brandanschlag auf das Haus von Schatzkanzler David Lloyd George. Das Urteil lautete drei Jahre Haft. Wie gewohnt entschied sie sich für einen Hungerstreik, verschärft durch die Verweigerung Flüssigkeit zu sich zu nehmen. Binnen weniger Tage erfolgte ein gesundheitlicher Zusammenbruch, sie musste entlassen werden, wollte doch die Regierung keine Märtyrer des Hungerstreiks schaffen. Höhepunkt dieses Kampfes der Suffragetten war der Tod von Emily Davison, die sich im Sommer 1913 beim Derby im Epsom vor das Pferd des Königs geworfen hatte und an den Folgen der Verletzungen starb. Dieses Opfer führte dazu, dass in der liberalen Presse Diskussionen geführt wurden, ob denn das Vorgehen der Regierung gegen die Wahlrechtskämpferinnen angemessen wäre.

Die Regierung beantwortete das Vorgehen der Frauen mit dem sogenannten »Cat and Mouse Act«, der besagte, dass die Frauen nach einem Hungerstreik zwar entlassen würden, nach Wiederherstellung aber wieder ins Gefängnis müssten.

Im Frühjahr 1914 versuchte Pankhurst, König Georg V. persönlich eine Petition zu überreichen, wurde jedoch von Polizisten daran gehindert. Fotos ihrer Verhaftung zierten die Titelbilder der Zeitungen und gingen als bewegende Dokumente des Kampfes um das Frauenwahlrecht um die Welt.

Als der Erste Weltkrieg im Herbst 1914 ausbrach, stellten die Frauen ihren Kampf ein und solidarisierten sich mit den kämpfenden Männern. Pankhurst reiste während des Krieges nach den USA und Kanada, wo sie vor allem Vorträge hielt. Nach Ende des Krieges trat sie der Konservativen Partei bei. Sie polemisierte gegen den Bolschewismus, hielt sich aber sonst von politischen Aktivitäten fern. Bis 1925 hielt sie sich vor allem in den Vereinigten Staaten auf.

1918 erhielten die Frauen in Großbritannien das passive Wahlrecht, erst 1928, im Jahr des Todes von Emmeline Pankhurst, erhielten sie das allgemeine und gleiche Wahlrecht.

ELISE RICHTER

* 2. März 1865 Wien
† 21. Juni 1943 KZ Theresienstadt

Romanistin und erste habilitierte Universitäts-professorin Österreichs

Elise Richter ist die Pionierin des Frauenstudiums in Öster-reich. In eine Wiener großbürgerliche Familie hineingeboren – der Vater war Chefarzt der k.k. privilegierten Südbahngesell-schaft – wurde Elise und ihrer älteren Schwester Helene jede damals verfügbare Bildungsmöglichkeit eröffnet. Ganz im Sinne emanzipierter jüdischer Familien sorgte eine strenge Hauslehrerin für die Ausbildung der beiden Mädchen. Elise lernte ab ihrem fünften Lebensjahr Französisch, mit 13 Jahren begann das Studium der englischen Sprache, später folgte Ita-lienisch. Ihr Wunsch, das Gymnasium zu besuchen und Latein und Griechisch wie alle Jungen im Freundeskreis zu erlernen, blieb vorerst unerfüllbar. Häufige Theaterbesuche, Klavier-spiel, Bildungsreisen mit den Eltern und der Besuch von Kunstsammlungen ermöglichten eine fundierte Allgemeinbil-dung. Beide Schwestern blieben ein Leben lang eng verbun-den, vor allem, weil Elise schon in jungen Jahren an Gelenks-rheumatismus litt und dadurch später leicht gehbehindert war.

Nach dem frühen Tod der Eltern bezogen die beiden Schwes-tern ein von Elise geplantes Haus im 19. Bezirk, das bis zu ihrer Vertreibung aus Wien ihr Wohnort blieb. Trotz ihrer hervorra-genden Bildung konnten die beiden Mädchen nicht an der Uni-versität inskribieren, nur als Gasthörerinnen war ihnen der Be-such von Vorlesungen gestattet. Dabei machte Elise Richter die Bekanntschaft des Romanisten Adolf Mussafia, der sie in ihrer Liebe zur romanischen Philologie bestärkte.

1896 erließ das k.k. Kultus- und Unterrichtsministerium eine Verordnung, die es Mädchen ermöglichte die Matura abzulegen, allerdings mit dem Vorbehalt, dass damit nicht eine Erlaubnis zum Besuch der Universität verbunden wäre. Trotzdem legte Elise Richter als Externisten die Matura 1897 am Akademischen Gymnasium ab. Durch eine weitere Verordnung wurde es Mädchen ab diesem Jahr erlaubt, an der philosophischen Fakultät der Universität zu inskribieren. Im Studienjahr 1897/1898 gehörte daher Elise Richter zu den ersten drei Studentinnen, die an der Wiener Universität immatrikulierten. Sie besuchte vorwiegend philologische Vorlesungen, etwa bei Theodor Gomperz und Friedrich Marx. Seit 1890 lehrte der Romanist Wilhelm Meyer-Lübke an der Wiener Universität, der Elise Richter besonders förderte und mit dem sie eine lebenslange freundschaftliche Beziehung unterhielt. Er war im Kreis der eher misogynen Universitätslehrer eine rare Ausnahme, der auch nicht nur weibliche Studentinnen duldete, sondern sogar förderte. Elise Richter schrieb: »Er kannte kein Ansehen der Person und – was am Ende des vorigen Jahrhunderts bedeutungsvoll war – auch nicht des Geschlechts. Die Frauen haben an ihm einen wahren Förderer gehabt, weil er bei gleichem Recht sofort auf die Pflichtgleichheit und auf die Gleichheit des Maßstabes hielt.«

Bereits 1901 hatte sie ihre Dissertation mit dem Titel »Zur Entwicklung der romanischen Wortstellung aus der lateinischen« fertiggestellt, die 1903 in Halle im Druck erschien. Elise Richter wurde mit »summa cum laude« promoviert, ihr Doktorvater riet zu einer universitären Karriere, wie sie bereits in anderen Ländern schon mehrmals möglich geworden war. In Wien war der Weg zur Habilitation noch äußerst steinig, denn der akademische Senat war größtenteils der Ansicht, dass Wissenschaft männlich sei und Frauen in dieser Domäne nichts zu suchen hätten. Doch Richter ließ sich nicht abschrecken und reichte eine Habilitationsschrift ein, die bereits 1904 gedruckt vorlag. Es bedurfte noch einiger Interventionen bei den Behörden, bis ihr schließlich für Mai 1905 ein Termin für Habilkolloquium und Probevortrag genehmigt wurde. Die Nachricht über diese weitreichende Veränderung ihres Lebens erreichte sie auf einer Frankreichreise in St. Malo. Sowohl Kolloquium als auch Probevortrag absolvierte sie glanzvoll, doch die Überwindung der nächsten Hürde, nämlich die Verleihung der »venia legendi«, d. h. der Erlaubnis auf akademischem Boden unterrichten zu dürfen, ließ auf sich warten. Endlich im Oktober 1907 durfte sie ihre Antrittsvorlesung zum Thema »Zur Geschichte der Indeklinabilien im Französischen« halten.

In den nächsten Jahren hielt sie regelmäßige Vorlesungen – insgesamt kündigte sie 51 Kollegien an – als Privatdozentin, allerdings ohne eine fixe Anstellung oder eine nennenswerte Remuneration für ihre Tätigkeit zu erhalten. Mehrfach wurde ihr empfohlen, doch an einer liberaleren Universität im Ausland eine Berufung anzustreben, doch ihre Verbundenheit mit Österreich war zu intensiv. »Ich hing mit allen Fasern an Wien, an der Landschaft, an der Architektur, dem Burgtheater und den philharmonischen Konzerten … an dem nicht großen, aber desto besser gewählten Freundeskreis … Ich war zu fest verwurzelt.« In kluger Einschätzung der allgemeinen Stimmung an der Universität hielt sie sich von frauenspezifischen Gruppierungen fern. In Ihrer Autobiographie »Summe des Lebens« schrieb sie zu diesem Thema:

»Ich mied die Frauenbewegung. Als Frauenrechtlerin konnte ich meinen Weg in der Universität nicht machen, ich mußte nicht nur meine ganze Kraft auf die Arbeit richten, sondern den Schein des Frauenrechtlertums vermeiden.«

1921 wurde sie mit dem Titel einer »außerordentlichen Professorin« ausgezeichnet, eine ordentliche Professur in Verbindung mit einem Lehrstuhl blieb für eine Frau ein unerfüllbarer Wunschtraum. 1923 honorierte die Universität endlich ihre Tätigkeit, indem Richter einen zweistündigen Lehrauftrag bezahlt bekam. Sie hatte ja das Glück, sich ihre Universitätskarriere dank des vom Vater ererbten Privatvermögens leisten zu können.

Ihre Schwester Helene wurde als »autodidaktische« Anglistin bekannt, sie schrieb Biographien des romantischen Schriftstellers Percy Shelley und des Dichters Thomas Chatterton, verfaßte Biographien von Schauspielern und vorwiegend Theaterkritiken. Die beiden Schwestern führten ein reges Gesellschaftsleben, der »jour fixe« bei den Schwestern Richter am Montag versammelte Burgschauspieler, Schriftstellerinnen wie Käthe Braun-Prager oder Rosa Mayreder. Auch ehemalige Schüler von Elise wie der Wiener Romanist Leo Spitzer waren gern gesehene Gäste. Gemeinsam unternahmen die beiden Schwestern zahlreiche Reisen. 1927 gründete Elise in Wien nach internationalem Vorbild den »Verband der Akademikerinnen«. Sie wurde auch politisch aktiv, indem sie sich bei der leider nur kurzlebigen Bürgerlich-demokratischen Partei des Grafen Ottokar Czernin engagierte.

Richters Vorlesungen an der Universität waren sehr erfolgreich und gut besucht. Nach ihrem 70. Geburtstag im Jahr 1935 wurde sie sogar von Seiten des Ministeriums wegen ihrer Phonetik-Vorlesungen als »unabkömmlich« eingestuft, der Titel einer Ordinaria blieb ihr aber verwehrt. Relativ ungestört konnte sie ihre Vorlesungen auch im von ihr nicht sehr geschätzten Ständestaat fortsetzen, doch nach dem 13. März 1938 wurde sie von der Universität ausgeschlossen und erhielt außerdem noch Bibliotheksverbot. Diesen Tag ihrer tiefsten Enttäuschung schilderte sie in ihren Erinnerungen:

»Ich ging zu Fuß nach Hause. In der Garnisongasse kreuzte ich einen Mann, der sich nach mir umsah. Da wurde ich erst gewahr, daß ich laut schluchzte. In den Gassen stand auf den geschlossenen Rollbalken oder den Glastüren mit gelber Ölfarbe die Aufschrift ›Jude‹«.

Der ersten an der Wiener Universität habilitierten Frau und der großbürgerlichen Wiener Jüdin hatte man gewaltsam eine herausragende Karriere beendet.

Elise Richter erhielt seitens der Universität keinerlei Zuwendungen mehr, ihre finanzielle Lage verschlechterte sich noch durch die Vermögensabgabe. Schließlich musste sie ihre heißgeliebte Bibliothek im Umfang von etwa 3000 Bänden an die Universität Köln verkaufen, um zu überleben. Die »International Federation of University Women« versuchte, die beiden Schwestern zur Emigration zu bewegen, doch waren beide zu sehr in Wien verwurzelt, um noch in ihrem Alter anderswo im Exil Fuß fassen zu wollen.

Eine kleine Leibrente der »International Federation« ermöglichte die letzten Monate in Wien. Im Oktober 1942 wurden beide Schwestern in das Lager Theresienstadt verbracht, wo Helene im November 1942 und Elise im Juni 1943 verstarb. Das Manuskript von Elises Lebenserinnerungen, das sie nach ihrer Vertreibung von der Universität verfasst hatte, brachten Freunde in Sicherheit. Die Summe ihres Lebens fasste sie so zusammen: »Sehr leidvoll gewiß, aber auch sehr freudvoll, kampfbewegt, reich an Inhalt war dieses Leben. Es war wert, gelebt zu werden.«

Im Zuge von Restitutionsforschungen an der Universitätsbibliothek Köln wurde Elise Richters Bibliothek rekonstruiert. Diese Unternehmung wurde durch die Tatsache erleichtert, dass sich ihr Briefwechsel erhalten hatte. Diese Korrespondenz gibt einerseits Auskunft über die verzweifelte Situation der Schwestern, andererseits zeugt er davon, dass diese Bibliothek die Lebensgrundlage und das Lebenselixier der beiden Frauen gewesen war. Die Hochschätzung des gedruckten Wortes entsprach den Gepflogenheiten jüdischer Familien, egal wie fromm sie gewesen sein mochten.

MARIE CURIE

* 7. November 1867 Warschau
† 4. Juli 1934 Sancellemoz bei Passy (Frankreich)

Chemikerin und Physikerin

Die geborene Maria Salomea Skłodowska ist weltweit die einzige Frau, die in zwei Disziplinen, nämlich in Chemie und Physik, den Nobelpreis erhielt. Ihr ist der Begriff der Radioaktivität zu verdanken. 1898, am 26. Dezember, entdeckte sie ein neues Element, das Radium, dem sie ihre lebenslange wissenschaftliche Arbeit gewidmet hatte. Sie widerlegte nicht nur die These über die Unveränderbarkeit der Elemente, sondern ihre Forschungen standen am Beginn des Atomzeitalters. Dank ihrer Arbeit kann Radioaktivität nicht nur militärisch eingesetzt werden, sondern ist auch ein wichtiger Bestandteil der Krebsbekämpfung. Und nicht nur ihre eigenen Forschungen waren für die Geschichte ihrer Wissenschaft von größter Bedeutung, sie bot auch Anregung und Basis für die Arbeiten folgender Generationen.

Maria Skłodowska, jüngstes von fünf Kindern eines Mathematik- und Physikprofessors und einer Lehrerin, erwies sich bereits als junges Mädchen als außergewöhnlich begabt. Bei einem Wettbewerb am russischen Lycée gewann sie eine Goldmedaille. Da nach dem polnischen Aufstand von 1863 nur russische Schulen zugelassen waren und es für Mädchen in Russland keine Möglichkeit zu studieren gab, nahm sie heimlich an einer nationalpolnischen »freien« Universität teil, wo sie die Basiskenntnisse für ein Universitätsstudium erweiterte.

Da ihr Vater durch verfehlte Spekulationen sein Vermögen verloren hatte, war sie gezwungen, als Erzieherin und Lehrerin zu arbeiten, zunächst um das Medizinstudium der Schwester Bronia in Paris zu finanzieren, in der Hoffnung, dass diese ihr später helfen würde. 1891 ging sie nach Paris und begann Mathematik und Physik an der Sorbonne bei Paul Appel, Gabriel Lippmann und Edmond Bouty zu studieren, 1894 schloss sie das Studium ab. In Paris kam sie mit damals bereits sehr bekannten Physikern wie Jean Perrin oder Aimé Cotton zusammen, mit denen sie fruchtbare Diskussionen führte. Privat führte sie ein äußerst asketisches Leben, da ihre finanziellen Mittel kaum für mehr ausreichten. 1893 schloss sie das Physikstudium als beste ab, ein Jahr später als zweitbeste das Mathematikstudium. Schon ab 1893 hatte sie bei Lippmann im Forschungslabor arbeiten können, wo sie ihren späteren Mann Pierre Curie kennenlernte. Ein Jahr danach heiratete das Paar, womit eine jahrelange, höchst erfolgreiche gemeinsame Forschungsarbeit begann. Diese Ehe war keine »amour fou«, sondern Pierre Curie hatte ganz bewusst eine »geniale« Frau gesucht. Die beiden ergänzten einander geradezu ideal, Marie Curie war eine schnelle Arbeiterin, spontan in ihren Entschlüssen, Pierre war eher langsam und gründlich abwägend. Sie liebte den Wettbewerb, ihm war diese Haltung eher fremd. Außerdem war Marie Curie eine sehr bewusste polnische Patriotin – was sich auch in der Benennung des neuentdeckten Elements Polonium ausdrückte –, Pierre war ziemlich eifersüchtig und besitzergreifend.

In ihrer Doktorarbeit untersuchte sie die von Antoine Henri Becquerel 1896 entdeckten, noch rätselhaften Strahlen, die von natürlichem Uran ausgesendet werden. Marie Curie nannte dieses Phänomen Radioaktivität. Gleichzeitig mit dem deutschen Chemiker Gerhard Carl Schmidt fand sie 1898 heraus, dass derartige Strahlungen auch bei Thorium vorhanden wären. Schließlich wandte sie sich dem Mineral Pechblende zu, dass eine höhere Strahlung als reines Uran zu haben schien. Gemeinsam machte sich das Ehepaar Curie daran, dieses Phänomen zu erforschen. Während Pierre Curie sich auf die physikalische Frage des Problems konzentrierte, versuchte Marie Curie reines Radium in metallischer Form zu erzeugen. Sie wurde dabei von dem Chemiker André Debierne, einem Schüler von Pierre Curie, unterstützt. Anfangs hatte Marie Curie 100 Gramm Pechblende zur Verfügung, wobei sich die Isolierung von Radium und Polonium aus der Pechblende als äußerst kompliziert erwies. Es koste-

te das Ehepaar vier Jahre, bis sie ein Zehntelgramm reines Radi-
umchlorid gewinnen konnten. In den nächsten Jahren verarbei-
teten die beiden Curies 60 Tonnen Uranrückstände aus Joa-
chimsthal, die ihnen aus Österreich-Ungarn gegen Ersatz der
Transportkosten unentgeltlich zur Verfügung gestellt wurden.
Der chemische Trennungsprozess war Knochenarbeit, denn die
heiße Pechblende mussten in riesigen Bottichen gerührt werden.
Möglicherweise hatte sich Marie Curie bereits damals einer zu
intensiven Strahlung ausgesetzt, was in späteren Jahren zu ihrer
Erkrankung führen sollte. 1902 stand endlich genügend Radium
zur Verfügung, um das Atomgewicht bestimmen zu können.

Im Juni 1903 legte Marie Curie ihre mündliche Doktorprü-
fung in Physik an der Sorbonne ab. Als erste Doktorin der Physik erhielt sie die Note »très honorable« (wörtlich: sehr ehren-
wert, sehr ordentlich). Das Ergebnis dieser Forschung wurde
1903 für das Ehepaar Curie mit dem Nobelpreis für Physik honoriert, den sie sich allerdings mit Henri Becquerel teilen mussten. Eine weitere Ehrung des Jahres 1903 für das Ehepaar war
die Verleihung der Davy-Medaille für chemische Wissenschaften durch die Londoner Royal Society. Die damit verknüpfte Do-
nation betrug 1000 Pfund. Das Geld aus dem Nobelpreis wurde
für Laborgeräte und die Anstellung eines Assistenten verwendet.

Trotz intensiver Forschung brachte Marie Curie zwei Töchter
zur Welt, 1897 wurde Irène geboren, die ebenfalls Wissenschaftlerin wurde. 1904 Eve, die später eine eher hagiographische Biographie über ihre Mutter schrieb. Bereits 1900 hatte Marie Curie
die Lehrberechtigung an der École Normale Supérieure für Mädchen in Sèvres erhalten, vier Jahre später wurde sie zur Chefas-
sistentin im Labor ihres Mannes ernannt. Dieser hatte inzwischen schon einen Lehrstuhl an der Universität. Die Benachteili-
gung von Frauen bei gleicher Leistung war noch immer wirksam.

Durch den plötzlich Unfalltod von Pierre Curie 1906 erlitt Marie Curie einen schweren Schlag, der allerdings ihr Forschungsinteresse nicht schmälerte. Im Gegenteil, sie unternahm alles in
ihrer Kraft Stehende, um allein die offenen Fragen zu lösen. Außerdem hatte sie für zwei minderjährige Töchter zu sorgen. In
der Nachfolge ihres Mannes wurde sie zur Professorin an der

Sorbonne ernannt und war damit die erste Frau, die an dieser sehr traditionellen Universität einen Lehrstuhl übernahm.

International war sie bereits berühmt und hochgeehrt, daher schien es naheliegend, dass sie 1911 nach Freiwerden eines Platzes an der Académie des sciences Aufnahme finden würde. In der Presse erschienen bereits entsprechende Meldungen, doch in der entscheidenden Akademiesitzung fiel der Beschluss, auch weiterhin keine weiblichen Mitglieder der Akademie zu akzeptieren. Diese Entscheidung wurde in der Öffentlichkeit sehr kontrovers aufgenommen, Frauengegner und Befürworter von Frauenkarrieren polemisierten heftig.

1911 gelang ihr endlich der Durchbruch. Sie konnte reines Radium isolieren. Dafür wurde sie mit dem Nobelpreis für Chemie ausgezeichnet und war damit die erste Frau, die zwei Nobelpreise in verschiedenen naturwissenschaftlichen Fächern erhalten hatte. Seit 1911 entspricht die Messeinheit »ein Curie« der Aktivität von einem Gramm Radium pro Sekunde. In der Folge widmete sie sich intensiv dem Ausbau des Radiuminstituts an der Universität. Zwischen 1911 und 1934 veröffentlichte sie 31 wissenschaftliche Arbeiten. In den Jahren nach dem Ersten Weltkrieg wurde sie mit Ehrungen und Ehrendoktoraten überhäuft.

Am 5. November 1911 erschien die Zeitschrift »Le Journal« mit der Schlagzeile »Eine Liebesgeschichte, Marie Curie und Professor Langevin«. Paul Langevin war Schüler Pierre Curies, die Ehepaare Curie und Langevin waren befreundet. Doch seit dem Sommer 1910 hatte Marie Curie vermutlich eine Affäre mit Paul Langevin. Als Langevins Frau die Affäre entdeckte, bedrohte sie Marie Curie, Briefe wurden entwendet und die ganze Affäre an die Öffentlichkeit gespült. In der rechten Presse erschienen frauen- und fremdenfeindliche Anwürfe, ja sogar antisemitische Anschuldigungen. Marie Curie nahm sich einen Anwalt, den später zum Staatspräsidenten avancierten Alexandre Millerand. Nach einer außergerichtlichen Einigung des Ehepaares Langevin ebbte die Angelegenheit ab, doch die Vorwürfe blieben wie ein Makel an Marie Curie hängen.

Bei Ausbruch des Ersten Weltkrieges unterbrach sie ihre Forschungen und konzentrierte sich, gemeinsam mit ihrer Tochter

Irène, darauf, mobile Röntgenstationen für den Einsatz an der Front zu konstruieren. Nach dem Krieg setzte sie ihre Bemühungen um den Einsatz von Strahlungen im medizinischen Bereich fort.

1921 unternahm sie in Begleitung ihrer beiden Töchter eine Reise in die Vereinigten Staaten. Bei diesem Anlass wurde ihr von US-Präsident Warren G. Harding ein Gramm reines Radium übergeben, das auf Grund einer Sammlung amerikanischer Frauen für ihre Forschungszwecke gekauft worden war. In den folgenden Jahren hielt sie auch in anderen Ländern wie Belgien, Spanien oder Tschechoslowakei Vorträge. Seit 1922 war sie Mitglied einer internationalen Kommission für Geistige Zusammenarbeit, die vom Völkerbund ins Leben gerufen worden war. Dieser Kommission gehörten zwölf Wissenschaftler aus allen Mitgliedsländern an. Marie Curie setzte sich für eine internationale Bibliographie wissenschaftlicher Publikationen, für internationale Forschungsstipendien und für den Urheberschutz von wissenschaftlichen Leistungen ein. 1932 durfte sie erleben, dass auch in ihrer Heimatstadt Warschau ein Radiuminstitut gegründet wurde. Direktorin dieses Institutes wurde ihre ältere Schwester Bronia.

Ihre Hauptaufgabe in den zwanziger und dreißiger Jahren sah sie darin, möglichst viel reines Radium zu weiteren Forschungen in der Atomphysik zur Verfügung zu haben. Schon seit Jahren litt Marie Curie unter Beschwerden, die durch die von Uran und Radium ausgehenden Strahlungen verursacht wurden. 1934 starb sie an Leukämie.

Hatte Marie Curie noch 1905 in Stockholm beim verspäteten Vortrag über die Forschungen, die zum Physiknobelpreis geführt hatten, ihrem Mann den Vortritt gelassen, so sprach sie 1911 völlig für sich und über ihre eigenen Arbeiten. Sie ließ keinen Zweifel daran, was sie für sich selbst als Leistung beanspruchen konnte. Voll Selbstbewusstsein führte sie aus: »Die chemische Arbeit mit dem Ziel, Radioaktivität im Zustand eines reinen Salzes zu isolieren und es als neues Element zu kennzeichnen, wurde speziell *von mir* durchgeführt.«

Maria Montessori

* 31. August 1870 Chiaravalle bei Ancona
† 6. Mai 1952 Noordwik aan Zee (Niederlande)

Ärztin und Reformpädagogin

Maria Montessoris Familie gehörte zum italienischen Bildungsbürgertum, ihr Vater Alessandro leitete als Beamter im Finanzministerium die staatliche Tabakmanufaktur, ihre Mutter Renilde Stoppani, aus einer Gutsbesitzerfamilie stammend, war eine Nichte des liberalen Geologen Antonio Stoppani. Zunächst lebte die Familie in Florenz, 1875 erfolgte die Übersiedlung nach Rom. Schon früh zeigte sich bei Maria ein großes Interesse für die Naturwissenschaften, daher besuchte sie auch – gegen den Widerstand des konservativen Vaters – eine technische Oberschule, die Regia Scuola Tecnica Michelangelo Buonarotti. Sonst ist über ihre Kindheit kaum etwas bekannt, eher Legenden und Anekdötchen, die darauf hinauslaufen, dass sie schon immer sehr selbstbewusst und ichbezogen war. Im gesellschaftlichen Umgang zeigte sie später ein ziemlich einzelgängerisches und arrogantes Verhalten, manchmal sogar gepaart mit Intoleranz. Ihren Erfolg begründen half ihre große Disziplin, die sie antrieb, täglich bis spät in die Nacht zu arbeiten.

Ihre Schulerfahrungen waren zweifellos zeittypisch, die Klassen waren überfüllt, die Lehrer schlecht ausgebildet und bezahlt. Des Öfteren gab es Prügelstrafen, das Auswendiglernen von Lehrbuchtexten war tägliche Übung, doch Maria lernte leicht und schnell. Später schilderte Montessori eine Standardschule und die dortige Ausbildung als einen kindlichen Leidensweg:

»Die Schule war für das Kind eine Stätte größter Trostlosigkeit. Jene ungeheuren Gebäude scheinen für eine Menge von Er-

page 95

wachsenen errichtet. Alles ist hier auf den Erwachsenen zuge-schnitten: die Fenster, die Türen, die langen Gänge, die kahlen, einförmigen Klassenzimmer ... Die Familie ließ das Kind allein, verließ es an der Schwelle jenes Gebäudes ... Und das Kind schien, weinend, hoffnungslos und von Furcht bedrückt, über jenem Tor Dantes Hölleninschrift zu lesen: ›Durch mich gelangt man in die Stadt der Schmerzen‹, in die Stadt, wo das verlorene Volk wohnt, das Volk, von dem die Gnade sich abgewandt hat.

Eine strenge drohende Stimme fordert das Kind samt vielen ungekannten Gefährten auf, hereinzukommen, wobei man alle zusammen als böse Geschöpfe betrachtete, die Strafe verdient hätten: ›Weh euch, ihr bösen Seelen ...‹

Da sitzt nun das Kind in seiner Bank, ständig strengen Blicken ausgesetzt, die zwei Füßchen und zwei Händchen dazu nötigen, ganz unbewegt zu bleiben, so, wie die Nägel den Leib Christi an die Starrheit des Kreuzes zwangen. Und wenn dann in jenes nach Wissen und Wahrheit dürstende Gemüt die Gedanken der Lehrerin entweder mit Gewalt oder auf irgendeinen anderen gutbefundenen Weg hineingepresst sind, dann wird es sein, als blute dieses kleine, gedemütigte Haupt wie unter einer Dornenkrone.«

Montessoris Gegenrezept lautete: »Man muss dem Kind eine Umgebung bieten, in der alle Dinge seinen Proportionen entsprechend gebaut sind; und dort soll man es leben lassen.«

Nach der Matura wollte Montessori Medizin studieren, was in Italien grundsätzlich für Frauen seit 1875 erlaubt war, doch sie wurde von der Universität abgelehnt mit der Begründung, nur Männer dürften Medizin studieren. Zu dieser Zeit gab es in Italien keine einzige Ärztin. Daher inskribierte sie 1890 in Rom zunächst Naturwissenschaften. Danach wurde sie endlich an der medizinischen Fakultät akzeptiert. Hart musste sie sich unter den männlichen Kommilitonen durchkämpfen, doch ihr Fleiß und ihre Disziplin halfen ihr, die Belastungen, etwa den Geruch bei den Sektionen, zu ertragen. 1896 erfolgte ihre Promotion. Während des Studiums galt ihr leitendes Interesse der Embryologie und der Evolutionstheorie. Ihr wissenschaftliches Weltbild neigte damals eher dem Positivismus zu.

In ihren beiden letzten Studienjahren absolvierte sie ein Praktikum an einer psychiatrischen Klinik in Rom. Als Assistenzärztin arbeitete sie schließlich an einer kinderpsychiatrischen Abteilung der Universitätsklinik. Ihre besondere Sorge und Hingabe galt den eher schlecht versorgten geistig behinderten Kindern, die sich oftmals in einem verwahrlosten Zustand befanden. Sie wollte unbedingt diese Verhältnisse verbessern und stieß dabei auf die wissenschaftliche Arbeit von Jean Itard und Edouard Séguin mit dem Titel »Physiologische Methode«. Dieses Werk übersetzte sie auch ins Italienische. Wie die beiden Franzosen, war sie überzeugt, dass der Zustand dieser geistig behinderten Kinder in erster Linie ein pädagogisches Problem wäre. Daher forderte sie spezielle Schulen zur Förderung dieser Kinder.

Ihre Doktorarbeit hatte sie ebenfalls über ein Thema der Psychiatrie geschrieben, und zwar über »Antagonistische Halluzinationen«. Bald eröffnete sie eine eigene Praxis, außerdem setzte sie ihre theoretischen Studien fort. Sie widmete sich vor allem neuropsychiatrischen Themen, deren Ergebnisse sie in praktischen Experimenten in Kinderhäusern umsetzte. Ausgehend von devianten, angeblich nicht »normalen« Kindern, versuchte sie bei den Kindern durch bessere äußere Umstände die Konzentrationsfähigkeit zu fördern. Gleichzeitig forderte sie eine Verbesserung der sozialen Umstände. In der Fortführung dieser Ideen entsteht letztlich das Konzept der »kosmischen Erziehung«, deren Ziel es ist, dass jedes Kind sowohl kulturelle Güter als auch die es umgebende Natur wertschätzend erleben lernen kann.

Aus einem Auftrag des italienischen Ministers für Unterricht, für Lehrerinnen in Rom eine Vortragsreihe zu erhalten, entstand die scuola magistrale ortofrenica (= Heilpädagogisches Institut). Als Leiterin dieses Hauses entwickelte Montessori spezielle didaktische Materialen für den Unterricht in Sprachen und in Mathematik. Gleichzeitig hatte sie die Empfindung, dass ihre theoretische Basis für weitere Forschungen zu schmal wäre. Daher nahm sie ein Studium der Psychologie, Anthropologie und der Erziehungsphilosophie auf. Sie besuchte Schulen, um dort anthropologische Untersuchungen anzustellen. Außerdem hielt sie ab 1904 Vorlesungen am Pädagogischen Institut in Rom über Anthropologie.

Als Ergebnis dieser theoretischen und praktischen Forschungen eröffnete sie 1907 eine Tagesstätte, die Casa dei Bambini, im römischen Arbeiterviertel San Lorenzo für Kinder aus sozial schwachen Familien. Alle jene Materialien, die sie bei geistig behinderten Kindern verwendet hatte, nutzte sie nun für die Kinder in diesem Substandardstadtviertel. Sie erzielte äußerst gute Ergebnisse, die selbst sie zum Staunen brachten. Aus diesen Erfahrungen entwickelte sie ihre eigene Methode, »Il metodo della pedagogia scientifica«, die als Montessorimethode heute weltweit bekannt ist und angewandt wird.

1924 führte das faschistische italienische Regime Montessoris Methoden an den Schulen ein, doch in den dreißiger Jahren, als sich das Regime immer mehr ideologisch in den Schulalltag einmischte, etwa durch die Verordnung Schuluniformen zu tragen, kam es zu einer Entfremdung Montessoris von den Faschisten.

1939 reiste Maria Montessori auf Einladung der Theosophischen Gesellschaft nach Indien, wo sie Vorträge und Ausbildungskurse zu ihrer Pädagogik hielt. Sowohl Mahatma Gandhi als auch der Dichter und Nobelpreisträger Rabindranath Tagore unterstützten ihre Ansichten. Als der Zweite Weltkrieg ausbrach, wurde sie als feindliche Ausländerin interniert. Erst 1946 konnte sie wieder frei reisen, 1949 kehrte sie nach Europa zurück und nahm in den Niederlanden ihren ständigen Wohnsitz.

Maria Montessoris Erziehungskonzept hatte zwei Wurzeln, einerseits ein sehr experimenteller Zugang, andererseits eine grundsätzlich religiös-christliche Haltung. Sie ging davon aus, dass Erzieher bzw. Lehrer einem Kind Raum zur Selbstentwicklung lassen müssen. Jedes Kind soll seinen Tatendrang ausleben können. Ausgangspunkt war ihre medizinische Ausbildung, doch ihre philosophische und psychologische Basis war breiter, ihr oberster Grundsatz war wohl, dass jedes Individuum durch Erziehung zu einem freien Menschen werden sollte. Sie schulte alle Sinne der Kinder, sowohl sprachlich als auch motorisch.

Ihr Privatleben schirmte Montessori gegen die Öffentlichkeit völlig ab. Sie hielt auch ihre Beziehung zu ihrem Kollegen, dem Psychiater Giuseppe Montesano, der ihr Sohn Mario (*1898) entstammte, geheim. Sie ging keine Ehe ein, das Kind wurde aufs Land zu Pflegeeltern gegeben. Erst im Alter von dreizehn Jahren nahm sie Mario in ihren Haushalt auf. Er fungierte als erwachsener Mann als ihr Sekretär und vermutlich auch als praktischer Helfer bei der Erstellung von Erziehungsmaterialien. Einen wesentlichen Anteil soll er bei der Entwicklung des Konzeptes der »Kosmischen Erziehung«, einer speziellen Pädagogik für das Alter von sechs bis zwölf Jahren haben. Ihr Sohn Mario begleitete sie auch nach Indien. Erst im Alter bekannte sich Maria Montessori zu ihrem Sohn, der nach ihrem Tod die nach ihr benannte Gesellschaft leitete. In der Öffentlichkeit galt sie als prüde und leibfeindlich, lediglich den kulinarischen Genüssen gegenüber konnte sie wohl kaum widerstehen, denn sie wurde in zunehmendem Alter korpulent und wohl außerdem matronenhaft. Von Zeitzeugen wurde sie als »mütterlich«, »eine königliche Gestalt« und »eine Fregatte unter vollen Segeln« beschrieben.

Montessoris wichtigstes Erbe sind die 4000–5000 Pädagogen, die sie in ihren Kursen und Seminaren ausbildete. Die von ihr ausgebildeten Pädagogen erhielten ein Zertifikat als Montessorilehrer. Sie hinterließ eine große Anzahl von Schriften, wobei letztere immer wieder überarbeitet und neu formuliert wurden. Sie bereiste zahlreiche Länder, um ihre Methoden bekannt zu machen, ihre Schriften wurden vielfach übersetzt. Längere Zeit lebte sie in Barcelona, zwischen 1936 und 1939 in Amsterdam.

Maria Montessoris Ideen verbreiteten sich schon nach dem Ersten Weltkrieg in Deutschland, in Amerika wurden sie erst in den sechziger Jahren des 20. Jahrhunderts mit der Gründung der Amerikanischen Montessori-Gesellschaft breiter rezipiert.

LISE MEITNER

* 17. November 1878 Wien
† 29. Oktober 1968 Cambridge

Atomphysikerin

Lise Meitner wurde als drittes Kind des jüdischen Rechtsanwaltes Philipp Meitner geboren. Seine acht Kinder erfreuten sich eines Lebens in bescheidenem Wohlstand, Bildung war seitens der Familie auch für Mädchen vorgesehen, doch war ein Universitätsstudium für die an Physik und Mathematik interessierte junge Lise nicht möglich. Sie absolvierte deshalb eine Ausbildung zur Französischlehrerin. Erst ab 1899 öffneten sich die Tore der Universität für Mädchen. Lise Meitner holte in kaum mehr als zwei Jahren die Externistenmatura am Akademischen Gymnasium nach und schrieb sich im Oktober 1901 an der Wiener Universität ein.

Das Physikalische Institut in der Türkenstraße nahe der Universität wurde ihre geliebte Arbeitsstätte und Ludwig Boltzmann, der seit 1902 wieder in Wien lehrte, ihr bewunderter Lehrer und Mentor. Begeistert berichtete sie von seinen Vorlesungen, in denen er ihr die »Schönheiten der theoretischen Physik« eröffnete. Boltzmann, ein Anhänger der Atomlehre, bestritt die Unteilbarkeit der Atome, eine Theorie, die durch die Forschungen von Wilhelm Conrad Röntgen, Antoine Henri Becquerel und Marie Curie erhärtet wurde. Die später als Radioaktivität bezeichneten Strahlenphänomene faszinierten Lise Meitner.

1906 schloss sie Ihr Studium mit der Doktorarbeit über »Wärmeleitung im inhomogenen Körper« ab, außerdem legte sie noch die Lehramtsprüfung für die Fächer Mathematik und Physik ab.

Der Lehrberuf war jedoch nicht ihr Lebensziel, ihr wahres Interesse galt der Forschung. Sie verfasste erste Arbeiten und konzentrierte sich unter dem Einfluss ihres Studienkollegen

Stephan Meyer auf die Radioaktivität. Nach Boltzmanns Freitod 1906, suchte sie nach anderen wissenschaftlichen Vorbildern. Maria Curie sandte ihr auf eine Bewerbung hin eine Absage, daher entschloss sie sich, zu Max Planck nach Berlin zu gehen, um dort ihr Wissen zu erweitern.

Plancks Vorlesungen, an denen sie nur heimlich teilnehmen durfte, fand sie zunächst nüchtern und »geheimrätlich«. Die Arbeitsbedingungen am Institut waren zudem schlechter als in Wien. Da sie die normalen Räume für die männlichen Studenten nicht betreten durfte, erhielt sie einen Arbeitsplatz im Keller in einer ehemaligen Zimmererwerkstatt, wo sie sich dem Studium der Beta-Strahlen widmete. 1907 begann ihre Zusammenarbeit mit dem Chemiker Otto Hahn, wobei die beiden ein sich ergänzendes Team bildeten. Lise Meitner stellte eher den kritisch-analytischen Typ dar, Hahn hingegen war ein intuitiver Forscher. Aus den gemeinsamen Forschungen entstanden wichtige Arbeiten über den Ursprung der Gammastrahlen und die Vorgänge in der Atomhülle. Experimentell beschäftigten sie sich mit den Beta- und Gamma-Strahlen von Isotopen der Elemente Uran und Thorium, wobei ihnen die Überprüfung und Beweisführung für den Compton-Effekt, nämlich die Absorption von Gammastrahlen, gelang. 1919 entdeckten die beiden das neue Element Protactinium (Pa), ein Zerfallsprodukt des Urans.

Mittlerweile war Lise Meitner in Berlin ein hoch geschätztes und bestens integriertes Mitglied einer kleinen Forschergruppe am Kaiser-Wilhelm-Institut; zwischen 1912 und 1915 war sie Plancks Assistentin.

Die Kriegsjahre von 1915–1918 verbrachte sie als Röntgenassistentin in österreichischen Frontspitälern. Nach Kriegsende kehrte sie umgehend nach Berlin zurück und leitete die physikalische Abteilung des Instituts. 1922 erfolgte ihre Habilitierung, 1926 verlieh man ihr den Professorentitel, ein Lehrstuhl blieb ihr als Frau immer noch verwehrt. Eine Rückkehr nach Österreich stand nie zur Debatte. Lediglich Familienbesuche und Ferienaufenthalte führten sie in ihre alte Heimat.

In der Zwischenkriegszeit gehörte Lise Meitner zur kleinen Gruppe internationaler Spitzenforscher. Ihre Leistungen waren allgemein anerkannt, sie besuchte Kongresse und ihre Publikationen erhielten höchste Anerkennung. Zuweilen stießen ihre Forschungen nur deshalb auf Ablehnung, weil sie von einer Frau durchgeführt wurden. Lise Meitner, eine zierliche Person, die sich aber in organisatorischen Fragen als streng und durchsetzungsfähig erwies, führte nie Klage gegen die Vorurteile, denen sie als Frau ausgesetzt war. Sie beantwortete diese stets mit Sachlichkeit und Distanz.

Bis 1933 veröffentliche Lise Meitner mit ihren Mitarbeitern mehr als 50 wissenschaftliche Arbeiten. Als die Nationalsozialisten an die Macht gelangten, wurde ihr sofort die Lehrbefugnis entzogen. Sie spielte mit dem Gedanken Deutschland zu verlassen, wurde aber von ihren Institutskollegen bestürmt zu bleiben, da sie ja durch ihre österreichische Staatsbürgerschaft geschützt wäre. Auch die Vertreter der Industrie, die das Institut finanzierten, legten großen Wert auf ihren Verbleib.

1934 begann Lise Leitner – wieder mit Otto Hahn – an einem gemeinsamen Projekt zu arbeiten. Als Grundlage dienten hierbei die bisherigen Forschungen Enrico Fermis, der Uran mit Neutronen beschossen hatte. Gleichzeitig stand sie in Kontakt mit den französischen Forschern Irène Curie und Frederic Joliot. Beides genügte, um bei den NS-Machthabern in Verdacht zu geraten. Um Lise Meitner zu schützen, schlugen deutsche Kollegen sie 1936 für den Nobelpreis vor, leider vergeblich.

Nach dem sogenannten »Anschluss« Österreichs wurde Meitners Position in Berlin unhaltbar, sie wurde unmissverständlich aufgefordert zu kündigen. Sie musste befürchten, weder arbeiten noch ausreisen zu dürfen. Mit Hilfe eines niederländischen Kollegen passierte sie die deutsch-niederländische Grenze mit ihrem nun nicht mehr gültigen österreichischen Pass. Nur mit einem Handkoffer verließ sie Deutschland. Ihre Besitztümer, vor allem ihre Bibliothek, musste sie zurücklassen und trat mit 60 Jahren den Weg ins ungewisse Exil an. Ihr Neffe, Otto Robert Frisch, der seit 1934 bei Niels Bohr in Kopenhagen arbeitete, vermittelte ihr einen Arbeitsplatz am Stockholmer Nobelinstitut. Dort fand Lise Meitner unzureichende Arbeitsbedingungen vor, sie fühlte sich geistig und menschlich vereinsamt. Auf eine Emigration nach Amerika wollte sie sich in ihrem Alter aber nicht mehr einlassen.

Bis Kriegsausbruch führte sie eine lebhafte Korrespondenz mit den Berliner Kollegen. Es war Lise Meitner, die errechnete, welche Energiemenge bei einer Atomspaltung frei würde. Auf sie geht auch der Begriff »nuclear fission« zurück. In den nächsten Jahren kam es durch unklare Zeitungsmeldungen zu Verstimmungen zwischen Hahn und Meitner, wobei Hahn zwar im privaten Kreis immer Meitners Anteil an seinen Forschungen einräumte; in der Öffentlichkeit aber dazu schwieg. Deshalb erhielt Hahn 1944 den Nobelpreis für Chemie, Meitners Anteil wurde gering geachtet, sie wurde einfach übergangen.

1946 nahm sie eine Gastprofessur in Amerika an, wo sie zur »Frau des Jahres« gewählt wurde. Aus dem schwer durch den Krieg zerstörten Österreich kam keine Aufforderung zur Heimkehr. Ihre Wahl zum korrespondieren Mitglied der Akademie der Wissenschaften 1948 stieß wieder auf Proteste gegen die Frau.

1960 verließ sie Stockholm und übersiedelte, schon ein wenig gebrechlich und schwerhörig, zu ihrem Neffen Otto Frisch nach Cambridge, wo sie 1968 in einem Altenheim verstarb.

HILDEGARD BURJAN

* 30. Januar 1883 Görlitz
† 11. Juni 1933 Wien

Sozialreformerin und Gründerin einer Schwesterngemeinschaft

Das »Gewissen des Parlaments« nannte der Wiener Erzbischof Kardinal Friedrich Gustav Piffl die erste und einzige christlich-soziale Abgeordnete zur Konstituierenden Nationalversammlung Hildegard Burjan. Obwohl sie nicht einmal zwei Jahre dem Hohen Haus angehörte, erwarb sich die begabte und engagierte Politikerin, die sich in einer von Männern dominierten Welt zu behaupten verstand, die Hochachtung und Wertschätzung aller Fraktionskollegen, aber auch der Politiker anderer Parteien. Als Gründerin der Schwesterngemeinschaft »Caritas Socialis« schuf sie ein soziales Unterstützungsnetz, das auch der moderne Sozialstaat unserer Tage nicht entbehren kann.

Die am 30. Januar 1883 als Tochter eines aus Posen stammenden Kaufmanns in ein wohlhabendes jüdisches Elternhaus in Görlitz geborene Hildegard Lea Freund erhielt eine sorgfältige Erziehung, die sich am liberalen Humanismus des 19. Jahrhunderts orientierte. In ihrer konfessionell nicht gebundenen Familie blieb die Tochter, die früh Rednertalent und soziales Empfinden zeigte, ohne religiöse Erziehung. Ihre Schulbildung hatte jedoch für Mädchen der damaligen Zeit hohes Niveau; nach ihrer Matura in Basel im Jahr 1903 – die Familie lebte seit 1899 in der Schweiz – begann sie germanistische und philosophische Studien an der Universität Zürich.

An der Universität übten der Moralpädagoge Friedrich Foerster und der Kulturphilosoph Robert Saitschik einen nachhaltigen Einfluss auf Hildegard Burjan aus, der schließlich dazu führte, dass sie 1909 zum Katholizismus übertrat. Mit großem

Eifer widmete sie sich dem Studium von Kirchengeschichte und Glaubenslehre. 1905 lernte sie den Techniker Alexander Burjan kennen, der aus einer jüdischen Familie aus Györ (Ungarn) stammte. Mit ihrem künftigen Lebenspartner diskutierte sie unermüdlich, vor allem Fragen des sozialen Empfindens und der Religion.

Nach der Eheschließung im Jahr 1907 übersiedelte das Ehepaar nach Berlin, wo Alexander Burjan eine aussichtsreiche Stellung fand. In der Abschlussphase ihres Studiums, das sie in Berlin noch auf Sozialpolitik ausgedehnt hatte, erkrankte Hildegard Burjan schwer. Sie musste sich einer Reihe von Operationen unterziehen, die sie an den Rand des Todes führten. Eine plötzliche Heilung brachte für sie ein tiefes Glaubenserlebnis. Hatte sie bisher rein intellektuell zur Religion gefunden, so empfand sie nun eine fast kindliche Gläubigkeit. Nach sieben Monaten wurde sie aus dem Krankenhaus entlassen, blieb aber ihr ganzes Leben lang von Schmerzen gepeinigt. Auch bei der Geburt ihrer Tochter Lisa im Jahre 1910 befand sie sich wieder in Lebensgefahr.

1909 erhielt Alexander Burjan ein verlockendes berufliches Angebot nach Wien; seine Frau stimmte begeistert der Übersiedlung zu, würde sie doch in der katholischen Metropole Wien das ersehnte religiöse Umfeld finden. Das kaiserliche Wien des Jahres 1910 war eine hektische und kulturell spannende Stadt; gewaltige soziale Spannungen, der Kampf der Frauen um das Recht auf Bildung und Beruf, vor allem aber die katholische Soziallehre eines Karl von Vogelsang zogen Hildegard Burjan sofort in ihren Bann. Sie engagierte sich in der Katholischen Frauenbewegung; den Heimarbeiterinnen, jenen Frauen, die hilflos der Ausbeutung ausgeliefert waren, widmete sie ihre ganze Kraft. Gemeinsam mit anderen engagierten Frauen suchte sie die Heimarbeiterinnen in ihren Wohnungen auf und trachtete durch mehr Aufklärungsarbeit, durch Entwurf eines Forderungskatalogs, aber auch durch Arbeitsbeschaffung deren Los zu lindern. Damals begann sie ihre sozialen Grundideen zu formulieren, Leitsätze wie »Hilfe durch Selbsthilfe« entstanden noch vor dem Ersten Weltkrieg. Der Wiener Erzbischof Kardinal

Piffl wurde bald auf Hildegard Burjan aufmerksam, sie fand in ihm einen unermüdlichen und beständigen Unterstützer.

Während des Ersten Weltkrieges leistete sie soziale Pionierarbeit, die beispielgebend wurde. In erster Linie kümmerte sie sich um Frauen, deren Männer im Krieg waren, die Kinder allein zu versorgen hatten und um Kriegswitwen. Sie richtete Nähstuben ein, installierte Ausgabestellen für Heimarbeit und organisierte Großeinkäufe von preiswerten Lebensmitteln. Für jene Frauen, die statt der Männer in den Arbeitsprozess eingegliedert wurden, erstellte sie einen modern anmutenden Forderungskatalog, wie Einsatz von Fabrikärztinnen, gleicher Lohn für gleiche Arbeit, Einrichtung von Stillstuben, Kinderkrippen und Kindertagesheimen.

Nach dem Krieg wurde sie in der Christlichsozialen Partei aktiv und setzte sich vor allem vehement für das Frauenwahlrecht ein. Sowohl ihr rhetorisches Geschick als auch ihr politisches Talent wurden schnell erkannt; in Ignaz Seipel, dem kommenden Mann der Christlichsozialen, fand sie einen unerschütterlichen Förderer. Zunächst im Wiener Gemeinderat tätig, wurde sie im März 1919 als Abgeordnete der Konstituierenden Nationalversammlung angelobt. Wieder setzte sie sich im Hohen Haus vor allem für die Fraueninteressen ein, sie förderte haus- und landwirtschaftliche Schulen, polemisierte gegen Ungleichbehandlung und engagierte sich gemeinsam mit sozialdemokratischen Abgeordneten für die Hausgehilfinnen. In kurzer Zeit erwarb sie sich bei Parteifreunden und politischen Gegnern eine hohe Wertschätzung. Umso überraschender kam 1920 ihr plötzlicher Entschluss, aus der Volksvertretung wieder auszuscheiden. Einerseits dürfte sie der zunehmende Antisemitismus, der sich unter den Christlichsozialen ausbreitete, beunruhigt haben, andererseits trug sie sich schon seit längerem mit dem Gedanken, eine religiöse Gemeinschaft zur Linderung sozialer Probleme zu gründen.

Schon im Oktober 1918 war ein erster Schritt mit der Gründung eines Vereins in diese Richtung erfolgt. Ein Jahr später kam es zur Bildung der Schwesternschaft »Caritas Socialis«, die im 9. Bezirk in der Pramergasse ein bleibendes Domizil fand.

Die Mitglieder lebten zwar nach den Evangelischen Räten (Armut, Gehorsam, Ehelosigkeit), bildeten aber keine klösterliche Gemeinschaft. Sie sollten überall einsatzbereit sein; nur eine Brosche an der betont einfachen Kleidung verwies auf die Gemeinsamkeit. Die Anerkennung für die Caritas Socialis nach kanonischem Recht erfolgte 1936 für die Diözesanebene, 1964 kam aus Rom die Anerkennung für ein weltweites Wirken.

Dank der nachdrücklichen Unterstützung durch Kardinal Piffl und den späteren Bundeskanzler Seipel, mit dem Hildegard Burjan eine enge Freundschaft verband, wuchsen der Schwesternschaft zahlreiche soziale Aufgaben zu. Die Aufbringung von Geldmitteln wurde durch Hildegard Burjan selbst in unnachahmlicher Form vorangetrieben. Ihre gesellschaftliche Stellung in Wien – ihr Mann war inzwischen Generaldirektor einer bedeutenden Firma und die Burjans führten daher ein großes Haus – ermöglichten ihr die Erschließung bester Geldquellen. Die Arbeit der Schwestern umfasste die Betreuung lediger Mütter, verwahrloster und schwer erziehbarer Jugendlicher; es wurde eine Bahnhofsmission gegründet, eine Familienpflege für den Fall von Krankheit oder bei der Geburt eines Kindes eingerichtet. Mitglieder der CS kümmerten sich um Mädchen, die in die Hände von Schleppern geraten und zur Prostitution gezwungen worden waren. In den Jahren der Wirtschaftskrise offerierte der St. Elisabeth-Tisch ein Mittagessen gegen ein geringes Entgelt. Aus letzterer Initiative entstand die Lebensmittelversorgung für Kranke, bzw. die heute vielfach übliche Form von »Essen auf Rädern«.

Ohne auf ihre Gesundheit zu achten, widmete Hildegard Burjan ihre gesamte Energie der Caritas Socialis. Immer wieder musste sie auf neue Herausforderungen reagieren. Die politischen Entwicklungen zu Anfang der dreißiger Jahre beobachtete die Politikerin Burjan mit wachsender Sorge, vor allem dem erstarkenden Nationalsozialismus stand sie mit großem Misstrauen gegenüber und erhob schon sehr früh ihre Stimme. Nach dem sie tief erschütternden Tod von Ignaz Seipel fasste sie den Entschluss, zu seinem Gedächtnis eine Kirche zu erbauen. Sie fand ein Grundstück in einem Arbeiterviertel des 15. Bezirks in

Wien, der Entwurf des Architekten Clemens Holzmeister fiel betont schlicht aus. Bereits schwer erkrankt, entfaltete sie zahlreiche Aktivitäten, um Geld aufzubringen. Sie konnte sogar den sozialdemokratischen Wiener Bürgermeister Karl Seitz zu einer allgemeinen Wiener Haussammlung überreden. Die Einweihung der Kirche im September 1934 erlebte sie nicht mehr; sie starb am 11. Juni 1933 in Wien.

Bis zum Hereinbrechen des Nationalsozialismus war die Schwesternschaft auch in Deutschland, in Italien und in der Tschechoslowakei aktiv geworden. Während des nationalsozialistischen Regimes musste die Tätigkeit auf den innerkirchlichen Bereich eingeschränkt werden; eine überaus wichtige Funktion hatten Caritasschwestern bei der »Hilfsstelle für nichtarische Katholiken« in Wien. Nach dem Krieg waren und sind die Schwestern wieder auf allen Gebieten der sozialen Betreuung tätig. In Bayern und in Südtirol, in Rom und Jerusalem, aber auch in Brasilien leisten sie hervorragende Sozialarbeit. Für Hildegard Burjan wurde 1963 in Rom ein Seligsprechungsprozess eingeleitet, der 2011 abgeschlossen wurde. Die Seligsprechung erfolgte im Januar 2012 im Wiener Stephansdom. Es war dies die erste Seligsprechung, die im Wiener Dom stattfand.

Gabrielle »Coco« Chanel

* 19. August 1883 Saumur
† 10. Januar 1971 Paris

Modeschöpferin

Chanel, wahrscheinlich die berühmteste Modeschöpferin des 20. Jahrhunderts, schuf nicht nur Mode für die moderne Frau, einen Konzern der Haute Couture und kreierte ein Parfum, das sie reich machte und um Jahrzehnte überlebte, sondern baute auch äußerst erfolgreich einen Mythos um ihre eigene Person auf. Chanels Modeimperium setzte gegen Ende des 20. Jahrhunderts fast 500 Millionen Dollar im Jahr um. Mit ihren weltweit bekannten Initialen, zwei in einander verschlungene Cs, schuf sie eine Marke, die aus der Modewelt nicht mehr wegzudenken ist. Millionen von Frauen träumten in der zweiten Hälfte des 20. Jahrhunderts davon ein »klassisches« Chanelkostüm zu besitzen. Chanel schuf Mode nicht für eine Saison, sondern setzte Standards von zeitloser Eleganz. Das »kleine Schwarze«, ergänzt durch eine Perlenkette, das sogenannte »Chanelkostüm«, gehören zu den »Les Must« der Garderobe einer eleganten Frau. Darüber hinaus machte Chanel Hosen für Frauen salonfähig.

Sie begann als Modeschöpferin damit, die Frau aus dem Korsett des 19. Jahrhunderts zu befreien – das Frauen nicht nur als Kleidungsstück, sondern auch in ihrer gesellschaftlichen Position einschnürte –, indem sie bequeme, dem weiblichen Körper angemessene Mode von großer Schlichtheit und Eleganz entwarf. Chanels eigene Interpretation ihres Stils lautete: »Eine Welt ging zu Ende, eine andere entstand. Ich hatte das richtige Alter für dieses neue Jahrhundert. Es wandte sich logischerweise an mich, um sich in der Kleidung zum Ausdruck zu bringen. Es brauchte Schlichtheit, Bequemlichkeit, klare Linien. Dies alles konnte ich bieten.« Kostbarkeit des Materials und Erlesenheit der Verarbeitung waren ihre Basis, um ein völlig neues Erscheinungsbild der eleganten Frau nach dem Ersten Weltkrieg zu schaffen.

Zweifellos am erfolgreichsten war sie in der Schaffung des Mythos um ihre eigene Person. Journalisten erzählte sie gerne, dass sie von zwei alten bösen Tanten und Kindermädchen ziemlich streng erzogen worden wäre, die sie von morgens bis abends reglementierten. Tatsächlich war sie das zweite Kind eines Hausierers aus der Auvergne, ihre schwindsüchtige Mutter brachte sie als uneheliches Kind in einem Armenspital zur Welt. Im Geburtsregister trug ein Pfarrer irrtümlich das Kind als Gabrielle Chasnel ein. Dieser Irrtum erleichterte es Coco Chanel später, ihre bescheidene Herkunft zu verschleiern. Mit zwölf Jahren landete das Mädchen nach dem Tod der Mutter in einem katholischen Waisenhaus in Aubazine. Ihren Vater sah sie nie wieder. Über die Jahre im Waisenhaus ist nichts bekannt, Aufzeichnungen fehlen. Manche meinen, dass Chanel selbst alle Zeugnisse ihrer Vergangenheit vernichtete. Auch ihre Brüder und Schwestern, die ihre Herkunft verunziert hätten, hielt sie sich mit Geld vom Leibe.

Der Aufenthalt im Waisenhaus für so ein armes Mädchen ohne höhere Herkunft dürfte eine jahrelange Qual gewesen sein, getrennt von den reicheren Kindern, in armselige Uniformen gezwängt, hinterließ diese Lebensphase schmerzliche Spuren und beeinflusste ihr späteres Leben und ihre Arbeit wesentlich. Sie antwortete darauf mit dem Chanelkostüm, ebenfalls eine Uniform, aber auf ihren schmalen Körper zugeschnitten, von erlesener Qualität.

Mit achtzehn Jahren fand sie eine Arbeit als Näherin in der Kleinstadt Moulin, der sie schnellstens zu entfliehen gedachte. Daher begann sie eine Karriere als Sängerin in einem Grand Café, ihr Standardlied war »Wer hat Coco gesehen«, das die Geschichte von einem entlaufenen Hund erzählte. Später stilisierte sie diesen Namen als Kosenamen ihres Vaters hoch. Sie wurde zwar nicht als Sängerin berühmt, erregte aber das Interesse Etienne Balsans, eines reichen Schlossbesitzers, der nahe Paris in Royallieu lebte. Sie wurde seine Geliebte. Er lehrte sie, sich elegant zu kleiden, da sie ihren Liebhaber zu Pferderennen begleiten sollte. Schnell verstand sie es, einen extravaganten persönlichen, aber doch zurückgenommenen Stil zu kreieren, der ihr die Aufmerksamkeit ihrer Umwelt einbrachte und sie ihre Attraktivität fühlen ließ. Es schien, als wäre sie in einem sorglosen Leben des Luxus angekommen.

Ein Treffen mit Arthur Capel veränderte ihr Leben. Er war ein reicher Selfmademan, der sein Vermögen mit Kohle gemacht hatte, ihm imponierte die Kreativität, die in ihr steckte. Sie war hingerissen von seiner Ausstrahlung, sie liebte diesen Mann. Er ermunterte sie, dass sie sich nicht nur selbst ungewöhnlich elegant kleiden, sondern andere Frauen dazu animieren könnte. Für den Anfang half er ihr, indem er ihr 1913 eine Boutique für Hüte im noblen Badeort Deauville am Atlantik schenkte. Ein weiteres Geschäft in Biarritz folgte. In nur einem Jahr, bis zum Ausbruch des Ersten Weltkrieges, konnte sie sich im Flair dieses eleganten Ortes entfalten und als Modedesignerin etablieren.

Während des Krieges setzte sie auf neue Materialien, neue bequemere Formen, sie revolutionierte die weibliche Mode durch Jersey, ein Material, das bisher für Billigkleidung verwendet worden war. Es ist ein Stoff, der den Körper umspielt und damit seine Umrisse preisgibt, aber auch befreit. Durch ihr Beispiel veränderte sie das gesamte Erscheinungsbild der Frauen in ihrem Umfeld und letztlich ihrer Zeit. Sie kürzte ihre Haare, sie kürzte radikal die langen Röcke, sie selbst wollte sich in der neuen Mode wohlfühlen. In kürzester Zeit war sie höchst erfolgreich, beschäftigte 300 Näherinnen, die sie durch ein strenges Regime zusammenhielt, und konnte Capel das in sie investierte Kapital zurückzahlen.

Das Jahr 1919 brachte ihr einen ersten Höhepunkt ihrer Karriere, aber auch einen Tiefpunkt in ihrem Privatleben: Am Weihnachtsabend verunglückte Capel bei einem Autounfall tödlich. Später sagte sie in einem Interview über diese Zeit: »Es war das Jahr, in dem ich erfolgreich erwachte, und das Jahr, in dem ich alles verlor.«

Noch vor dem Ersten Weltkrieg hatte sie sich für das Ballett Russe, das in einer Choreographie Sergej Dhiagilews Igor Strawinskys »Sacre du Printemps« zur Aufführung brachte, begeistert. 1920 begegnete sie dem russischen Musiker wieder und begann mit ihm eine kurze, leidenschaftliche Affäre.

Nach dem Schock über den Tod ihres Geliebten widmete sich Chanel voll der Weiterentwicklung ihrer Karriere. Sie eröffnete in Paris in der Rue Cambon Nummer 31 eine Luxusboutique, wo sie die Basis für ihre steile Laufbahn als Modeikone legte. Ihre Mode wurde auch im Ausland mit Interesse verfolgt. Die amerikanische Zeitschrift »Vogue« würdigte ihre Entwürfe als den »Inbegriff der Eleganz«.

In den frühen zwanziger Jahren legte sie sich einen neuen Geliebten zu, den Neffen des russischen Zaren, Großfürst Dmitri Pawlowitsch Romanow, er wurde bald vom Dichter Pierre Reverdy abgelöst. 1924 trat Hugh Grosvenor, 2. Duke of Westminster in ihr Leben, der reichste Mann Englands. 1932 begann sie eine Affäre mit Paul Iribe, französischer Designer des Art déco, der 1935 verstarb. Inzwischen war aus einer Modeboutique ein Modeimperium geworden, 1936 beschäftigte Chanel etwa 4000 Mitarbeiter.

In den zwanziger Jahren legte sie mit Unterstützung des Parfumeurs Ernest Beaux auch den Grundstein für ihr Millionenvermögen durch die Kreation des Parfums Chanel N^O 5, das sie in ebenso schlichte wie elegante Flaschen abfüllen ließ. Sie meinte zu ihrem Parfum: »Ich glaube, Parfum ist der wahre Luxus im Leben. Ich schätze auch zartes Parfum, solange es gut gewählt ist und dem Typ der Trägerin entspricht. Ich zitiere einen Satz von Paul Valéry: ›Eine Frau, die den falschen Duft trägt, hat keine Zukunft.‹ Und er hat recht.« Damit war sie die erste Frau, die ein Parfum unter ihrem Namen vermarktete.

Als der Krieg ausbrach, schloss sie ihr Geschäft in der Rue Cambon mit der Bemerkung, dass nun keine Zeit für Mode wäre und zog sich nach Südfrankreich zurück. Doch 1940 kehrte sie nach Paris zurück und blieb weiter in ihrem Appartement im Hotel Ritz wohnen, obwohl sich dort auch das Hauptquartier des deutschen Generalstabs befand. Bald machte in Paris das

Gerücht die Runde, dass Chanel mit dem deutschen Tennisspieler Hans Günther von Dincklage, einem um 13 Jahre jüngeren Mann, liiert wäre. Dincklage, aus deutschem Adel mit einer englischen Mutter, war angeblich Presseattaché an der deutschen Botschaft. Tatsächlich war er im Sonderauftrag des deutschen Propagandaministers Joseph Goebbels tätig, möglicherweise auch als Spion. Nach einer längeren, nur verliebten Phase unterbreitete Chanel ihrem Geliebten und einem weiteren deutschen Mittelsmann einen eher skurrilen Plan für eine Friedensinitiative. Sie wollte in Madrid über den britischen Botschafter Sir Samuel Hoare, den sie kannte, Kontakt zu Churchill aufnehmen. Vom deutschen Auswärtigen Amt wurde der Plan abgeschmettert. Im Reichssicherheitshauptamt, Heinrich Himmlers Machtzentrale, zeigte SS-Obergruppenführer Walter Schellenberg Interesse. Doch die »Operation Modellhut« lief nicht ganz nach Plan. Chanel reiste mit einer Freundin nach Madrid, wurde aber von den Briten hingehalten und infolge einer akuten Erkrankung Churchills musste die Mission abgebrochen werden. Durch eine unsinnige Reise nach Berlin wollte Chanel sich rechtfertigen, was ihr in der Folge größte Probleme bereitete. Sie wurde sofort nach der Befreiung von Paris verhaftet, wohl nicht länger inhaftiert, aber die Schmach blieb an ihr hängen. Sie zog daraus die Konsequenz und übersiedelte in die Schweiz.

1954 wagte die 71-Jährige in Paris ein Comeback mit einer neuen Kollektion, über die sich Karl Lagerfeld später noch positiv geäußert haben soll. Doch die französische Presse hatte nicht vergessen und die Kommentare zu Chanels Kreationen glichen einer Hinrichtung. Ein positiver Kommentar im amerikanischen Magazin »Life«, das die Eleganz ihrer Kostüme rühmte, leitete eine Wende ein und brachte den Triumph des Chanel-Kostüms. Als Coco Chanel 1971 starb, erwiesen ihr bei der Trauerfeier in der Kirche Madeleine zahlreiche Damen der Gesellschaft im Chanelkostüm die letzte Ehre. Beigesetzt wurde die Mode-Ikone in Lausanne in der Schweiz.

Nach ihrem Tod wurde das Modehaus weitergeführt. 1983 konnte es mit der Bestellung Karl Lagerfelds zum Chefdesigner an seine früheren Welterfolge anknüpfen. Über Chanels Leben erschienen zahlreiche Bücher, die die Legenden tradierten, auch das Broadway-Musical »Coco« schilderte nur die Sonnenseiten ihrer Karriere. Die jüngste Biographie von Edmonde Charles-Roux, Redakteurin der Modezeitschrift »Elle« und danach Chefredakteurin von »Vogue« schildert Chanels Leben ohne Beschönigungen und Mythen.

Mathilde Vaerting

* 1. Januar 1884 Messingen
† 6. Mai 1977 Schönau im Schwarzwald

Erste Ordinaria für Pädagogik

Die deutsche Pädagogin und Soziologin gehört zu den vergessenen Wissenschaftlerinnen der Zwischenkriegszeit. Mit ihren Thesen zu Geschlechterdifferenz und zu den Themen Herrschaft und Macht, war sie ihrer Zeit voraus und wurde deshalb angefeindet und isoliert.

Mathilde Vaerting stammte aus einer wohlhabenden Großbauernfamilie, deren Grundbesitz nahe der holländischen Grenze lag. Es war ein katholisches, aber durchaus bildungsaffines Milieu, in dem die zehn Geschwister heranwuchsen. Das fünfte Kind Mathilde erhielt erste Unterweisungen von einer Hauslehrerin, später besuchte sie eine höhere Mädchenschule in Köln. 1903 bestand sie in Münster die Lehrerinnenprüfung. Außerdem besuchte sie noch private Weiterbildungskurse für die Oberlehrerinnenbefähigung. Der Beruf einer Lehrerin war für Mädchen ein sehr geschätzter, ermöglichte er doch im Notfall die Selbstversorgung. Außerdem konnten in einer Familie die eigenen Kinder nur profitieren.

In der Folge unterrichtete sie in Düsseldorf und lernte parallel für die Matura, die Prüfung legte sie in Wetzlar ab. Erst 1907 konnte sie in Bonn mit dem Studium beginnen, wobei sie die Fächer Mathematik, Physik, Chemie und Philosophie belegte. Nach Semestern an den Universitäten München, Marburg und Gießen erfolgte 1911 ihre Promotion zum Dr. phil. in Bonn. Der Titel ihrer Doktorarbeit lautete: »Otto Willmanns und Benno Erdmanns Apperceptionsbegriff im Vergleich zu dem von Herbart.« Vaertings Dissertationsthema lässt schon vermuten, dass ihre Lebensplanung nicht in Richtung praktische Unterrichtstätigkeit ging, sondern dass sie sich mit theoretischen Fragen der Erziehungswissenschaften und mehr noch der Soziologie auseinandersetzen wollte.

Nach Abschluss ihres Studiums ging sie nach Berlin, wo sie bis 1933, bis zur Machtergreifung der Nationalsozialisten, lebte. Sie erhielt eine Anstellung an der Agnes-Miegel-Oberschule in Neukölln, einem traditionell linken Berliner Bezirk. Nach Ende des Ersten Weltkrieges reichte sie an der philosophischen Fakultät der Friedrich-Wilhelm-Universität in Berlin eine Habilitationsschrift ein, diese wurde jedoch abgelehnt. 1921 veröffentlichte sie eine Studie zur Geschlechterpsychologie mit dem Titel »Neubegründung der Psychologie von Mann und Weib« als ersten Band ihres vierbändigen Opus magnum. Zwei Jahre später folgte ein zweiter Band.

Bereits in ihrem ersten größeren Werk schlug sie eine völlig neue Richtung ein, sie wollte sowohl in der Psychologie, als auch in der Pädagogik und der Soziologie neue Wege beschreiten. Mit ihrer Forderung nach neuen Perspektiven, etwa, dass es keinen normierten weiblichen Lebensentwurf gäbe, dass die Geschlechterdifferenz eine sozial entstandene sei, erwies sie sich als eine kühne und äußerst selbstbewusste Denkerin, die aber Anstoß erregte und in der akademischen Welt rasch zur Außenseiterin wurde. Die Feststellung, »daß weibliche und männliche Eigenschaften eine Funktion des Machtunterschiedes zwischen den Geschlechtern sind«, musste die Gemüter erregen. Ihre geschichtsphilosophische Ausgangsbasis ist der Marxismus. In ihrem Fach bricht sie mit allen Traditionen, akademische Verbindlichkeit lag ihr grundsätzlich fern.

Am 1. Oktober 1923 wurde sie vom thüringischen Volksbildungsminister als Nichthabilitierte auf den Lehrstuhl für Erziehungswissenschaften der Universität Jena berufen, was zur damaligen Zeit eine Sensation darstellte. In der Kollegenschaft wurde sie als »Zwangsprofessorin« angesehen, die der Universität durch das zuständige Ministerium aufs Auge gedrückt worden war. Man empfand ihre Berufung als einen Affront gegen die akademische Freiheit und machte ihr vom ersten Tag an das Leben schwer. 1924 kam es zur Einleitung eines Dienststrafverfahrens, das allerdings bis 1933 nicht beendet wurde. Mit der Machtübernahme der Nationalsozialisten wurde sie sofort auf Grund des NS-Beamtengesetzes relegiert und mit sofortiger Wirkung beurlaubt. Ein Publikationsverbot und auch ein Ausreiseverbot zerstörten fast ihre Existenz. Es wurde ihr unmöglich, einen Lehrstuhl in den Niederlanden anzunehmen, auch eine Emigration nach Großbritannien oder in die USA wurde verhindert.

Ihre Versuche, nach Ende des Zweiten Weltkrieges in Frankfurt, Köln oder Göttingen eine Professur zu erlangen, blieben vergeblich. So gründete sie gemeinsam mit dem Pädagogen Edwin Elmerich das »Internationale Institut für Politik und Staatssoziologie« und gab die »Zeitschrift für Staatssoziologie« heraus.

Zentrale Themen ihrer Forschungen sind Macht, Herrschaft und Geschlechterbeziehungen. Sie geht davon aus, dass die Gesellschaft männlich dominiert sei, dass der soziale Status zwischen Mann und Frau asymmetrisch wäre und es daher keinen Vergleich geben könne. Der Ursprung der Ungleichheit ist nicht physiologisch, sondern sozial determiniert. So führt sie aus: »Im Unterschied liegt der Ursprung der Herrschaft, der Unterschied ist das Grundelement der Macht.« Eine Bestätigung findet sie etwa auf der rechtlichen Ebene, in deren moralischen Normen, aber auch in der Sexualmoral der religiösen Gemeinschaften. Diese stabilen Machtverhältnisse haben auch Auswirkungen auf pädagogische Konzepte und auf die Wertung von Wissenschaftlichkeit. Sie stellt lakonisch fest: »Nicht die Begabten steigen auf, sondern die Aufgestiegenen werden begabt genannt.« Zweifellos waren diese Thesen in der Zwischenkriegszeit, aber auch in der Nachkriegszeit durchaus gewagt. Vaerting wird als Querkopf, als Sonderling und Radikalfeministin abgetan, wobei sie durch ihren polemischen Stil diese Einschätzungen noch fördert. Eine späte Würdigung fand sie im Grunde nicht. Ihre Ansätze werden heute allerdings als anregend wahrgenommen und sind im akademischen Diskurs akzeptiert.

Gerty Cori

* 15. August 1896 Prag
† 26. Oktober 1957 St. Louis (Missouri)

Erste Frau, die den Nobelpreis für Medizin erhielt

Gerty Theresa Radnitz war die älteste von drei Töchtern des jüdischen Chemikers und Direktors einer Zuckerfabrik Otto Radnitz. Ihre Mutter Martha, eine Freundin Kafkas, war eine kulturell sehr interessierte Dame. Das Leben in der »goldenen Stadt« Prag verlief geordnet und sorglos. Sie und ihre beiden Schwestern Lotte und Hilde wurden bis zum 10. Lebensjahr von einem Privatlehrer unterrichtet. Als sie mit 16 Jahren das Lyzeum abschloss, war für sie klar, dass es nur einen Berufswunsch gäbe: Sie wollte Chemikerin werden. Dazu musste sie erst eine Matura ablegen, die mit einer Latein- und Mathematikprüfung verbunden war. In zwei Jahren eignete sie sich das nötige Wissen an und legte als externe Schülerin in Prag die Matura ab. Anschließend schrieb sie sich an der Deutschen Universität in Prag für Medizin ein, auch animiert durch ihren Onkel, der Professor für Kinderheilkunde an dieser Universität war.

Schon im ersten Semester lernte sie ihren späteren Mann Carl Ferdinand Cori kennen, ebenfalls Medizinstudent, der ihre Begeisterung für Wandern, Klettern und Skifahren teilte. Carl Cori stammte auch aus einer Prager Familie, war aber in Triest aufgewachsen, wo sein Vater eine meeresbiologische Station leitete. Aber nicht nur der Sport einte das junge Paar; beide liebten es im Labor zu arbeiten. 1917 wird Carl Cori an die Südfront als Sanitätsoffizier einberufen, wo er sich im Lazarett mit den gängigen Seuchen, wie Typhus, Cholera, Malaria, und auch der spanischen Grippe auseinandersetzen musste. Nach Ende des Krieges kehrte er sofort nach Prag zurück und beide beendeten das Medizinstudium 1920.

Carl und Gerty Cori waren nun tschechische Staatsbürger, gingen aber nach Wien, wo sie heirateten, nachdem Gerty Cori zum Katholizismus übergetreten war. Das Wien der Nachkriegszeit war allerdings eine trostlose Stadt, was die Chancen für junge Mediziner betraf, die noch dazu lieber in der Forschung als in der täglichen Spitalspraxis tätig sein wollten. Sie fand eine Anstellung am Karolingischen Kinderspital, wo sie ein armseliges Labor ohne jegliche moderne Ausstattung vorfand. An ernsthafte Forschung war unter diesen Umständen nicht zu denken. Gelder für langfristige Forschungsvorhaben zu erhalten, schien den beiden utopisch. Gerty Cori kehrte, gesundheitlich angeschlagen, da sie an Vitamin-A-Mangel litt, zu den Eltern nach Prag zurück, um sich zu erholen. Die beiden jungen Leute entschieden, dieses Europa, das ihnen instabil und wegen der politischen Polarisierungen vor neuen Auseinandersetzung zu stehen schien, zu verlassen und nach Amerika zu gehen.

Zunächst bewarben sie sich bei der niederländischen Regierung, die junge Ärzte für die Überseekolonien, nämlich für Java, suchten, leider ohne Erfolg. Zweifellos hätte diese Tätigkeit sie von der Forschung, ihrem Lebensziel, weggeführt. Da erhielt Carl Cori das Angebot eines Krebsforschungsinstituts in Buffalo (New York) auf den Posten eines Biochemikers. Gerty folgte ihm nach wenigen Monaten, aber die beruflichen Aussichten für sie waren wesentlich schlechter. An eine gemeinsame und gleichberechtigte Laborarbeit war nicht denken, sie konnte nur seine Assistentin sein, da man es an amerikanischen Universitäten und Instituten tunlichst vermied, Ehepaare wegen der möglichen »Vetternwirtschaft« zu beschäftigen. Außerdem war das generelle Arbeitsklima noch ziemlich misogyn, Frauen wurden systematisch benachteiligt. So arbeitete sie bis nach dem Zweiten Weltkrieg immer mit ihrem Mann zusammen, wurde aber immer schlechter als er oder gar nicht bezahlt. Sie erhielt zwar Gelegenheit an einem prächtig ausgestatteten Labor zu arbeiten, doch waren es meist langweilige Standarduntersuchungen, mit denen sie ihren Tag verbringen musste. Zusätzlich musste sie dem Institutsleiter zuarbeiten, der überzeugt war, dass Krebs von Amöben verursacht werde und der von ihr Laboruntersuchungen verlangte, von denen sie längst nichts mehr hielt.

1923 veröffentlichte das Ehepaar eine gemeinsame Arbeit über den Einfluss von Schilddrüsenextrakten und -hormonen auf Pantoffeltierchen, ein Thema, an dem sie schon in Wien gearbeitet hatten. Ihr zentrales Forschungsinteresse galt jedoch der Frage, wie der Körper Zucker in Energie umwandelt. Dass der Mensch etwa 300 Gramm Kohlenhydrate – enthalten z. B. in Kartoffeln, Brot oder Reis – täglich braucht, wusste man bereits. Aber wie diese Umwandlung stattfindet und wie der Körper Zucker und Stärke in Energie umwandelt, war noch nicht erforscht. Die Coris erforschten zunächst die Wirkung von Hormonen auf den Energiestoffwechsel und fanden heraus, dass etwa Ratten bei Gefahr unter Einwirkung von Adrenalin Zuckervorräte aktivieren können. Außerdem entdeckten die beiden Forscher, dass diese Umwandlung durch die Leber unterstützt wird. Heute nennt man diesen Tausch von Zucker und Milchsäure zwischen den Muskeln und der Leber den »Cori-Zyklus«.

Carl und Gerty Cori lebten sich im Laufe der Jahre recht gut im amerikanischen Universitätsbetrieb ein. 1928 erhielten sie die amerikanische Staatsbürgerschaft. Carl Cori erhielt Angebote von anderen Universitäten, seiner Ehefrau schenkte man keine Beachtung. So erhielt er ein sehr gutes Angebot, dass aber an eigenartige Bedingungen geknüpft wurde. Er müsse einen Englischkurs belegen, er dürfe keinerlei Forschungen zu Insulin unternehmen und, für beide ungeheuerlich, es gebe keinerlei gemeinsame Arbeit mit seiner Frau. Carl Cori sah zwar die Notwendigkeit des Englischkurses ein, aber alle anderen Bedingungen lehnte er ab. Auf Gerty versuchte man einzuwirken, indem man erklärte, dass sie seiner Karriere im Wege stehe und dass das gemeinsame Arbeiten völlig unamerikanisch sei. Daher lehnte das Ehepaar ab und blieb in Buffalo. Tatsächlich waren solche Konditionen noch weit bis in die sechziger Jahre üblich, letztlich sollten sie Frauen von der universitären Laufbahn fernhalten.

1931 nahm Carl Cori einen neuen Posten als Pharmakologe an der Washington University School of Medicine in St. Louis (Missouri) an, seine Frau als seine Assistentin erhielt nur ein symbolisches Gehalt. In St. Louis gelangen dem Ehepaar jene Entdeckungen zum Zuckerstoffwechsel, die ihnen 1947 den Nobelpreis einbrachten. Um herauszufinden, wie Glykogen wieder zu Traubenzuckermolekülen wurde, arbeiteten sie mit Zellkulturen von Fröschen. Bei der Klärung eines Messungsproblems fanden sie heraus, dass ein Zwischenschritt stattfand. Dieses Produkt, Cori-Ester genannt, wurde als Glykose-1-Phosphat letztlich als einer der wichtigsten Bausteine beschrieben.

All die Jahre hatten Carl und Gerty Cori unbeirrt und geduldig mit großer Intuition geforscht, Gerty hatte nebenbei noch einen Sohn geboren und war selbstverständlich wie eine gute amerikanische Hausfrau für das Funktionieren des gemeinsamen Lebens zuständig. Nach der Geburt des Sohnes wurde allerdings ein Dienstmädchen engagiert. Ihren geradezu symbiotischen Arbeitsstil beschrieb später ein Kollege so: »Wenn einem von beiden eine Idee kommt, nimmt der andere sie auf, verfeinert sie, baut sie aus und gibt sie schließlich – damit noch mehr hinzugefügt werden kann – an den ersten zurück. Hat ein Besucher sich angehört, wie sie etwas erklären, so wird er wahrscheinlich mit dem Eindruck nach Hause gehen, zwei Stimmen hätten die Gedanken aus *einem* Hirn in Worte gefaßt.«

1947 erhielten Gerty und Carl Cori und der argentinische Forscher Bernardo Alberto Houssay den Nobelpreis für Medizin; die Dankesrede hielt das Ehepaar gemeinsam. Schon im Sommer vor Verleihung des Preises hatte Gerty Cori beim Wandern Schwäche und Atemnot geäußert, nach Untersuchungen stellte sich heraus, dass sie an Myelofibrose, einer seltenen Knochenmarkerkrankung litt. Trotz dieser Beeinträchtigung konnte sie die nächsten zehn Jahre weiterarbeiten, höchstens unterbrochen von nötigen Bluttransfusionen. Ihr »unbeugsamer Arbeitswille« – gemeinsam veröffentlichte das Forscherehepaar etwa 50 wissenschaftliche Arbeiten – ließ sich durch ihre Krankheit nicht brechen. Mit ihrem Mann erforschte sie Glykogenspeicher-krankheiten, die meist bei Kindern auftreten. Sie fanden heraus, dass diese durch einen ererbten Enzymfehler entstehen; wie man sie behandeln könnte, blieb noch unentdeckt. 1957, zehn Jahre nach Verleihung des Nobelpreises, starb Gerty Cori an einem Nierenversagen.

Gerty Cori war nach Mutter und Tochter Curie die dritte Frau, die einen Nobelpreis in einem naturwissenschaftlichen Fach, die erste, die ihn in Medizin erhielt. Nach Verleihung des Nobelpreises folgten zahlreiche Ehrungen, wie eine Briefmarke und die Benennung eines Mondkraters nach der bedeutenden Naturwissenschaftlerin.

Magarete Schütte-Lihotzky

* 23. Januar 1897 Wien
† 18. Januar 2000 Wien

Architektin

Die Tochter eines österreichischen Staatsbeamten des Stadterweiterungsfonds zeigte schon früh eine Tendenz, sich Aufgaben zu stellen, an die sich andere Frauen nicht wagten. Als einzige Frau begann sie 1915 an der Wiener Kunstgewerbeschule (heute: Hochschule bzw. Universität für angewandte Kunst) in der Klasse von Oskar Strnad und Heinrich Tessenow Architektur zu studieren. 1917 nahm sie an einem Wettbewerb für Arbeiterwohnungen teil. Ihr Lehrer Strnad rät ihr damals: »Bevor Sie nur einen Strich machen, gehen Sie hinaus in die Arbeiterbezirke und schauen Sie sich an, wie die Arbeiter wirklich wohnen.« Wiens Viertelgliederung war damals noch viel klarer und weniger durchmischt als heute, die typischen Arbeiterbezirke waren von menschenunwürdigen Mietskasernen dominiert. Für ihr diesbezügliches Projekt erhielt Grete Lihotzky den Max Mauthner-Preis, 1919 wurde sie mit dem Lobmeyr-Preis ausgezeichnet.

In Wien herrschte nach dem Ersten Weltkrieg eine unvorstellbare Wohnungsnot, wilde Siedlungen entstanden. In diesen frühen Aufbruchjahren der Republik arbeitete Grete Lihotzky ab 1920 mit Adolf Loos, den sie anfangs wegen seiner snobistischen Entourage und seines bohemienhaften Lebenswandels nicht besonders mochte. Sie begeisterte sich für die von der sozialdemokratischen Wiener Stadtverwaltung propagierte Siedlerbewegung und für den sozialen Wohnbau. Ab 1921 entwarf sie für die »Gesiba« und den »Verband für Siedlungs- und Kleingartenwesen« Musterhäuser, so genannte »Kernhaustypen«, die etappenweise ausgebaut werden konnten. Außerdem arbeitete sie 1924 mit Peter Behrens, Josef Frank, Josef Hoffmann, Adolf

Loos, Oskar Wlach und Karl Dirnhuber beim Winarsky-Hof mit. In den Jahren 1922/23 richtete sie für den Schriftsteller Hans Margulies eine Wohnung ein und gestaltete das Damenschlafzimmer für die Wohnung Hermann Neubachers, nach 1938 nationalsozialistischer Bürgermeister in Wien. Sie lieferte das Konzept für zwei Häuser der Werkbundsiedlung, beide waren die kleinsten und billigsten dieses Bauexperiments und waren daher sofort verkauft. Grete Lihotzky interessierte sich also vor allem für die Verbesserung des Wohnstandards der arbeitenden Menschen.

Es war in Wien eine Zeit der stürmischen Ideen und zukunftsweisenden Neugestaltungen, vor allem im Bereich des sozialen Wohnbaus. 1924 baute der Architekt Anton Brenner in der Wiener Sechshauserstraße im Auftrag der Gemeinde Wien einen Wohnbau, der von einem Grundtypus für eine Wohnung von nur 38 Quadratmetern ausging. Es war eine »Wohnmaschine« für ein Elternpaar mit zwei Kindern, in jeder Wohnung befanden sich vorgefertigte Einbauschränke, Klappbetten und eine Dusche. Trotz der relativ kleinen Dimensionierung wiesen seine Wohnungen die nötigen Standards auf, die die Mietskasernen der Gründerzeit nicht boten.

1926 wurde Grete Lihotzky von Ernst May nach Frankfurt an das Hochbauamt der Stadt geholt. Hier setzte sie ihr 1921 formuliertes Leitmotiv »Wohnung ist die realisierte Organisation unserer Lebensgewohnheiten« zielstrebig um. Frankfurt war damals ein intellektueller Hexenkessel, in den Cafés diskutierten Herbert Marcuse, Theodor Adorno und Max Horkheimer. Die Stadt war ein Experiment in modernem Urbanismus. Man forderte – wie im »roten Wien« – soziales Bauen und verdammte gleichermaßen finstere Mietskasernen und luxuriös verziertes Art déco. Mehr als in Wien trug man in Frankfurt der Tatsache Rechnung, dass es zahlreiche Kriegswitwen gab, die sich als alleinstehende Frauen nur kleine Wohnungen leisten konnten.

Voraussetzung von Grete Lihotzkys Arbeit in Frankfurt war der Aufsatz »Wie kann man der Hausfrau durch richtigen Wohnbau Arbeit sparen?«, erschienen 1923 in der Breslauer Zeitschrift »Das schlesische Heim«. Ernst May kannte sie schon von einer Begegnung in Wien im Jahre 1921, als sie im Auftrag von Hans Kampfmeyer vom Wiener Siedlungsamt Ernst May mit den Plänen der Stadt Wien bekannt machte.

Für das Frankfurter Bauamt entwarf sie u. a. die sogenannte »Frankfurter Küche«, die in etwa der bei uns nach dem Zweiten Weltkrieg so populär gewordenen amerikanischen Küche entsprach. Es war eine serienmäßig hergestellte, funktionelle und preiswerte Küche. Für Grete Lihotzky war die Konzeption der Küche kein Problem der Inneneinrichtung, sondern eine Bau- und Eigentumsfrage. Denn eine komplett vorgefertigte Küche blieb integraler Bestandteil des Wohnobjekts und somit dem Eigentum des Mieters entzogen. Für diese Küche hatte sie nach eingehenden Studien – sie ging nach dem Taylor-System, das in Amerika bei industriellen Planungsabläufen bereits erfolgreich eingesetzt worden war, den Arbeitsvorgängen des Haushalts mit der Stoppuhr nach – ein notwendiges Ausmaß von 6,5 Quadratmetern (Maße 1,9 m x 3,44 m) ermittelt. Die Küche war mit einer Schiebetür mit dem Wohnraum verbunden, ein überaus kommunikationsförderndes Element. 1927 ging die Produktion in Serie, etwa 10.000 Stück wurden in Frankfurt verbaut. Die Küche erfuhr damit eine Wertung als »Paradies der Arbeitsökonomie«. Der Mieter musste für die Küche keine Möbel, nur noch Geschirr mitbringen. Grete Lihotzky wandte »tausend Tricks« in der Materialverwendung an, so z. B. Eichenholz für eine Mehllade, da dieses von Mehlwürmern gemieden wird. Als Tischplatte wurde Buchenholz verwendet, weil es säurefest und schneidsicher war. Küchenabfälle wurden von der Arbeitsplatte direkt in eine Abfallrinne und von dort in einen Abfalleimer geleert. Als bewegliches Element gab es in ihrer Küche einen Drehhocker auf Rollen, um möglichst viele Arbeitsvorgänge im Sitzen durchführen zu können. Außerdem war eine Kochkiste zum Warmhalten von Speisen vorgesehen.

1930 schrieb der Schriftsteller und ehemalige Leiter des Siedlungsamtes der Stadt Wien Max Ermers über die junge Architektin: »Kritischer Einblick in die allgemeinen Lebensfunktionen, gepaart mit einem auf strenge Rationalisierung bedachten Ingenieurgeist, gemildert durch außerordentlichen Geschmack für Proportionen und Farben, so könnte man das Wesen der Architektin Grete Schütte Lihotzky am kürzesten fixieren, und der Charme ihrer Menschlichkeit strahlt auch auf die kleinste ihrer Arbeiten über. Was diese junge Meisterin anpackt, ist tief durchdacht, ökonomisch durchgeführt und an jenem seltenen Punkte in die Wirklichkeit übergeführt, wo das Reich der Notwendigkeit an das der Behaglichkeit und der Schönheit grenzt.«

1930 begleitete sie mit Ernst May ihren Mann Wilhelm Schütte – sie hatte ihn in Frankfurt kennen gelernt und 1927 geheiratet – mit anderen Architekten in die Sowjetunion, insgesamt ein 17-köpfiges Team, dem auch ein Gartenfachmann angehörte. Grete Schütte-Lihotzky arbeitete an der Projektierung von bausystembezogener Architektur für die neuen Schwerindustriestädte. Von der Sowjetunion aus besuchte sie China und Japan. Ihre Kindergartenstudien – sie plante kreuzförmig ausgelegte Pavillons – konnte sie nach dem Zweiten Weltkrieg bei zwei Kindergärten in Wien in die Tat umsetzen.

1938 wurde sie an die Akademie der Schönen Künste in Istanbul berufen, wo sie Landschulen in Anatolien plante. Unter dem Eindruck der Ereignisse des März 1938 in Österreich trat sie der Kommunistischen Partei bei. Sie wollte sich wie ihr Mann dem organisierten Widerstand gegen den Nationalsozialismus anschließen. 1940 kehrte sie daher von der Türkei in konspirativem Auftrag nach Österreich zurück. Schon nach 25 Tagen illegaler Arbeit jedoch fiel sie in die Hände der Gestapo. Nur glücklichen Umständen war es zu danken, dass sie dem sicheren Todesurteil entging. Sie wurde aber zu 15 Jahren Zuchthaus verurteilt. Insgesamt verbrachte sie vier Jahre in Haft, davon zweieinhalb Jahre im Gefängnis von Aichbach in Bayern. Über diese schreckliche Zeit schrieb sie »Erinnerungen aus dem Widerstand 1938–1945«. 1986 drehte die österreichische Filmregisseurin Susanne Zanke einen Fernsehfilm unter dem Titel »Eine Minute dunkel macht uns nicht blind« über Margarete Schütte-Lihotzkys Tätigkeit in der Widerstandsbewegung.

1945 wollte sie wieder nach Istanbul, um ihren Mann zu treffen, kam aber nur bis Sofia. Er, der in der Türkei konfiniert gewesen war, besuchte sie nun dort. Ende 1946 kehrte sie dann nach Österreich zurück. Wie viele intellektuelle Frauen der Nachkriegszeit – es sei etwa an Lina Loos erinnert – gehörte sie dem Bund Demokratischer Frauen, einer der KPÖ nahe stehenden Vereinigung an, wo man sie auch zur Präsidentin wählte. Zunächst erhielt sie über Vermittlung des Plakatkünstlers Viktor Slama noch den Auftrag, an der Ausstellung »Wien baut auf«, mitzuarbeiten. In der Phase des Kalten Krieges jedoch hatte sie wegen ihrer Zugehörigkeit zur KPÖ fast Berufsverbot. Sie baute lediglich zwei Wohnhäuser und zwei Kindergärten nach dem von ihr entwickelten Pavillonsystem, auch einen Teil des Verlagshauses Globus am Hochstädtplatz im 20. Bezirk. Man schickte sie mit einer Delegation von Künstlern nach China, von Kuba wurde sie zu Vorträgen eingeladen. Weitere Aufträge blieben aber aus.

Als verspätete Ehrung könnte man den ihr 1980 verliehenen Preis der Stadt Wien für Architektur bezeichnen. Das Ehrenzeichen für Wissenschaft und Kunst lehnte sie wegen des damals amtierenden Bundespräsidenten Kurt Waldheim vorerst ab, den IKEA-Award nahm sie an. Anlässlich ihres 100. Geburtstages, den sie in geistiger Frische feiern konnte, wurde sie vielfach geehrt. Bis zuletzt steckte sie voller Pläne und Ideen, sie schwärmte von Terrassenhäusern, von begrünten »Wohnbergen«. Zwar sei es das Ideal der Menschen, ein Haus mit Garten zu besitzen, doch in Zeiten, in den auch die Frauen überwiegend berufstätig sind, ist ein Garten eine zusätzliche Belastung. Ein Dachgarten mache viel weniger Arbeit und biete den gleichen Erholungswert.

Irène Joliot-Curie

* 12. September 1897 Paris
† 17. März 1956 Paris

Kernphysikerin

Irène Curie verbrachte ihre Jugend in einem Umfeld, das völlig von Wissenschaft und Höchstleistungen bestimmt war. Ihre Eltern, Marie und Pierre Curie, waren mit dem Nobelpreis ausgezeichnet worden. Der Wunsch, ihre Kinder mit einer erstklassigen Bildung auszustatten, sehr verständlich. Doch als Irène acht Jahre alt war, starb ihr Vater; ihre Mutter war sicherlich mit ihren Gedanken mehr bei ihrer wissenschaftlichen Arbeit als bei den Banalitäten der Kindererziehung. Daher kümmerte sich ihr Großvater Eugène Curie um Irène und ihre Schwester Eve. Eugène Curie war ein politisch sehr engagierter Mensch, der 1871 als Arzt auf den Barrikaden der Pariser Kommune dabei gewesen war. Der Unterricht der Mädchen erfolgte zunächst in einer Lerngemeinschaft mit Kindern anderer Wissenschaftler, die den Basisunterricht ihrer Kinder selbst übernahmen. Paul Langevin, Kollege ihrer Mutter Marie, unterrichtete Mathematik, ihre Mutter Marie führte sie mit physikalischen Experimenten in ihr eigenes Wissensgebiet ein. Später besuchte Irène das Collège Sévigné in Paris. 1911, im Alter von 14 Jahren begleitete sie ihre Mutter nach Stockholm zur Verleihung des Nobelpreises. Irène war im Gegensatz zu ihrer umgänglichen Schwester Eve zweifellos ein schwieriges Kind, scheu und kontaktarm. Auf ihre Umwelt wirkte sie verschlossen und wortkarg, aber auch sehr eigensinnig.

Schon im Alter von 17 Jahren stand Irène an der Seite ihrer Mutter, als diese mobile Röntgenstationen für die Front im Ersten Weltkrieg organisierte. Nach kurzer Zeit wurde dem jungen Mädchen die selbstständige Leitung einer Röntgenstation im

Militärkrankenhaus von Amiens übertragen. Inzwischen hatte sie auch ein Studium in Paris begonnen, und zwar wie ihre Mutter in den Fächern Mathematik und Physik. 1920 schloss sie mit dem Lizenziat ab und arbeitete bei ihrer Mutter im Labor als unbezahlte Assistentin. Erst nach geraumer Zeit erhielt sie eine bezahlte Anstellung. Im Radiuminstitut lernte sie den Chemielaboranten Frédéric Joliot kennen, den sie 1926 heiratete. Er konnte sein Studium, das er wegen des Krieges unterbrochen hatte, erst 1930 beenden. Bereits 1927 war die Tochter Hélène geboren worden, 1932 folgte der Sohn Pierre.

Schon 1925 hatte Irène Curie ihre Dissertation über das neu entdeckte Element Polonium abgeschlossen. Danach konzentrierte sie sich auf die Elementarteilchen Neutron, Proton und Elektron. Gemeinsam mit ihrem Mann arbeitete sie an Kernreaktionen, die sich ergeben, wenn die Atome leichter chemischer Elemente mit Alphastrahlen beschossen werden. Bei Aluminium entdeckten sie eine ungewöhnliche radioaktive Strahlung positiv geladener Elektronen, die nach Ende der Bestrahlung nur langsam abklang. Sie erklärten dies durch die Erzeugung eines kurzlebigen radioaktiven Isotops eines anderen chemischen Elements, das im Aluminium enthalten war. Es gelang ihnen durch chemische Reaktionen dieses neue Element in winzigsten Mengen abzutrennen. Trotz der geringen Menge war die Intensität der Strahlung messbar. Es war ein neues, Isotop des Elements Phosphor entstanden, das sich schnell in ein Isotop von Silizium verwandelte. Inzwischen wurden viele hundert Radioisotope entdeckt, die in der medizinischen Diagnostik, etwa bei Schilddrüsenüberfunktionen, eine große Rolle spielen. Für die Entdeckung der künstlichen Radioaktivität erhielt das Ehepaar Joliot-Curie 1935 den Nobelpreis für Chemie.

1937 hätte Irène fast die Kernspaltung entdeckt, als sie Uran mit Neutronen bestrahlte und dabei ein neues Element mit einer Halbwertszeit von dreieinhalb Stunden entstand. Sie nannte es Lanthan-Isotop. Diese Erkenntnisse veröffentlichte sie 1938. Otto Hahn überprüfte diesen Forschungsansatz und entdeckte dabei die Kernspaltung.

Im Gegensatz zu ihrer Mutter, die keinerlei Interessen außer ihrer Wissenschaft in ihrem Leben geduldet hatte, engagierte sich Irène mit ihrem Mann in einem Kreis antifaschistischer Intellektueller. Als 1936 die Volksfront in Frankreich die Wahlen gewann, holte sie der neue sozialistische Ministerpräsident Léon Blum in sein Kabinett als Staatssekretärin für Wissenschaft und Forschung. Sie war damit eine der ersten Frauen in Frankreich, die Regierungsmitglied wurde, in einem Land, in dem die Frauen noch immer nicht das Wahlrecht hatten. Allerdings blieb sie nur drei Monate in diesem Amt, hatte damit aber doch ein Zeichen gesetzt. 1937 übernahm sie eine Dozentur an der Sorbonne.

Als die Deutschen 1940 Frankreich besetzten, flüchtete die Familie Joliot zuerst nach Clermont-Ferrand, kehrte dann aber wieder nach Paris zurück. Frédéric Joliot arbeitete weiter am Institut, gleichzeitig sympathisierte er mit der Résistance und ging mit seiner Untergrundarbeit ein sehr hohes Risiko ein. Irène, die seit Mitte der dreißiger Jahre an Tuberkulose erkrankt war, reiste 1944 mit ihren beiden Kindern in die Schweiz, um sich behandeln zu lassen.

Nach der Befreiung Frankreichs wurde 1945 ein Kommissariat für Atomenergie eingerichtet, dem das Ehepaar Joliot angehörte. Da beide für die Kommunistische Partei politisch tätig waren, wurde ihr Mandat in diesem Kommissariat nicht verlängert. Viel Energie widmete Irène Joliot-Curie der Erbauung eines Synchrozyklotrons für Protonen in Orsay, südlich von Paris.

Anfang der fünfziger Jahre bewarb sich Irène Joliot-Curie mehrmals um einen Sitz in der Akademie, wohlwissend, dass man ihr dies abschlagen würde. Im Grunde wollte sie die Haltung dieser äußerst traditionalistischen und misogynen Institution anprangern. Bereits 1956 starb Irène Joliot-Curie wie ihre Mutter an Leukämie, sicherlich eine Folge ihrer Tätigkeit als Röntgenassistentin und ihrer langjährigen Beschäftigung mit Polonium.

Irène führte konsequent die Forschungen ihrer Mutter weiter, hatte aber mit weit größerer internationaler Konkurrenz auf diesem Forschungssektor zu kämpfen. Eine ihrer bedeutendsten Konkurrentinnen war Lise Meitner, die die mathematischen Berechnungen für die Kernspaltung geliefert hatte, aber infolge ihrer Emigration nie einen Nobelpreis erhielt. Frauen wurden zwar mehr und mehr als Wissenschaftler akzeptiert, doch die Frauenfeindlichkeit war noch immer, wie das Beispiel der Akademie zeigt, besonders evident.

Clärenore Stinnes

* 21. Januar 1901 Mülheim an der Ruhr
† 7. September 1990 Schweden

Autorennfahrerin

Deutschlands berühmteste Autorennfahrerin und Rallyepionierin entstammte der Familie des Großindustriellen und Reichstagsabgeordneten Hugo Stinnes, der in den Jahren vor und nach dem Ersten Weltkrieg einen Großkonzern der Schwerindustrie, vorwiegend Kohle und Stahl, unter geschickter Ausnutzung der Inflation aufgebaut hatte. Als drittes von sieben Kindern musste sie sich schon früh gegen ihre Brüder durchsetzen. Bereits mit 18 Jahren erwarb sie eine Fahrberechtigung, was damals für eine junge Frau eine Sensation darstellte. Ihr Vater, mit dem sie sich innig verbunden fühlte, verfolgte mit Freude und Stolz die Absichten und den Werdegang seiner Tochter, geriet sie ihm doch hinsichtlich Lebenseinstellung und auch Zugang zu Wirtschaftsfragen nach seinem Geschmack. Mit ihrer Mutter Cläre Wagenknecht, die in Montevideo aufgewachsen war, verband sie die Liebe zu schnellen Autos und zu Pferden. Als junge Frau verbrachte sie ein halbes Jahr in Lateinamerika, nach ihrer Rückkehr arbeitete sie im Konzern des Vaters.

Doch als der Vater mit nur 54 Jahren verstarb, blieb seine Tochter zwar als reiches Mädchen zurück, die Konzernleitung ging allerdings in die Hände ihrer Brüder über, die das Imperium des Vaters teilten, veräußerten und damit in wenigen Jahren ruinierten.

Clärenore übersiedelte in das Berlin der Roaring Twenties, wurde bald eine stadtbekannte Erscheinung, eine »Gesellschaftslöwin«, eine kleine zierliche Frau, die Hosen und Krawatten trug und ununterbrochen rauchte. Ihre Umgebung schätzte ihre Lebensfreude und ihre zielstrebige Haltung. Der Stummfilmregisseur Friedrich Wilhelm Murnau hätte sie gerne als Jungfrau von Orléans besetzt, was sie ablehnte. Bereits seit 1923 nahm sie unter dem Pseudonym »Fräulein Lehmann« an Autorennen teil. In den Jahren 1925 bis 1927 gewann sie nicht weniger als siebzehn Rennen, unter anderen die »Allrussische Prüfungsfahrt«, die von Leningrad nach Moskau und Tiflis und wieder zurückführte. Sie legte große Disziplin und Ausdauer an den Tag, konnte in allem, sogar beim Trinken, mit den männlichen Kollegen mithalten. Bei Rennen fuhr sie ihnen davon und genoss den Geschwindigkeitsrausch. Sie war allerdings nicht die erste Frau, die bei Autorennen am Steuer saß. Bertha Benz oder Dorothy Levitt waren ältere Vorbilder, die sich dieses männlich dominierte Terrain eroberten.

Wohl durch die Erlebnisse in Russland reifte bei Fräulein Stinnes der Entschluss, mit einem Auto die Welt zu umrunden, d. h. mehr als 40.000 Kilometer mit einem einzigen Auto zu fahren, denn die auf See verbrachten Kilometer, wenn sie von einem Kontinent zum anderen übersetzen musste, glich sie mit längeren Umwegen, etwa in Nordamerika, aus. Strategisches Ziel dieser Reise war im Grunde die Überlegenheit der deutschen Industrie unter Beweis zu stellen, die trotz eines verlorenen Krieges Standardkraftfahrzeuge herstellen konnte, die allen Strapazen gewachsen waren. Sie gab daher einen Adler Standard 6 in Auftrag, ein Auto mit Drei-Gang-Getriebe, sechs Zylindern und 50 PS, das als einzige Sonderausstattung Liegesitze besaß.

Am Anfang stand eine präzise Streckenplanung. Sie nahm Kontakt zu den jeweiligen Missionschefs auf und sicherte sich Empfehlungsschreiben und entsprechende Genehmigungen für die britischen und französischen Kolonien. Sie selbst sprach mehrere Sprachen, u. a. auch Russisch, so dass Verständigungsschwierigkeiten eher leicht zu überbrücken waren. Das Geld für die Weltreise, die schließlich mehr als zwei Jahre dauerte, nämlich 100.000 Reichsmark, trieb sie von Sponsoren aus der Industrie auf. Von der eigenen Familie erhielt sie keinerlei Beiträge. Zu ihrer Sicherheit wurden Pistolen und reichlich Munition mitgenommen. Schon vor Reisebeginn sorgte sie für die Anlage von Nachschub-Depots, etwa im Abstand von 200 km. Den Wagen betrieb sie wegen des größeren Energiegewinns nicht mit Benzin, sondern mit Benzol. Letztlich plante sie die Ergebnisse der Reise zu verwerten, und zwar nicht nur die Fotos und Filmaufnahmen, sondern sie schloss auch einen Vertrag mit der »Deutschen Allgemeinen Zeitung« über Reisereportagen.

Um den Verlauf der Reise fotographisch zu dokumentieren, engagierte sie den schwedischen Fotographen und Kameramann Carl-Axel Söderström, einen verheirateten Mann, mit dem sie einen förmlichen Vertrag schloss. Söderström sicherte sich durch eine Lebensversicherung in der Höhe von 70.000 Reichsmark ab. Ein LKW mit zwei Mechanikern sollte die Reise begleiten. Doch die beiden Mechaniker verließen bereits in Russland das Team, einer wegen Krankheit, der zweite wegen der unglaublichen Strapazen. Ab Zentralasien fuhr Clärenore Stinnes allein mit dem Photographen Söderström.

Der von der Presse viel beachtete Start des Abenteuers einer Weltumrundung erfolgte am 15. Mai 1927 in Frankfurt am Main. Die Reiseroute führte über den Balkan nach Istanbul, von dort über Bagdad und Teheran nach Tiflis und über den Kaukasus nach Moskau. Um nicht den Unbilden des sibirischen Winters ausgesetzt zu sein, drückt sie anfangs sehr aufs Tempo, was immer wieder Phasen von Hunger und Durst für alle Beteiligten verursachte. In Moskau legte das Team eine Woche Pause zur Erholung und vor allem zur Wartung des Autos ein. Durch Sibirien mit den Stationen Kasan, Omsk, Nowosibirsk und Irkutsk, wo sie bei minus 32 Grad mit dem Auto den zugefrorenen Baikalsee überquerten, weiter durch die Wüste Gobi, wo die beiden quasi in letzter Minute vor einer räuberischen Bande fliehen konnten, nach Peking, wo wieder ein Monat Pause eingelegt werden musste. Mit dem Schiff ging es dann nach Japan und über Hawaii nach Lima in Peru. Geplant waren eine Überquerung der Anden und eine Fahrt quer durch den Kontinent nach Buenos Aires. Doch die Anden, wo die beiden Abenteurer Straßen mit Dynamit freisprengen mussten, waren nicht zu bewältigen. Daher kehrten sie zurück an den Pazifik, fuhren über Mittelamerika bis nach Vancouver. Sie besuchten Los Angeles und durchquerten den gesamten nordamerikanischen Kontinent. In Detroit stand ein Besuch bei Henry Ford auf dem Programm. In Washington wurden sie von Präsident Herbert Hoover empfangen. Von New York aus buchten die beiden Weltenbummler eine Schiffspassage nach Le Havre. Von Le Havre aus ging es über Paris nach Berlin, wo mit einer feierlichen Parade auf der Berliner Rennstrecke Avus die Reise am 24. Juni 1929 zu Ende ging. Der Kilometerstand des Autos zeigte 46.758 gefahrene Kilometer an.

Von Anbeginn war diese Reise voller Abenteuer, es gab nur Standardlandkarten, aber keine Straßenkarten, weil es in vielen Ländern kaum trassierte Pisten gab. Tankstellen zu finden war äußerst schwer, Reparaturen mussten die beiden nach dem Abspringen der Mechaniker selbst erledigen, denn Autowerkstätten gab es kaum. Die klimatischen Unterschiede waren gewaltig, extreme Hitze in der Wüste Gobi, ein zugefrorener Baikalsee, der mit dem Auto mehr schlecht als recht überquert wurde. Staub, Schlamm und Sümpfe, Räuberbanden und immer wieder technische Probleme mit dem Auto. Doch weder Wassermangel noch fehlender Reiseproviant konnten die Abenteuerlust und das Durchhaltevermögen des Fräulein Stinnes mindern. Noch 1929 erschien ein Fototagebuch der gemeinsamen Reise. Ein Dokumentarfilm folgte.

Im Dezember 1930 heiratete Clärenore ihren Reisebegleiter Söderström, nachdem er von seiner schwedischen Frau geschieden worden war. Das Paar übersiedelte im nächsten Jahr auf ein Landgut in Südschweden, wo drei Kinder geboren wurden. Außerdem zog Clärenore noch einige Pflegekinder auf.

1976 starb ihr Mann, drei Jahre später fand sie vier Tagebücher, die ihr Mann neben allen fotografischen Dokumentationen während ihrer Weltreise verfasst hatte. Sie starb am 7. September 1990 in Schweden. Erst nach ihrem Tod wurde diese Pionierin des Motorsports wieder entdeckt und eine Ausstellung über sie gestaltet. Erica von Moeller drehte über sie die Spieldokumentation »Fräulein Stinnes fährt um die Welt«. Die im Stinnesarchiv aufbewahrten Lebenserinnerungen von Clärenore Stinnes sind noch nicht veröffentlicht.

Alva Myrdal

* 31. Januar 1902 Uppsala (Schweden)
† 1. Februar 1986 Stockholm

Soziologin und Friedensnobelpreisträgerin

Als Alva Reimer geboren wurde, war in Schweden die Umwandlung von einer Agrargesellschaft zur Industriegesellschaft
in vollem Gange. Ihr Vater hatte sich zu einem selbstständigen
Bauunternehmer hochgearbeitet, der sich als Sozialdemokrat
auch in einer Konsumgenossenschaft engagierte. Die Familie
zog oft um, je nach Arbeitseinsatz des Vaters, der neben seinem
Hauptberuf schließlich aus Leidenschaft einen kleinen Hof nahe Stockholm bewirtschaftete. Landwirtschaft war keineswegs
die Wahl des jungen Mädchens, sie wollte nach Abschluss der
Pflichtschule lieber weiterlernen und in Büchern schmökern. Ihr
Vater dachte, ganz im Sinne Rousseaus, dass die Natur ein bes-
serer Lehrmeister wäre und formale Bildung nicht von Nöten
sei. Auch Alvas Mutter unterstützte nicht den Ehrgeiz der Tochter. Im Gegenteil, sie dürfe nicht mehr als eine Hausfrau wie die
Mutter werden. Doch Alva fand in einem Antiquariat Zuflucht
für ihren Bildungshunger und las alles, was sie nur finden konnte. Vorbilder, denen sie nacheifern konnte, gab es in ihrer Umgebung nicht, aber sie war dickköpfig. Nach einem Jahr Handelsschule begann sie im Rechnungsamt einer kleineren Stadt zu arbeiten. Sie sparte emsig, um einen Gymnasialkurs für Mädchen
besuchen zu können. Im Gegensatz zu den Jungen mussten die
Mädchen damals in Schweden für Bildung bezahlen.

1919 lernte sie ihren späteren Ehemann Gunnar Myrdal kennen, der damals noch studierte. Es war Liebe auf den ersten
Blick und sein Einfluss auf das anfangs schwärmerische Mädchen war groß. 1922 bestand sie das Abitur und begann ebenfalls in Stockholm zu studieren. Sie belegte Literaturgeschichte

und Sprachen und schloss bereits 1924 mit dem Magistertitel ab. Im selben Jahr heiratete sie Gunnar, der als Jurist am Stockholmer Stadtgericht arbeitete. Das Ehepaar bekam im Laufe ihrer Ehe drei Kinder, gleichzeitig studierte Alva an den verschiedensten Universitäten in Schweden und in England weiter. 1934 erfolgte ihre Promotion in Uppsala. Ihr Hauptinteressengebiet und ihr Arbeitsgebiet wurde die Sozialpädagogik. Die vielfach übereinstimmenden Interessen und politischen Einstellungen des Ehepaares führten auch zu gemeinsamen Initiativen zur Umgestaltung des sozialen Lebens in Schweden. Gunnar Myrdal hatte sich Ende der zwanziger Jahre mehr auf Wirtschaftswissenschaften verlegt.

Schon 1929 bekam das Ehepaar ein Stipendium für die Vereinigten Staaten. Deshalb waren sie gezwungen, ihren damals 2-jährigen Sohn bei den Großeltern zu lassen, was sich als Fehler herausstellen sollte, denn sie fanden zu ihrem Kind nie wieder einen unbelasteten Kontakt. In den USA wurden sie mit den Auswirkungen der Weltwirtschaftskrise konfrontiert, was das soziale Gewissen der beiden weiter schärfte. Nach einem weiteren Auslandsjahr in Genf kehrten die beiden nach Schweden zurück, wo eben die Sozialdemokraten die Regierungsmehrheit übernommen hatten und sich anschickten, den schwedischen Wohlfahrtsstaat zu gestalten. Vor allem nach der Geburt der beiden Töchter war es insbesondere die Situation von Arbeiterfamilien mit Kindern, die das Ehepaar sehr beschäftigte. Alva entwarf damals ein Modell für ein Kollektivhaus, in dem zentrale Institutionen die Beaufsichtigung und Erziehung der Kinder übernehmen sollten. Gleichzeitig schlug sie Kurse für Eltern vor, in denen sich diese gemeinsam Grundregeln für die Erziehung der Kinder aneignen könnten.

Alva gründete 1936 das Sozialpädagogische Seminar in Stockholm, in dem die wissenschaftliche Basis für ihre Reformideen erarbeitet wurde. Es war eine Ausbildungsstätte für Erzieher im vorschulischen Bereich. Sie und ihr Mann brachten zahlreiche innovatorische Initiativen in das Programm der schwedischen Sozialdemokraten ein, denen beide seit 1932 angehörten. Grundsätzlich traten sie für gemeinsame Lebenswelten von

Männern und Frauen ein. Sie entwarfen sogar ein Modellhaus für ein gemeinsam arbeitendes Ehepaar mit einem Arbeitszimmer, in dem sich zwei Schreibtische gegenüber standen.

Alva Myrdal bereitete die von ihr angestrebten Lebensformen in verschiedenen Zeitschriften auf, so gründete sie ein mehrsprachiges Flüchtlingsmagazin »Via Suecia« und die Zeitschrift »Round table on social problems«. Obwohl mehrsprachig, publizierte sie in Englisch. Viele ihrer grundlegenden Werke zu Frauenemanzipation, zu Rassendiskriminierung, Armut und Friedenspolitik hat Alva Myrdal im Dialog mit ihrem Mann erarbeitet. Grundlagen für den von den Myrdals propagierten Wohlfahrtsstaat waren Vollbeschäftigung, Wirtschaftsplanung, eine gerechte Einkommensverteilung, Geschlechtergleichheit in der Ehe und soziale Verantwortung.

Während Gunnar Myrdal seit Beendigung seines Studiums immer ein festes Einkommen aus Lehrtätigkeit bezog oder in einem Ministerium angestellt war, erhielt Alva erst 1936 eine feste Anstellung, fürs erste nur halbtags, als sie Kindergärtnerinnen für Kindertagesstätten ausbildete.

1938 hielt sich das Ehepaar gemeinsam mit den Kindern auf Einladung der Carnegie-Stiftung für längere Zeit in den Vereinigten Staaten auf, um Recherchen über Rassendiskriminierung anzustellen. Das Ergebnis dieses Forschungsaufenthaltes wurde unter dem Titel »Ein amerikanisches Dilemma« publiziert. Schon 1941 hatte Alva das Buch »Nation und Familie« verfasst, in dem sie zum Schluss kam, dass die amerikanische Gesellschaft weitgehend patriarchal sei und sowohl Frauen als auch afroamerikanische Mitbürger unterdrücke.

1941 ging Gunnar wieder in die USA. Alva begleitete ihn nicht ohne Widerstreben, da die Kinder wieder in Schweden bleiben mussten, Gunnar aber nicht auf Alva als sein intellektuelles Korrektiv und seine wichtigste Gesprächspartnerin verzichten wollte.

Die Stellung der Frau in verschiedenen Gesellschaften, deren Vereinbarkeit von Beruf und Familie beschäftigte Alva immer wieder. 1956 schrieb sie – nicht zuletzt aus eigener Betroffenheit – »Die Doppelrolle der Frau«, wobei sie das Dilemma der berufstätigen Frauen, denen außerdem alle familiäre Arbeit aufgelastet wurde, in vier Ländern untersuchte. Immer wieder litt Alva unter dem Dilemma, dass familiäre Arbeit und wissenschaftliche Forschung für sie kaum zu bewältigen war, während Gunnar sich ausschließlich der Forschung widmen konnte. Trotz der Doppelbelastung empfahl sie allen Frauen eine berufliche Lebensplanung.

Nach Ende des Zweiten Weltkrieges arbeitete das Ehepaar intensiv an der weiteren Umgestaltung Schwedens in einen Wohlfahrtsstaat mit. Alva Myrdal verbreitete ihre Vorstellungen auch international, etwa als schwedische Delegierte bei der ILO-Konferenz in Paris 1945 und 1947 in Genf. Auf den UNESCO-Konferenzen von Paris 1946 und Neu-Delhi 1956 brachte sie ihre Ideen ein. Von 1951 bis 1955 war Myrdal direkt bei der UNESCO tätig. 1956 entsandte sie ihr Land als Botschafterin nach Indien, Burma und Ceylon, Ex-Kolonien mit vielfältigen sozialen Problemen. 1961 übernahm sie einen leitenden Posten im schwedischen Außenministerium, ein Jahr später erfolgte ihre Wahl ins schwedische Parlament. 1966 wurde sie neuerlich in ein Regierungsamt berufen, und zwar als Ministerin für Abrüstung und kirchliche Angelegenheiten, eine Funktion, die sie bis 1973 ausübte. Eine ähnliche abwechslungsreiche und vielfältige Berufslaufbahn absolvierte Gunnar Myrdal. Es wundert daher nicht, dass beide nicht viel Zeit für ihre gemeinsamen Kinder aufwenden konnten. Wenn die Eltern auf Reisen gingen, wurden die Kinder zu den Großeltern gebracht. Der älteste Sohn Jan hat diese, wie ihm schien, vernachlässigte Kindheit seinen Eltern nie verziehen. Jahre später rechnete er mit ihnen in dem Erinnerungsbuch »Eine Kindheit in Schweden« ab.

Infolge ihrer Teilnahme an der Genfer Abrüstungskonferenz 1961 rückte für Alva Myrdal die Abrüstungspolitik und die Antiatomagitation zusehends in den Vordergrund. In ihrem letzten größeren Werk »Das Spiel der Abrüstung« (1976) beklagte Alva Myrdal das mangelnde Interesse der Großmächte an einer effektiven Friedenspolitik.

Gemeinsam mit ihrem Mann wurde sie 1970 mit dem Friedenspreis des deutschen Buchhandels ausgezeichnet, zehn Jahre später wurde ihr der Albert-Einstein-Friedenspreis über-reicht und 1982 entschied das Nobelpreiskomitee, ihr gemein-sam mit dem Mexikaner Alfonso Garcia Robles den Friedensno-belpreis zu überreichen. Anlässlich der Verleihung des Friedensnobelpreises hielt die damals 80-jährige eine leiden-schaftliche und kompromisslose Rede für den Frieden: »Krieg ist Mord. Und die militärischen Vorbereitungen, die heute für eine große Konfrontation getroffen werden, haben den Massen-mord zum Ziel. Im nuklearen Zeitalter würden die Opfer nach Millionen zählen. Diesen nackten Tatsachen muss man sich stel-len. Das Zeitalter, in dem wir leben, kann nur als Ära der Barba-rei bezeichnet werden. Unsere Zivilisation wird heute nicht nur der Militarisierung, sondern ebenso der Brutalisierung unter-zogen.«

Melitta Schenk Gräfin Stauffenberg

* 9. Januar 1903 Krotoschin (Provinz Posen)
† 8. April 1945 bei Straßkirchen (Bayern)

Fliegerin und Flugzeugtechnikerin

Melitta Stauffenbergs Lebenstraum war das Fliegen. Schon als junges Mädchen stellte sie in ihrem Leben die Weichen, um diesen Traum zu erfüllen. Einer Schulkollegin aus der Hirschberger Schulzeit offenbarte sie ihre Zukunftspläne:

»… Physik, Physik, … zur Zeit beschäftige ich mich mit allgemeine Probleme der Fliegerei, und Raketenflug interessiert mich am meisten. Leider alles nur theoretisch, es wird noch lange dauern, bis ich auf diesem Gebiet experimentieren kann. … Es müßte zum Beispiel möglich sein, mit Raketen interstellare Räume zu überbrücken, … Man würde natürlich mit dem Mond anfangen, weil er am nächsten ist.«

Ihr Vater Michael Schiller war Bauingenieur und Statiker und als preußischer Beamter zuständig für Brücken und Straßen. Seine Familie stammte aus einer jüdischen Pelzhändlerfamilie aus der Gegend von Odessa. Melittas Mutter Margaret Eberstein war in Bromberg in einer protestantischen Familie aufgewachsen. Ihre Kindertage verbrachte Melitta mit vier Geschwistern in Krotoschin in der Provinz Posen, wo der Vater ein Haus mit einem riesigen Obstgarten erbaut hatte, in dem er seltene Sorten züchtete. Im deutsch-polnischen Grenzgebiete lebend, war die Familie eher deutschnational gesinnt.

Die Zeit des Ersten Weltkrieges verlebte Melitta teils bei der Großmutter in Schlesien, da der Vater eingezogen worden war – wegen seiner Russischkenntnisse fungierte er als Dolmetscher – und die Mutter und eine ältere Schwester Sanitätsdienst leisteten. Nach Ende des Krieges gehörte Krotoschin zu Polen, aber Vater und Mutter blieben in Polen, um den Besitz zu wahren.

Kurz nach dem Krieg war es zwar in Krotoschin zu Problemen mit polnischen Freischärlern gekommen, aber die Familie blieb. Die Mutter engagierte sich in deutschsprachigen Institutionen. Erst als der Vater 1925 in Pension ging, übersiedelte er in den Freistaat Danzig nach Oliva.

Während ihrer Schulzeit in Posen und in Schlesien betrieb Melitta viel Sport, vor allem Schwimmen, aber auch Skifahren und Klettern. Ihre künstlerische Begabung erfuhr ebenso eine große Förderung. In ihrem letzten Gymnasialjahr begannen in Hirschberg Segelfliegerkurse, die aber keine Mädchen aufnahmen. Es war dies im Grunde eine paramilitärische Ausbildung durch ehemalige Kriegsflieger. Trotzdem ging Melitta immer wieder zuschauen und fiel durch große Sachkenntnis auf, sodass sie schließlich mitfliegen durfte. Einmal sogar mit dem Fliegeridol Ernst Udet.

1922 bestand Melitta das Abitur, abschließend inskribierte sie in München an der Technischen Hochschule, Mathematik, Physik und Flugmechanik. München hatte sie gewählt, weil die Stadt als Kunstzentrum einen großartigen Ruf hatte. Sie selbst interessierte sich besonders für die Expressionisten. Das Studium musste sie sich allerdings mit Nachhilfestunden selbst verdienen, da ihr Vater sie nicht unterstützen konnte. Schon 1923 meldete sich Melitta für eine Fliegerausbildung an, wurde aber abgewiesen.

1927 schloss sie ihr Studium in München mit Auszeichnung ab und fand zunächst eine Anstellung bei der Hamburgischen Schiffsversuchsanstalt, aber ihr Ziel war eine Anstellung bei der Deutschen Versuchsanstalt für Luftfahrt (DVL) in Berlin-Adlerhorst, mit der sie schon ein Jahr zuvor Kontakt aufgenommen hatte. Tatsächlich erhielt sie diese Anstellung noch 1927. Ihr erster Tätigkeitsbereich waren aerodynamische Untersuchungen, außerdem Erprobungen zum Strahlantrieb, Raketentechnik und die Wirkungsweise von Propellern. In ihren Arbeitsberichten, von denen einige erhalten sind, erweist sich Melitta Schiller als praxisbezogen und anwendungsorientiert.

In dieser Phase ihres Berufslebens wird sie von Kollegen als eigenwillig, energisch und zielbewusst beschrieben. Den damals noch in der Aufstiegsphase befindlichen Nationalsozialismus beurteilte sie nüchtern und kritisch. Für sie stand eher das Erwerben weiterer Flugscheine im Vordergrund. So meldete sie sich 1929 in Staaken nebenberuflich als Flugschülerin an, das bedeutete, dass sie in den frühen Morgenstunden die nötigen Flugstunden absolvieren musste. Abgesehen davon, waren die Kosten für die Übungsflüge relativ hoch. Trotzdem sammelte sie nach und nach alle Flugscheine und konnte Segelflugzeuge und Motorflugzeuge fliegen. Sie absolvierte Kurse im Blindflug und belegte Funklehrgänge. Zu allen damaligen Flugpionierinnen wie Elly Beinhorn, Thea Rasche oder Katja Heidrich hatte sie gute Kontakte.

Melitta Schiller behauptete von sich, dass sie dem Zauber der Fliegerei verfallen gewesen wäre, obwohl sie ansonsten eher traditionelle Haltungen einnahm. Anlässlich eines Vortrages in Schweden – das Land war im Zweiten Weltkrieg neutral – im Jahr 1943 erklärte sie, »… daß die Fliegerei für uns [gemeint sind sie und ihre Kolleginnen] nie eine Sache der Sensation oder gar der Emanzipation gewesen sei: Wir Fliegerinnen sind keine Suffragetten.« Schließlich besaß sie sämtliche Flugzeugführerscheine für Land- und Seeflugzeuge. Vor allem in den frühen Jahren ihrer Ausbildung bestand sie bei Übungsflügen durchaus einige Abenteuer wie einen Schneesturm bei Köln, wobei sie mit Glück den Türmen des Doms auswich, irrtümlich wäre sie fast in Frankreich gelandet, was zweifellos zu politischen Verwicklungen geführt hätte. Doch sie konnte durchstarten und schließlich auf einem Acker notlanden, wo Bauern sie unter der Maschine, die sich in die Erde eingegraben hatte, ausgraben mussten.

Als nach der Machtergreifung der Nationalsozialisten die Erbringung eines Ariernachweises nötig wurde, schwebte dies wie ein Damoklesschwert über ihrer Berufsausübung. Sie versuchte wohl aus Odessa Papiere zu beschaffen, aber vergeblich. Ein Ansuchen um Erlass des Nachweises wurde erst 1944 positiv erledigt. Nach 1933 wurde jedenfalls ihr Spielraum bei der DVL enger, nicht näher klassifizierte Schwierigkeiten veranlassten sie, einen neuen Wirkungsbereich zu suchen. Daher wechselte sie 1936 in die Industrie zu den Askaniawerken, einer Spezialfirma für Luftfahrtgeräte. Dort beschäftigte sie sich mit automatischen Steuerungsgeräten, die sie auch selbst erprobte. Ihre Hauptaufgabe war die Entwicklung eines Sturzflugvisiers für Sturzkampfbomber, die punktgenau vor dem Ziel abwerfen sollten. Die Sturzflugtechnik war eine amerikanische Entwicklung, die von Udet nach Deutschland geholt worden war. Melitta Stauffenberg, die ab 1937 die Bezeichnung Flugkapitän als zweite Frau in Deutschland führen durfte, unternahm im Rahmen ihrer beruflichen Tätigkeit hunderte Sturzflüge, die hohe körperliche Ansprüche an den Piloten stellten. Schließlich war sie jene Fliegerin, die die meisten Übungssturzflüge absolviert hatte, nämlich etwa 2500.

Zu dieser Zeit lernte sie über einen Kollegen aus der DVL Alexander Schenk Graf Stauffenberg kennen, einen Althistoriker, den sie 1937 heiratete. Die Eheleute werden von Zeitgenossen als konträr geschildert, trotzdem war die Ehe sehr harmonisch. Alexander Stauffenberg, ein sehr musischer Mensch, hatte in Würzburg eine Professur. In ihrer kargen Freizeit hatte Melitta, auch eine sehr begabte Künstlerin, von ihrem Mann eine Steinplastik verfertigt, die sich erhalten hat.

Bei Ausbruch des Zweiten Weltkrieges 1939 wurde Melitta Stauffenberg zur Luftwaffenerprobungsstelle Rechlin in Mecklenburg dienstverpflichtet, 1942 erfolgte ihre Kommandierung an die Luftkriegsakademie Gatow nahe Berlin. Im Januar 1943 wurde »Frau Diplomingenieur Flugkapitän« mit dem EKII ausgezeichnet, eine äußerst ungewöhnliche Ehrung für eine gar nicht politikaffine Technikerin. In dieser Zeit stellte sie auch eine Habilitationsschrift fertig, wohl im Hinblick auf eine spätere Professur. Mit 1. Mai 1944 wurde ihr die Leitung der Akademie in Gatow übertragen, ihre Dienststelle wurde in Versuchsstelle für Flugsondergerät umbenannt.

Zu dieser Zeit waren in ihrem Verwandtenkreis um ihren Schwager Claus Schenk von Stauffenberg die Attentatspläne gegen Hitler schon weit gediehen. Sie war wohl nicht in die Details des Attentats eingebunden, doch wäre sie vermutlich am Steuer des Flugzeugs gesessen, dass ihren Schwager in die Wolfsschanze brachte. Das große Aber bestand darin, dass sie persönlich nur einen Fieseler Storch besaß, der weder die entsprechende Flughöhe erreichen konnte, noch die nötige Reichweite aufwies. Tagebucheintragungen belegen, dass sie etwa ab Mai 1944 vage

Kenntnisse hatte. Ihr Mann, der in Russland verletzt worden war, befand sich im Sommer 1944 in Athen zu Vorlesungen.

Vom Attentat erfuhr sie noch am 20. Juli 1944, zwei Tage später wurde ihre Schwägerin verhaftet, sie selbst am 25. Juli. Auch alle übrigen Familienmitglieder wurden in Gewahrsam genommen, die Kinder wurden der NSV (= NS-Volkswohlfahrt) übergeben. Da sie sichtlich nicht an der Verschwörung beteiligt war, außerdem ihre Forschungen kriegswichtig waren, wurde sie im September 1944 wieder freigelassen. Ab diesem Zeitpunkt widmete sie jede freie Minute der Fürsorge ihrer Familie, besuchte ihre Schwägerin Nina, die mittlerweile ein Kind bekommen hatte, kümmerte sich um die Kinder und versuchte ihren Mann aus der KZ-Haft freizubekommen. Bis zur Erschöpfung flog sie zwischen den Haftorten hin und her, um Kontakt zu halten und Haftbedingungen zu erleichtern.

Als im Februar 1945 wegen der zahlreichen Bombenangriffe ihr Einsatzort nach Würzburg verlegt wurde, war sie zwar näher an den Unterbringungsorten ihrer Familie, musste damals aber die ME 262, ein Düsenflugzeug der Messerschmittwerke testen. In diesen Wochen verbrachte sie ihr Leben im Büro, da die Würzburger Wohnung des Ehepaares durch einen Bombenangriff völlig zerstört war.

Am 4. April 1945 wollte sie nach Buchenwald, wo ihr Mann interniert war, fliegen, erfuhr aber, dass das Lager geräumt würde. Sie konnte nur in Erfahrung bringen, dass der Häftlingstransport Richtung Straubing in Bayern unterwegs wäre. Am 8. April flog sie Richtung Straubing und wurde unterwegs von einem amerikanischen Kampfflugzeug, wie später eruiert wurde, irrtümlich abgeschossen und konnte noch notlanden. Sie erlag aber zwei Stunden später ihren schweren Verletzungen. Ihr Mann, der sich inzwischen in der Nähe von Passau aufhielt, erfuhr dort von ihrem Tod. Gerüchte, dass sich Melitta Stauffenberg in die Schweiz absetzen wollte, da man im Flugzeug Schmuck gefunden hatte, blieben ungeklärt. Nach dem Krieg wurde ihrem Mann aller verbliebener Besitz ausgehändigt. Ihr Vater war 1945 in Danzig verstorben, die Spur ihrer Mutter verlor sich im Brandenburgischen.

MARIE JAHODA

* 26. Januar 1907 Wien
† 28. April 2001 Keymer (Sussex, Großbritannien)

Sozialpsychologin

In der Geschichte der empirischen Sozialforschung wird Marie Jahodas Name für immer mit der einst bahnbrechenden und in ihrem Ergebnis überraschenden Studie »Die Arbeitslosen von Marienthal« verknüpft bleiben. Arbeit und Arbeitslosigkeit, Konformität und Nonkonformität bleiben ein lebenslanges Forschungsinteresse. Die Eigendefinition für ihre Arbeitsweise lautete »nichtreduktionistische Sozialpsychologie«. In Jahoda eine Feministin zu sehen, wäre falsch. Nach eigener Aussage war Frausein für sie nie ein Problem oder ein Karrierehindernis.

Marie Jahoda, aus einer großbürgerlichen jüdischen Familie stammend, wuchs mit drei Brüdern in einem liberalen, nicht religiösen, intellektuell geprägten Umfeld auf. Ihre Mutter wurde unter dem Eindruck des Ersten Weltkrieges Pazifistin, die Tochter, die eine vorzügliche Ausbildung genoss, engagierte sich in der Sozialdemokratischen Partei. Beide Eltern unterstützten den Wunsch der Tochter zu studieren. Sie inskribierte an der Wiener Universität Psychologie – das Fach Soziologie hatte es noch nicht zu universitären Ehren gebracht –, ihre Lehrer waren Karl und Charlotte Bühler. Begleitend zum Studium schloss sie eine 2-jährige Lehrerinnenausbildung ab. Gleichzeitig war sie in einer Reihe von sozialdemokratischen Organisationen tätig. Als Traumziel ihrer Ausbildung stand der Wunsch, sozialdemokratische Erziehungsministerin zu werden. Alle jungen Intellektuellen der Sozialdemokratischen Arbeiterpartei waren damals vom ideologischen Übervater der Partei Otto Bauer und seinen Ideen geprägt.

Bereits 1927 heiratete Marie Jahoda den Studienkollegen Paul F. Lazarsfeld, den sie bei den Sozialistischen Mittelschülern kennengelernt hatte. Diese Ehe wurde allerdings 1933 wieder geschieden. Das junge Paar wohnte damals im Flaggschiff der Wiener Gemeindebauten, dem Karl Marx-Hof, wo Marie nebenbei die Bibliothek betreute. 1930 kam die Tochter Lotte zur Welt, später Universitätsprofessorin für Psychologie.

Nach einem kürzeren Studienaufenthalt in Frankreich 1928 schloss sie 1932 ihr Studium mit der Dissertation »Anamnese im Versorgungshaus« ab. Nach einer kurzfristigen Anstellung am Wiener Gesellschafts- und Wirtschaftsmuseum, damals eine der zentralen Institutionen der Sozialwissenschaften, begann sie gemeinsam mit ihrem Mann Paul Lazarsfeld und mit Hans Zeisel an der erwähnten Studie über Arbeitslosigkeit zu forschen.

Der kleine Ort Marienthal liegt bei Gramatneusiedl, südlich von Wien, und war ein ideales Forschungsobjekt, da die dortige Fabrik, die fast 1300 Arbeiter beschäftigt hatte, schließen musste. Dadurch wurden alle Männer des Ortes arbeitslos. Die Fragestellung lautete, wie diese Arbeitslosen, die größtenteils gesinnungsmäßig der Sozialdemokratie zuzuordnen waren, mit der Langzeitarbeitslosigkeit umgingen. Welche Perspektiven sie ins Auge fassten und wie sie ihr Leben gestalteten. Ideologisch erwartet wurde eine erhöhte Protestbereitschaft gegen das soziale Unrecht. Tatsächlich stellte sich nach umfänglichen empirischen Untersuchungen heraus, dass die Menschen auf Arbeits- und damit Perspektivlosigkeit, die mit einem Identitätsverlust gepaart war, mit Resignation reagierten. Die Männer verbrachten den Tag in lustloser Apathie. Auch die Vermutung, dass sie sich wegen reichlich vorhandener Freizeit mehr für Bildung oder Bücher interessierten, bestätigte sich nicht. Im Gegenteil: Auch die Anzahl der Ausleihen in der Bibliothek ging zurück. Die Frauen hingegen waren zwar verdienstlos, aber keineswegs arbeitslos, sie versuchten intensiv den Alltag zu meistern und das Überleben zu sichern. Maria Jahoda, die das von ihren Mitautoren gesammelte Material niederschrieb, fasste das Ergebnis der Studie präzise und ernüchternd zusammen: »Arbeitslosigkeit führt zu Resignation, nicht zur Revolution.«

1933 erschien diese Studie im Leipziger Hirzel-Verlag, ohne Nennung der Autoren, die man wegen der eindeutig jüdischen Namen im Frühsommer dieses Jahres nach der Machtergreifung der Nationalsozialisten nicht gefährden wollte. Erst in den siebziger Jahren erschien eine Neuauflage unter Nennung der drei Autoren. Inzwischen gilt das Werk als ein Klassiker der Sozialpsychologie, auch wenn Marie Jahoda später diese Bezeichnung als unpassend empfand, da diese Arbeit noch manche Kinderkrankheiten der noch jungen Sozialwissenschaften in sich barg.

Nach der Scheidung 1933 ging Paul Lazarsfeld in die Vereinigten Staaten, Maria Jahoda blieb in Wien und setzte ihre engagierte Arbeit für die Sozialdemokratie fort. Nachdem letztere nach den Ereignissen des Februar 1934 in die Illegalität gedrängt worden war, betätigte Jahoda sich bei den Revolutionären Sozialisten und war eine der engsten Mitarbeiterinnen von Joseph Buttinger. 1936 wurde sie verhaftet und erst 1937 infolge internationaler Interventionen freigelassen, allerdings mit der Auflage, das Land sofort zu verlassen. Die Staatsbürgerschaft wurde ihr aberkannt. Sie emigrierte nach Großbritannien, wo sie im Kohlenrevier von Südwales im Auftrag der Quäker eine Studie über ehemals Arbeitslose, die nun in einem Beschäftigungsprojekt tätig waren, verfasste. Diese Studie ergab, dass die Menschen mit ihrer Situation nicht zufrieden waren, da die Kohlenbergarbeiter ihre Projektarbeit, für die sie bezahlt wurden, als nicht zufriedenstellend bzw. nicht identitätsstiftend empfanden.

Bis Ende des Krieges blieb Marie Jahoda in Großbritannien, sie war für das Foreign Office und die Anti-Hitler-Propaganda des Ministry of Information tätig, über dies für die britische Exilgruppe der österreichischen Sozialdemokraten.

1945 ging sie nach New York, um ihre Tochter, die bereits mit dem Vater nach Amerika gegangen war, wiederzusehen. Ihr Versuch, wieder in Österreich Fuß zu fassen, wurde von den österreichischen Sozialdemokaten abschlägig beschieden. In den nächsten zehn Jahren entfaltete sie eine reiche wissenschaftliche Tätigkeit, sie arbeitete als Forschungsassistentin von Max Horkheimer, dann im Bureau of Applied Social Research an der Columbia University, das von ihrem Ex-Ehemann geleitet wurde. Es entstanden so wichtig Studien wie »Antisemitism and Emotional Disorder. A Psychoanalytic Interpretation« (gemeinsam mit Nathan W. Ackerman) und eine weitere Studie über den McCarthyismus.

Ende der fünfziger Jahre kehrte sie nach Großbritannien zurück, da sie den Labour-Politiker Austen Albu geheiratet hatte. Sie nahm zunächst eine Professur am Brunel College of Advanced Technologies in Uxbridge, Hillingdon bei London an. In der Folge baute sie das Fach Sozialpsychologie an der neugegründeten Universität von Sussex auf. Zu Beginn der neunziger Jahre konzentrierte sie ihre Forschungen auf die Wurzeln des Nationalismus. Sie kam zu dem Ergebnis, dass Nationalismus ein tiefsitzendes Phänomen sei und daher leicht durch Emotionalisierung aktiviert und mobilisiert werden könne.

International wurde Marie Jahoda vielfach geehrt, sie wurde mit der Ehrenmitgliedschaft einer Reihe von soziologischen Vereinigungen ausgezeichnet. In Österreich erinnerte man sich relativ spät an diese Pionierin der Sozialforschung, 1993 erhielt sie den Preis der Stadt Wien für Geisteswissenschaften und das Silberne Ehrenzeichen für Verdienste um die Republik. 1997 wurde ihr in Wien der Bruno Kreisky-Preis für ihr Lebenswerk überreicht. Ein Jahr später folgten noch die Ehrendoktorate von Wien und Linz.

Simone de Beauvoir

* 9. Januar 1908 Paris
† 14. April 1986 Paris

Schriftstellerin und Theoretikerin der
Frauenemanzipation

Simone de Beauvoir wurde in ein gutbürgerliches Milieu hineingeboren. Ihr Vater war Rechtsanwalt und ein eher bohemienhafter Freigeist. Ihre sittenstrenge und prüde Mutter stammte aus einer Bankiersfamilie. Zu ihr fand die Tochter erst im späteren Leben ein verständnisvolles Verhältnis, das sie in dem Buch »Une mort très douce« verarbeitete.

Im Elternhaus war sie streng katholisch erzogen worden, Kulturbeflissenheit bestimmte den nach dem Ersten Weltkrieg bescheidener gewordenen Lebensstandard der Familie. Im Alter von 14 Jahren ging ihr der kindliche Glaube verloren, hinfort hatte sie für ihre Eltern nur Verachtung übrig. Schon damals entschied sie sich, nie eine Hausfrau und Mutter wie ihre eigene Mutter werden zu wollen. Dieser Entschluss wurde noch durch den frühen Tod ihrer innig geliebten Freundin Zaza, die an einer Vernunftehe zerbrochen war, bestärkt. Simone begeisterte sich für Literatur und wollte schon im Alter von 15 Jahren Schriftstellerin werden, sie studierte daher an der Sorbonne in Paris Literaturwissenschaft, hörte aber auch Vorlesungen in Mathematik und Philosophie.

Im Alter von 20 Jahren begegnete sie dem um drei Jahre älteren Schriftsteller Jean Paul Sartre. Beide kamen aus einem sehr behüteten Umfeld, beide hatten ein sehr selbstsicheres Auftreten. Das Interesse für Literatur war der erste Anknüpfungspunkt. Sie meinte dazu: »Die Literatur hatte uns beiden die Religion ersetzt.« Es begann als große Liebe, doch verlangten beiden von ihrem Partner absolute Freiheit und Wahrheit. Sartre und Beauvoir blieben für ein Leben verbunden, wenn auch beide immer wieder anderen Leidenschaften in ihrem Leben einen Platz einräumten. Sie führten eine modellhafte Partnerschaft außerhalb der »bürgerlichen« Ehe. Die intellektuelle Anziehung und der geistige Austausch waren von Dauer. Damit wurden sie ein Vorbild und eine Alternative zu traditionellen Paarbeziehungen.

Ihre Diplomarbeit verfasste Beauvoir über Gottfried Wilhelm Leibniz, ihr Thema lautete »Freiheit und Bedingtheit«. Fast gleichzeitig bestanden die beiden glanzvoll die Lehramtsprüfung und traten in den Schuldienst ein. Nach Abschluss ihres Studiums unterrichtete Simone de Beauvoir – nicht besonders begeistert – an Schulen in Marseille, Rouen und Paris. In diesen Jahren setzte sie sich mit den Schriften von Husserl, Marx und Hegel auseinander.

Schon früh hatte sie neben ihrem Studium und ihrer beruflichen Tätigkeit zu schreiben begonnen, 1943 wurde sie von der katholischen Schule entlassen und war anschließend ein Jahr als Programmgestalterin beim Radio Nationale. Doch bald konnte sie als freie Schriftstellerin leben. In ihren literarischen Werken verarbeitete sie vielfach ihre eigenen Erlebnisse, etwa in »Sie kam und blieb« (»L'Invité« 1943) das Dreiecksverhältnis mit Sartre und ihrer Schülerin Olga Kosakievicz. Für ihren 1954 erschienenen Roman »Die Mandarins von Paris« (»Les Mandarins«) erhielt sie den Prix Goncourt, die höchste französische literarische Auszeichnung.

Politisch verhielt sich Beauvoir noch zu Beginn des Zweiten Weltkrieges ziemlich indifferent. Der Faschismus in Europa interessierte sie nicht, sie hegte höchstens Sympathien für das republikanische Spanien. Nach der Besetzung Frankreichs durch die Nationalsozialisten gab sie ihre pazifistische Haltung auf, auch bestärkt durch die Tatsache, dass Sartre 1939 einrücken musste und 1940 in Kriegsgefangenschaft geriet. Als er nach wenigen Monaten wegen angeblicher Erblindung auf einem Auge aus der Gefangenschaft zurückkehrte, waren beide in der Widerstandsgruppe »Sozialismus und Freiheit« (»Socialisme et liberté«) aktiv, allerdings in erster Linie gegen das Vichy-Regime.

1942 lösten Beauvoir und Sartre diese Gruppe wieder auf; Sartre suchte Kontakt zu kommunistischen Gruppen, wurde aber von diesen als kleinbürgerlicher Intellektueller abqualifiziert und nicht ernst genommen. Während des Krieges lernte Beauvoir Juliette Gréco, Jacques Prévert und Alberto Giacometti kennen. Die Befreiung Frankreichs empfanden beide als eine »rauschhafte Erfahrung«. Nach dem Krieg gründete Beauvoir gemeinsam mit Sartre die Zeitschrift »Les Temps Modernes«, sie war die einzige Frau im Redaktionsteam. Regelmäßig betreute sie die Kolumne »Le sexisme quotidien«. Anfangs gehörten noch Raymond Aron und Albert Camus zu den Autoren, diese zogen sich jedoch zurück. Um Beauvoir und Sartre sammelte sich ein Kreis von Intellektuellen, etwa Raymond Queneau, Boris Vian oder Jean Genet, Michel Leiris und Jacques Lacan. Dieser Kreis traf sich im Café Flore oder im Deux Magots und abends frequentierten sie die Jazzkeller in St. Germain de Près. Bald wurde der Existenzialismus heftig kritisiert, der Kalte Krieg spaltete die Szene in Gaullisten und Kommunisten, wobei Sartre und Beauvoir ein wenig dazwischen standen. Von manchen Kritikern wurde ihr intellektueller Beitrag in dieser Nachkriegsdiskussion minimiert, spöttisch nannte man sie »Notre Dame de Sartre«.

Im Zuge einer ihrer zahlreichen Reisen in den späten vierziger Jahren lernte Beauvoir 1947 in Amerika Nelson Algren kennen, mit dem sie eine Beziehung über fünf Jahre unterhielt, sich aber weigerte ihn zu heiraten. Gemeinsam bereisten sie ganz Amerika und Mexiko. In ihren Berichten zeigte sie sich entsetzt über das Amerika der McCarthy-Zeit und den militanten Antikommunismus.

In den sechziger Jahren stand sie auf der Seite der Jugendrevolte und unterstützte die Frauenbewegung. Ihre damals formulierte These »Man kommt nicht als Frau zur Welt, man wird es« wurde zu einem geflügelten Wort, ihr Buch »Das andere Geschlecht« (»Le deuxième sexe«) zu einem Handbuch der Frauenbewegung. Dieses Werk hatte sie kurz nach dem Krieg begonnen, als sie entdeckt hatte, dass die Welt, in der sie lebte, eine Männerwelt war. »Jetzt wusste ich, dass es nicht gleichgültig war, ob man Jude oder Arier ist. Aber ich war noch nie auf die Idee gekommen, dass es Frausein gibt. Plötzlich kam ich mit vielen Frauen zusammen, die die Vierzig überschritten hatten und die bei aller Verschiedenartigkeit ihrer Voraussetzungen und Verdienste doch die gleiche Erfahrung gemacht hatten: ein Leben als ›relatives‹ Wesen.« In einem Brief an ihren damaligen Geliebten Nelson Algren erzählte sie ihm von ihrem Wunsch, ein Buch über Frauen zu schreiben, so wie es Alva Myrdal über die Schwarzen Amerikas geschrieben hatte. In »Das andere Geschlecht« kritisierte sie auch Freud und seine These vom Penisneid. Sie forderte die Frauen auf, den Objektstatus abzulegen und zum Subjekt zu werden. Dieses Buch löste heftige Kritik aus, Kritiker beschuldigten sie, frigide und lieblos zu sein. Seitens der katholischen Kirche wurde Beauvoirs Buch auf den Index gesetzt, aber auch in der DDR konnte es erst 1989 erscheinen. Es waren vor allem die Thesen zu Mutterschaft und Reproduktionskontrolle und ihr Eintreten für die Legalisierung der Abtreibung, die sie zur Feindin patriarchaler Gesellschaften machte. Für die Amerikanerin Betty Friedan war Beauvoir ein Idol: »Wenn man einem einzigen Menschen das Verdienst zuschreiben kann, die gegenwärtige internationale Frauenbewegung inspiriert zu haben, dann ist das Simone de Beauvoir.« International pflegte sie mit Betty Friedan, Alice Schwarzer und Kate Millett einen regen Gedankenaustausch. Nach Sartres Tod befreundete sie sich mit Sylvie Le Bon, die sie adoptierte. Ab 1974 stand Beauvoir an der Spitze der Ligue du Droit des Femmes (Liga für Frauenrechte).

In den fünfziger und sechziger Jahren unternahm sie mit Sartre und teils allein große Reisen, über die sie Berichte veröffentlichte. Sie bereiste die Sowjetunion und als mehr und mehr zum Marxismus tendierende Autorin stellte sie damals zur Diskussion, ob man die Wahrheit über die sowjetischen Lager berichten sollte. Sie trat für die Unabhängigkeit Algeriens ein, was ihr den Vorwurf einbrachte, eine »Antifranzösin« zu sein. Dezidiert wendete sie sich gegen den Kolonialismus. Weitere Reiseziele sind China und Kuba, offenbar auf der Suche nach einem funktionierenden Sozialismus. Unter dem Eindruck der Niederschlagung des Prager Frühlings ging ihre Sympathie für den Kommunismus endgültig verloren, es blieb lediglich Enttäuschung. Ihr kritischer Verstand veranlasste sie, dem »Gott, der keiner war«, die Gefolgschaft aufzukündigen. In den späten sechziger Jahren begann sie ihr vierbändiges Memoirenwerk, nämlich »Tochter aus gutem Haus«, »In den besten Jahren«, »Der Lauf der Dinge« und »Alles in allem«.

Ihre späte Lebensphase war zunächst dominiert von der langen, schweren Krankheit Sartres, während der sie ihn liebevoll pflegte. Ein Jahr nach seinem Tod 1980 veröffentlichte sie das Buch »La Cérémonie des adieux« (Die Zeremonie des Abschieds), worin sie die Jahre der Pflege und des langsamen Abschieds von ihrem Lebenspartner verarbeitete. Im Jahr von Sartres Tod hatte sie ihre Schülerin Sylvie Le Bon adoptiert, deren Aufgabe die Verwaltung des Nachlasses der beiden werden sollte. Simone de Beauvoir wurde auf dem Friedhof Montparnasse neben Sartre beigesetzt.

Ihre große Bedeutung als Schriftstellerin und originäre Denkerin fand erst in den siebziger Jahren die ihr zustehende Würdigung, davor hatte doch Sartre als Theoretiker des Existenzialismus die Rezeption der Beauvoir überschattet. Österreich ehrte die Schriftstellerin 1978 mit dem Österreichischen Staatspreis für europäische Literatur. Ihre Würdigung als Autorin war fast immer kontrovers, sie wurde von Konservativen, aber auch linken Kreisen angegriffen, war sie doch immer eigenständig in ihren Wertungen und entzog sich jeglicher strenger Lagerzuordnung. Thematisch hat sie sich fast nur mit ihrem eigenen Leben beschäftigt, dies aber nutzend, um für sie generelle Fragen in einem eher an die Alltagssprache gemahnenden Ton abzuhandeln.

Mutter Teresa
(eigentlich Agnes Gonxha Bojaxhiu)

* 26. August 1910 Skopje (Mazedonien)
† 5. September 1997 Kalkutta

Missionskrankenschwester und Nobelpreis-
trägerin

Die aus einer wohlhabenden katholischen albanischen Familie stammende Agnes war zur Zeit ihrer Geburt noch Unterta-
nin des Osmanischen Reiches. Ihre Geburtsstadt Skopje eine
multiethnische und multireligiöse Stadt, die vor und im Ersten
Weltkrieg schwer umkämpft wurde. Sie besuchte eine katholische Mädchenschule in Shkodra, wo sie bereits mit 12 Jahren
den Entschluss fasste, ihr Leben dem Glauben zu weihen. Nach
dem Tod des Vaters und Kriegsende war die Familie verarmt,
zwei weiteren Geschwistern, einem älteren Bruder und einer älteren Schwester, konnte die Mutter mit Mühe eine Ausbildung
ermöglichen.

Mit 18 Jahren trat Agnes in den Orden der irischen Schwestern von Loreto (Sisters of the Blessed Virgin Mary) ein, die sich
in erster Linie um die Ausbildung von Mädchen, vorwiegend in
Bengalen, kümmern. Ihr Ordensname lautete: Maria Teresa
vom Kinde Jesu. Wenige Monate ihrer Ausbildung verbrachte
sie im Mutterhaus in Dublin. Ihr ewiges Ordensgelübde legte sie
1937 in Kalkutta ab, wo sie als Lehrerin an der St. Mary's School
tätig war. Sie unterrichtete Ethik, Geographie und Geschichte.
Schließlich wurde sie Leiterin dieser Missionsschule.

Während des Zweiten Weltkrieges war die Ordensschule
noch relativ geschützt, aber mit Fortschreiten des Krieges wurde die Verelendung der Massen der Armen in Indien immer
deutlicher. Nachdem die Japaner Burma, die »Kornkammer

Südostasiens« erobert hatten, machte das Elend auch nicht vor der Tür Mutter Teresas Halt. Nur mit Mühe konnten die Mädchen in der Schule verköstigt werden. Deshalb vermutet man, dass sie sich schon während des Krieges für eine Änderung ihrer Aufgabe entschieden hatte. In Kalkutta wurde sie mit dem Elend der untersten Kaste, der Unberührbaren, der Dalits, konfrontiert, sie sah die Menschen auf den Straßen leben und sterben, ohne etwas dagegen tun zu können.

1946 konfrontierte sie ihren Bischof und andere kirchliche Oberen mit ihrem Entschluss, nur mehr für die Armen und Elenden in Kalkutta tätig sein zu wollen. Kalkutta, mit 14 Millionen Menschen dicht besiedelt, ist eine der ärmsten Städte dieser Erde. Arme, Kranke und Sterbende bevölkern die Straßen, niemand achtete ihrer. 1948 erhielt sie nach vielen Interventionen und Briefen endlich die Erlaubnis, den Orden verlassen zu dürfen und als Streetworker tätig zu werden. Sie legte das traditionelle Ordenskleid ab und wählte einen weißen Sari, wie alle Armen des Landes. Durch Betteln fristete sie ihr eigenes Dasein und verteilte Nahrung und Wasser an die Ärmsten. Rasch wurde ihr klar, dass sie eine Grundausbildung in der Krankenpflege machen musste, um den Menschen in den Slums helfen zu können. Diese Ausbildung machte sie am Holy Family Hospital in Patna, einem Spital der Gemeinschaft der Missionsärztlichen Schwestern, eine Gründung der Tiroler Ärztin Anna Dengel. Mit einfachsten Mitteln wollte Teresa die ärgste Not lindern, lebte mit den Menschen in den Slums und erleichterte den Sterbenden den letzten Weg durch Zuwendung und Trost, ohne Unterschied, welcher Religion diese angehörten. Sie meinte dazu: »Wir leben, damit sie sterben können, damit sie heimgehen können, wie es für sie geschrieben steht, seien es nun Hindus, Moslems, Buddhisten, Christen oder welchen Glaubens auch immer.«

Schnell erkannte sie, dass sie allein nur in geringem Ausmaß das Elend, dem sie begegnete, lindern könnte. Sie gründete daher 1950 mit 12 ehemaligen Schülerinnen den katholischen Orden der »Missionaries of Charity« (Missionarinnen der Nächstenliebe), dessen Mitglieder sich, den evangelischen Räten folgend, zu absoluter Armut verpflichteten. 1965 erteilte Papst Paul VI. dem Orden das Decretum laudis, ein offizielles Belobigungsdekret, das dem Orden die weitere wohlwollende Zustimmung durch den Papst sichert.

Schon 1952 gelang es Mutter Teresa, mit erbettelten Spendengeldern ein Sterbehospiz zu eröffnen, damit die Obdachlosen von Kalkutta wenigstens in ihrer letzten Stunde ein Dach über dem Kopf hätten. Drei Jahre später eröffnete sie ein Waisenhaus für ausgesetzte Kinder; es waren in erster Linie Mädchen, die von ihren Eltern auf die Straße geschickt wurden, weil sie nicht für eine Mitgift aufkommen wollten. Mädchen wurden und werden noch immer von einem Teil der Bevölkerung als wertlose Familienmitglieder betrachtet. Später wurden auf der ganzen Welt Adoptiveltern für die Kinder gefunden.

In der Gesellschaft ebenso verachtet und an den Rand gedrängt werden an der Lepra erkrankte Menschen. In Indien leiden noch immer Millionen an diese Krankheit, für die es damals keine effektive Heilung, nur Linderung gab. Für sie richtete Mutter Teresa eigene Arbeitsstationen ein, wo sich diese schwer kranken Menschen ihren Lebensunterhalt verdienen können. Allgemein war ja unter den Gesunden nur wenig bekannt, dass behandelte Lepra nicht ansteckend ist. In den späteren Jahren kamen in anderen Städten Indiens weitere Leprastationen hinzu. Ja, Mutter Teresa gründete sogar eine Niederlassung in Caracas in Venezuela.

In unseren Tagen ist der von Mutter Teresa gegründete Orden weltweit aktiv, vorwiegend in Krisengebieten, seit 1985 auch in Wien. Seit 1973 gibt es auch einen Männerorden mit ähnlichen Zielen. Inzwischen gehören etwa 3500 Männer und Frauen diesem Orden an. Sie sind in 133 Ländern tätig und betreuen weltweit mehr als 700 Hilfsinstitutionen.

Kritiker warfen Mutter Teresa vor, sich nicht nachdrücklich um die Heilung der Kranken zu bemühen, sondern diesen nur Trost zu spenden. Sie meinte dazu: »Wir sind kein Krankenhaus, sondern ein spiritueller Orden.« Sie wollte den an den Rand der Gesellschaft gedrängten Menschen Liebe, Achtung und Respekt geben. Sie und ihre Mistreiterinnen dienten und dienen jenen, die krank, ausgestoßen und sterbend ohne ein Dach über dem Kopf in den Straßen Kalkuttas und in anderen Elendsvierteln der Welt vegetieren. Ihr Verständnis von Religion und Umgang mit Mitmenschen fasste sie kurz und eindringlich auf ihren »Business cards«, die sie an Besucher zu verteilen pflegte, zusammen: »The fruit of silence is prayer. The fruit of prayer is faith. The fruit of faith is love. The fruit of love is service. The fruit of service is peace.« Sie dachte, dass Gott die Leidenden mehr liebe. Damit stand sie im Gegensatz zu Anna Dengel, einer Ärztin und ebenfalls Ordensgründerin aus Tirol, die auch in Indien tätig war. 1980 sind beide Frauen in Rom zusammengetroffen, beide beharrten auf ihrem Standpunkt. Beide haben getrennt Unglaubliches für den indischen Subkontinent geleistet.

Sie wurde auch mit Vorhaltungen, dass sie einen autoritären Führungsstil in der Leitung des von ihr gegründeten Ordens pflege, konfrontiert. Allerdings muss man bedenken, dass alle derartigen Gemeinschaften auf dem Gehorsamsprinzip aufbauen und dies von ihren Angehörigen bei ihrem Eintrittsgelöbnis in den Orden fordern. So verwundert auch nicht, dass sie sich strikt gegen Pille und Abtreibung aussprach, wusste sie sich dabei doch eines Sinnes mit dem Papst, dem sie als obersten Ordensleiter zu gehorchen hatte.

1990 musste Mutter Teresa aus gesundheitlichen Gründen ihren Arbeitseinsatz reduzieren, die zierliche Frau war bis an die Grenzen ihrer Leistungsfähigkeit gegangen. Ein Jahr zuvor hatte sie noch ihre alte Heimat nach dem Sturz des Kommunismus besucht und führende Politiker getroffen. Viele Mächtige der Welt suchten sie an ihrer Wirkungsstätte auf. Eine ihrer großen Bewunderinnen war die Gattin des englischen Thronfolgers Prinzessin Diana. 1997 starb sie im Kreis der von ihr versorgten Ärmsten in Kalkutta.

Mutter Teresas Wirken, das erst ab ihrem 60. Lebensjahr in aller Munde war, wurde weltweit vielfach geehrt, 1986 besuchte der inzwischen heiliggesprochene Papst Johannes Paul II. Mutter Teresas Hospiz in Kalkutta. Sie selbst wurde schon zu Lebzeiten als Heilige verehrt. 1979 wurde sie mit dem Friedensnobelpreis ausgezeichnet. In der Würdigung ihrer Verdienste hieß es, dass sie den Frieden auf fundamentale Weise fördere. Sie wurde zur weltweiten Symbolfigur, zum »Engel der Armen« und der »Heiligen von Kalkutta«.

Schon zwei Jahre nach ihrem Tod wurde ein Seligsprechungsprozess eingeleitet, der, nach dem kürzesten Verfahren der Neuzeit, mit ihrer Erhebung zur Ehre der Altäre am 19. Oktober 2003 endete. In Albanien ist der Tag ihrer Seligsprechung Nationalfeiertag.

Zweifellos war sie ein Mensch mit Ecken und Kanten, zur ihren Lebzeiten strahlte sie Glaubenssicherheit und gefestigte Christlichkeit aus. Die erst nach ihrem Tod veröffentlichten Tagebücher zeugen allerdings davon, dass sie von schweren Zweifeln heimgesucht wurde. Trotzdem setzte sie ihre Arbeit unbeirrt fort und wurde so zu einem Vorbild für viele junge Menschen. Diese traten nicht nur in den Orden ein, sondern viele von ihnen arbeiten als Freiwillige wenige Tage, Woche oder Monate in den Institutionen des Ordens. Die meisten von ihnen schätzen die Erfahrungen dieser Arbeit der Nächstenliebe und fühlen sich bereichert. Die Freiwilligen kommen aus allen Ländern dieser Erde und sind nicht nur Angehörige der katholischen Kirche.

ETTA BECKER-DONNER

* 5. Dezember 1911 Wien
† 24. September 1975 Wien

Erste Direktorin des Wiener Völkerkundemuseums

Violetta Donner, Tochter eines höheren Beamten der Österreichischen Bundesbahnen, besuchte bis zu ihrem 13. Lebensjahr das Realgymnasium in Hietzing. Nach der Trennung der Eltern zog sie mit der Mutter nach Goisern, wo sie aber nur zwei Jahre blieb. Sie kehrte wieder nach Wien zurück und begann bereits mit 17 Jahren als außerordentliche Hörerin Ethnologie und afrikanische Linguistik zu studieren, hörte aber auch Vorlesungen in zahlreichen anderen Fächern. In den wirtschaftlich schlechten dreißiger Jahren finanzierte sie sich ihr Studium, indem sie durch kleinere journalistische Arbeiten in Tageszeitungen zu Themen der Ethnologie dazuverdiente.

Bereits 1934, nach neun Semestern Studium, entschloss sie sich zu einer Feldforschung nach Westafrika in den Nordosten Liberias, eines damals bereits unabhängigen Staates, zu gehen, wobei sie von Seiten ihres Vaters unterstützt wurde. Sie selbst meinte dazu:»Mein Vater hatte unerwartet viel Verständnis für meinen Wunsch ebenso wie Zutrauen zu dem dicken Schädel und der Ausdauer seiner Tochter.« Trotzdem stellte in den späten zwanziger Jahren eine Frau als Feldforscherin noch eine Sensation dar.

Liberia wählte sie, weil sie dort noch einem ursprünglichen Afrika zu begegnen meinte, das frei von Kolonialisierungsmerkmalen wäre. Ihr Hauptinteresse galt linguistischen Fragen, d. h. der Erforschung der Sprache des Volkes der Mano. Darüber hinaus beschäftigte sie sich mit Medizingesellschaften, die geheimes Heilungswissen bewahrten. In diesem Zusammenhang wurde sie in den sogenannten Schlangenbund aufgenommen. Generell fand sie zu Frauen leichter Zugang und konnte daher auch über die Initiationsriten von Mädchen berichten. Wie die meisten Vertreter ihrer Generation empfand sie noch eine gewisse kulturelle Überlegenheit, versuchte aber gleichzeitig als Wissenschaftlerin anteilnehmend verschiedene Vorgänge zu verstehen.»Ich registrierte nicht mehr ihre ›Sitten und Gebräuche‹ als sonderbar und merkwürdig, sondern ich erkannte die Beweggründe der Menschen, ich erfühlte wie sie zu vielen ihrer Anschauungen gekommen waren.« Ein weiteres Thema ihrer Forschungen waren Masken, die vor allem im sozialen Gefüge der Männer eine große Rolle spielten. Sie stand dadurch einer Hierarchie gegenüber, in die sie kaum Einblicke gewann.

Als sie nach eineinhalb Jahren mit erstaunlichen Ergebnissen und einer großen Sammlung von Artefakten – vorwiegend Masken und Schnitz- sowie Gelbgussfiguren – nach Wien zurückkehrte, gab es zahlreiche Presseberichte. Etta Donner erlangte Popularität. Die Presse feierte sie als »mutige Frau allein im Dschungel«. Schließlich wurde ihre Sammlung aus Liberia vom Berliner Völkerkundemuseum aufgekauft. Die Materialien ihrer zweiten Liberiareise von November 1936 bis Sommer 1937 blieben im Wiener Völkerkundemuseum. Deren Ankauf wurde durch den Wiener Geschäftsmann Wolff-Knize gesponsert. Die wissenschaftlichen Ergebnisse ihrer Forschungsaufenthalte publizierte sie in einer Reihe von Aufsätzen, sie hielt zusätzlich populärwissenschaftliche Lichtbild- und Radiovorträge, in denen sie sich auf allgemein zugängliche Themen wie polygames Eheleben, das schwierige Umfeld der Frauen, die die gesamte Familien- und Versorgungsarbeit zu leisten hatten, einging.

Als erste akademisch ausgebildete Ethnologin wurde sie am Museum angestellt. Zuvor waren nur Männer an diesem Institut angestellt worden. 1940 schließlich beendete sie Ihre Dissertation »Die Sprache der Mano«. Ihren Abschluss erreichte sie nur mit einer Sondergenehmigung, da sie nie eine Matura abgelegt hatte.

Während des Krieges, im Jahr 1941, heiratete sie den um 16 Jahre älteren Fachkollegen, Juristen und Vermessungsingenieur

Hans Becker. Becker kannte sie schon von früher, als er ihr geholfen hatte, bürokratische Hürden bei ihrer Anstellung zu beseitigen. Becker, ein Gegner der Nationalsozialisten und seinerzeit engagierter Mitarbeiter bei der Vaterländischen Front, war bereits 1938 verhaftet und mit dem so genannten »Prominententransport« in das KZ Dachau und später nach Mauthausen gebracht worden. Gesundheitlich beeinträchtigt kehrte er 1941 nach Wien zurück. Becker, überdies noch ein begabter Maler und als solcher Mitglied der renommierten Künstlervereinigung »Hagenbund«, hinterließ einige sehr beeindruckende Zeichnungen aus seiner Lagerzeit. Seine Frau teilte seine politischen Ansichten und half bei seiner konspirativen Tätigkeit. Becker baute nach einer Entlassung aus dem KZ ein technisches Büro auf und arbeitete weiter in der österreichischen Widerstandsbewegung. Sein vorrangiges Interesse galt dem Aufbau von Verbindungen zwischen den verschiedenen Widerstandsgruppen, was schließlich in der Bewegung O5 gipfelte, die Widerstandskämpfer verschiedener politischer Gesinnungen umfasste.

1942 wurde die ältere Tochter Angelika, zwei Jahre später Franka, eine ebenfalls hoch begabte Künstlerin, geboren. Im Februar 1945 wurde Hans Becker erneut verhaftet und in das KZ Mauthausen gebracht.

Nach Kriegsende und Rückkehr nach Wien konnte Hans Becker politisch in der neu gegründeten ÖVP nicht Fuß fassen, wurde aber 1947 in den österreichischen Außendienst übernommen. Sowohl Sprachkenntnisse als auch persönliche Erfahrungen in Lateinamerika – Hans Becker war 1924 bis 1928 im paraguayanischen Chaco als Ingenieur tätig gewesen – prädestinierten ihn für einen diplomatischen Posten zuerst in Argentinien und dann in Chile. Etta Becker-Donner begleitete ihren Mann mit den beiden Mädchen. Am 16. Dezember 1948 wurde Hans Becker von einem jugoslawischen Staatsbürger ermordet, angeblich aus Eifersucht. Die wahren Hintergründe der Tat blieben unbekannt. Etta Becker-Donner blieb noch bis 1949 mit den beiden Mädchen in Chile. Vermutlich wollte sie abwarten, wie sich die Lage im vierfach besetzten Österreich entwickeln würde. Zunächst versuchte sie eine Museumsanstellung in Chile zu erhalten, kehrte dann aber nach Wien zurück und übernahm wieder ihren Posten am Völkerkundemuseum. Ihr Interessenschwerpunkt hatte sich inzwischen durch den Chileaufenthalt auf Lateinamerika verlagert. 1947 kam es durch ihre Initiative zur Gründung der Zeitschrift »Archiv für Völkerkunde«, ein Publikationsorgan, das noch immer besteht. Am 31. März 1955 wurde sie mit der Leitung des Wiener Ethnographischen Museums betraut, im Januar 1956 erhielt sie den Titel Direktorin, damals eine Sensation. Wieder überschlugen sich die Medien in Begeisterung, tatsächlich blieb sie auch für Jahrzehnte die einzige weibliche Direktorin in der österreichischen Museumslandschaft.

Als Direktorin setzte sie neue Akzente, sie förderte junge Mitarbeiter, richtete ein chemisches Labor, eine Restaurierwerkstätte und ein Fotolabor ein. Bibliothek und Archiv wurden erweitert, das Haus in eine moderne Forschungsinstitution umgewandelt. Die Zeitschrift »Wiener völkerkundliche Mitteilungen« wurde am Museum beheimatet. Mit zahlreichen Sonderausstellungen stellte sie ethnologische Forschungen einem breiteren Publikum vor. Im Bereich des Museums initiierte sie Vortragsreihen und organisierte Veranstaltungen, bei denen sie Musikgruppen vorwiegend aus Lateinamerika, vorstellte. Einer der Vortragszyklen mit dem Titel »Völkerkunde und Menschenwürde« richtete sich an Lehrer. Gemeinsam mit dem Historiker Gustav Otruba edierte sie den so genannten »Zwettler Codex«, ein Manuskript des Jesuitenpaters Florian Paucke über die Jesuitenmission in Paraguay in den Jahren 1748–1769. Generell brachte sie für den Bereich Öffentlichkeitsarbeit ein großes Talent mit, das Museum war oft in den Medien vertreten und durch Ausstellungen publikumswirksam präsent.

In ihrer Funktion als Direktorin unternahm sie auch zahlreiche Forschungsreisen, 1954 und 1956 nach Brasilien zu bisher kaum erforschten Indiostämmen, 1956 nach China und 1959 nach Russland und Turkestan. Weitere Reisen nach Mexiko, Zentralamerika und Peru folgten. Nach Nordamerika begab sie sich, um die lückenhafte Sammlung indianischer Exponate durch Ankäufe zu erweitern.

In Brasilien erforschte sie im Rondonia-Gebiet das Volk der Pacaas Novos, die sich selbst Wari nannten. Diese indigenen Stämme waren bedroht, einerseits, weil die Gummibarone deren Lebensraum immer mehr einschränkten. Andererseits, weil sie Epidemien wie Masern oder Grippe kaum standhalten konnten. Gerade bei den Waris bezog Becker-Donner eindeutig Stellung für diese kleine bedrohte Ethnie und verteidigte deren ziemlich hilflose Abwehrversuche. Allerdings war sie selbst wiederum auf die Gummibarone angewiesen, weil sie ohne deren Hilfe die Gebiete im Dschungel kaum erreicht hätte.

Immer wieder kehrte Becker-Donner mit einer reichen Ausbeute an Objekten zurück. Mehr als 2000 Exponate verdankt das Haus ihren Forschungen, aber auch interessante linguistische Studien und ethnographische Dokumentarfilme. Ein wichtiger Teil der mitgebrachten Stücke ist dem Bereich der Volkskultur in Guatemala zuzuordnen. Becker-Donner hatte ein Faible für Textilarbeiten der Maya, vor allem der Quiché.

Im Zuge ihrer Reisen hatte sie auch offene Augen für alle sozialen Probleme, so wundert es nicht, dass sie sich an Entwicklungshilfeprojekten, vor allem für den Ausbau des Schulwesens in Guatemala oder einer landwirtschaftlichen Schule in Brasilien, beteiligte bzw. diese anregte. Die 1959 in Guatemala gegründete österreichische Schule besteht noch immer. Konsequenterweise gehörte sie daher auch zu den Gründungsmitgliedern des 1965 ins Leben gerufenen Wiener Lateinamerikainstitutes, zu dessen erster Präsidentin sie bestellt wurde.

Zeit ihres Lebens musste sie um ihre Anerkennung als Wissenschaftlerin kämpfen und sich von Abenteuerreisenden abgrenzen. Die Anzahl ihrer Veröffentlichungen ist überschaubar, was durch ihre Belastung als Leiterin des Museums nicht weiter verwunderlich ist. Doch sie hatte geplant, in der Zeit nach ihrer Pensionierung ihre mitgebrachten Materialien aufzuarbeiten, was ihr durch ihren frühen Tod verwehrt wurde.

Sirimavo Bandaranaike

* 17. April 1916 Ratnapura
† 10. Oktober 2000 Colombo

Erste Premierministerin der Welt

Die aus einer sehr reichen Grundbesitzerfamilie stammende Sirimavo Ratwatte, deren Mutter in offenbar matrilinearer Tradition Erbin eines Vermögens war, besuchte, obwohl die Familie dem buddhistischen Glauben anhing, eine katholische Privatschule. Den Konventionen entsprechend, wurde sie mit 24 Jahren mit dem jungen, sehr ambitionierten Politiker Solomon Bandaranaike, an der Oxford University in Ceylon ausgebildeten Mann, der bereits in den dreißiger Jahren in den State Council gewählt worden war, vermählt. 1956 hatte er in Ceylon das seit 1948 unabhängig war, die People's United Front, eine nationalistisch-sozialistische Partei gegründet.

Über 19 Jahre begleitete sie die politische Karriere ihres Mannes, führte dank ihres Vermögens ein großes Haus, gebar drei Kinder und betätigte sich, wie in ihren Kreisen üblich, karitativ.

Am 14. September 1959 änderte sich ihr in konventionellen Bahnen verlaufendes Leben dramatisch: Vor ihren Augen wurde ihr Mann, inzwischen zum Ministerpräsidenten aufgestiegen, von einem buddhistischen Fanatiker erschossen, obwohl Bandaranaike dem Buddhismus zu einer dominierenden Position verholfen hatte.

Unverzüglich stürzte sie sich, obwohl als »weinende Witwe« verlacht, in den Wahlkampf und erzielte für die Partei ihres Mannes, SLFP, einen Achtungserfolg, wurde aber nur zweite. Da sich die Kabinette von Wijayananda Dahanayake und Dudley Senanayake nicht halten konnten, kam es im Frühsommer 1960 zu einer Neuwahl, die Bandaranaike gewann. Am 21. Juli 1960 erfolgte ihre Angelobung zur Ministerpräsidentin. Sie war damit weltweit die erste Frau, die demokratisch gewählt ein Land regierte. Gleichzeitig übernahm sie den Parteivorsitz, ein Amt, das sie bis zum Jahre 2000 bekleidete.

Sie führte die sozialistische Politik ihres Mannes fort und verstaatlichte Banken und Versicherungen. Damit befand sie sich im Mainstream der jungen asiatischen Staaten, ihre neutralistische blockfreie Politik umfasste auch gute Kontakte zu den Ländern des sowjetischen Einflussbereiches. Sie schaffte Englisch als Amtssprache ab und ersetzte es durch Sinhala, der Sprache der singhalesischen Mehrheit, was zu Konflikten mit der Minderheit der Tamilen führte. Diese meinten sich von der Teilnahme am politischen Leben ausgeschlossen, fürchteten um Jobs in der staatlichen Verwaltung und forderten in den folgenden Jahren, nachdem sich die verschiedenen tamilischen Parteien zur Tamil United Liberation Front zusammengeschlossen hatten, einen eigenen tamilischen Staat im Norden und Osten der Insel. Große Probleme erwuchsen Bandaranaike durch die Verstaatlichung ausländischer Firmen. Vor allem die USA und Großbritannien sahen ihre Interessen verletzt und verhängten ein Embargo. Auf Grund der anhaltenden Spannungen verlor sie 1964 eine Abstimmung und die darauf folgenden Wahlen. Sie musste das Amt an die konservative Partei abgeben.

In den Wahlkampf zur nächsten Legislaturperiode zog sie 1970 mit dem Slogan, dass sie für größere Reisportionen sorgen würde, und gewann erneut die Wahlen. Zwei Jahre später wurde im Zuge einer neuen Verfassung ihr Heimatland Ceylon in Republik Sri Lanka umbenannt. Ein Aufstand linksgerichteter Gruppen konnte mit Hilfe indischer und pakistanischer Truppen niederschlagen werden, die eigene Armee wäre dazu nicht in der Lage gewesen. Die Ölkrise des Jahres 1973 macht dem Land schwer zu schaffen, die Folgen des ausländischen Embargos brachten das Land an den Rand einer Katastrophe. 1975 startete sie eine gewaltige Landreform, wobei sie vor allem die Großplantagen enteignete. Gleichzeitig war ihre internationale Reputation beachtlich, wurde sie doch 1976 zur Vorsitzenden der Gruppe der blockfreien Staaten gewählt.

Zum Problem für Bandaranaike wurde ihre Clanpolitik. Denn etwa 200 Mitglieder ihrer Familie hatte sie mit gut dotierten Ämtern ausgestattet. Außerdem hatte die Inflationsrate im Land die schier unglaubliche Höhe von 300% erreicht. Wieder musste sie nach dem Wahlgang 1977 ihr Amt an die Konservativen abgeben, ihre Partei hatte nur acht von 168 Parlamentssitzen gewonnen. Diese stellten Bandaranaike 1980 wegen Amtsmissbrauchs und Korruption vor Gericht, sie verlor für sieben Jahre ihre politischen Rechte.

Die kommenden eineinhalb Jahrzehnte verbrachte sie in der Opposition, konnte keinen Wahlgang gewinnen, aber sich erfolgreich an der Spitze ihrer Partei halten. 1994 wurde sie von ihrer Tochter Chandrika Kumaratunga in den Schatten gestellt, als diese die Wahl zur Staatspräsidentin gewann. Gleichzeitig wurde Bandaranaike erneut Ministerpräsidentin – damals immerhin bereits 82 Jahre alt – und konnte sich bis 2000, bis zu ihrem Tod, im Amt halten. Erst zwei Jahre nach ihrem Tod schloss ihre Tochter Chandrika einen Waffenstillstand mit den nach Autonomie strebenden Tamilen.

GERDA LERNER

* 30. April 1920 Wien
† 2. Januar 2013 Madison (USA)

Begründerin der akademischen Erforschung
der Frauengeschichte

Die Anfänge von Gerda Lerners bemerkenswerter Karriere
lagen in Wien. Am 30. April 1920 als Tochter von Robert und Ilo-
na Kronstein geboren, aus einer gutbürgerlichen, assimilierten
jüdischen Familie stammend, besuchte sie das Gymnasium, das
sie mit der Matura abschloss. Ihr Vater, während des Ersten
Weltkrieges k.k. Offizier, besaß seit 1919 die Rathausapotheke.
Er glaubte an Recht und Gesetz und das damalige österreichische Demokratiemodell. Gerda Lerners Ausbildung entsprach
dem klassischen österreichischen Bildungskanon, der auf einer
multi-ethnischen Gesellschaft, vor allem im urbanen Wien, fußte. Die herrschende Dominanz der deutschsprachigen und katholischen Kultur wurde in ihrem Elternhaus aktiv gelebt. Autoren wie Johann Nestroy, Franz Kafka, Arthur Schnitzler und
Karl Kraus las die junge Gymnasiastin selbstverständlich. Besu-
che im Kunsthistorischen Museum waren Routine.

Noch im April 1938 wurde die schon als Jugendliche sehr politisch Interessierte – sie selbst schreibt, dass sie »in der studen-
tischen Untergrundbewegung« aktiv gewesen sei – mit ihrer
Mutter verhaftet, doch nach wenigen Wochen wieder entlassen.
Im September 1938 gelang ihr mit ihrer Mutter die Flucht in die
USA, wo sie zunächst als Dienstmädchen, dann als Verkäuferin,
als Kellnerin und als Kindermädchen ein Auskommen suchte.
Ihr Vater konnte in die Schweiz und nach Liechtenstein fliehen,
wo er sich eine neue Existenz aufbaute und nach dem Krieg
starb. Mehrere Mitglieder ihrer Familie kamen in den Konzen-
trationslagern des Dritten Reiches um. Lerner fertigte in den

USA Übersetzungen an und versuchte sich schließlich als Schriftstellerin, ein Beruf, in dem sie sich erfolgreich etablierte. 1940 heiratete sie Carl Lerner, einen bekannten Filmproduzenten, mit dem sie eine Tochter Stephanie und einen Sohn Daniel, später ebenfalls beim Film als Kameramann tätig, hatte. 1943 erhielt sie die amerikanische Staatsbürgerschaft.

1955, im Alter von 35 Jahren, verfasste Gerda Lerner gemeinsam mit Eve Merriam das Musical »Singing of Women«, das – Off-Broadway aufgeführt – sehr wohlwollende Kritiken erhielt, doch kein Publikumserfolg wurde. Denn das Thema war nicht populär, ein kommerzieller Erfolg mit Frauengeschichte nicht zu erzielen. Mehr als ein Jahr Vorarbeit zu diesem Thema wollte Gerda Lerner aber nicht umsonst geleistet haben und so begann sie sich mit der Geschichte der Schwestern Sarah und Angelina Grimké, zwei höheren Töchtern aus den Südstaaten, die sich dem Kampf gegen die Sklaverei verschrieben hatten, auseinanderzusetzen. Die Schwestern Grimké, Töchter eines Richters aus South Carolina, fanden in Philadelphia zur Quäkerbewegung und wurden in der Folge in der Antisklavereibewegung und im Kampf um Frauenrechte aktiv.

Das Leben dieser beiden Pionierinnen – sowohl der Antisklavereibewegung als auch der Frauenbewegung – interessierte Gerda Lerner, sie begann eine intensive Forschungsarbeit. Doch bald stieß sie an die Grenzen ihrer Ausbildung. Sie hatte zwar eine europäische Matura, aber das historische Handwerkszeug fehlte ihr. Sie entdeckte, dass eine Mittelschulausbildung in Wien noch nicht bedeutete, sich in amerikanischer Geschichte auszukennen. Sie hatte zwar viel über Amerika gelesen, doch zufallsbestimmt, wahllos und eben als Autodidaktin. Sie beschloss daher an der New School of Social Research Kurse zu besuchen, um ihr Defizit zu beseitigen. In vier Jahren absolvierte sie ihren Bachelor of Arts in einem Teilzeitstudium in den Fächern Geschichte und Literatur, wobei sie bei allen Arbeiten und Projekten, die sie während des Studiums zu schreiben oder zu erforschen hatte, immer wieder Frauenthemen wählte. Außerdem wollte sie ja ihren Roman über die Schwestern Grimké, von dem es immerhin schon acht Kapitel gab, versehen mit

wissenschaftlichem Rüstzeug, fertig stellen. Doch ihre Unzu-
friedenheit, was das historische Werkzeug zur Interpretation
der Quellen und die fehlende definitorische Basis betraf, veranlassten sie, ihren Roman beiseite zu legen und zuerst ein Dokto-
ratsstudium in Geschichte abzuschließen, das sie 1966 an der
Columbia Universität abschloss. Von 1965 bis 1968 lehrte sie an
der Long Island University und danach bis 1980 am Sarah Law-
rence College in Bronxville (New York), wo sie zwischen 1972
und 1976 und 1978/79 das Post-Graduate-Programm für Frauenforschung leitete. Ab 1981 bis zu ihrer Emeritierung hatte sie den
Robinson-Edwards-Lehrstuhl für Geschichte an der Universität
von Wisconsin inne. 1981 wurde sie als erste Frau Präsidentin
der Organization of American Historians.

Gerda Lerner betrieb Frauenforschung nicht auf empiri-
schem Weg, sondern formulierte zunächst die theoretische Basis für die systematische Forschung. 1979 erschien dazu ihr
grundlegendes Werk, der Sammelband »The Majority Finds its
Past«, deutsch erschienen unter dem Titel »Frauen finden ihre
Vergangenheit: Grundlagen der Frauengeschichte«. Noch in
den siebziger Jahren war darüber gestritten worden, ob Frauengeschichte überhaupt eine wissenschaftliche Legitimation
habe. Es gäbe ja zu wenig Quellen und, quasi als Totschlagar-
gument: Das Interesse der Studierenden an Frauengeschichte
sei mangelhaft. Inzwischen ist Frauengeschichte als Fach etabliert, langfristige Forschungsprojekte werden nicht mehr lächerlich gemacht, ja man kann sogar seinen Master of Arts in
Frauengeschichte ablegen. Das Vorhandensein von ausreichen-
den Primärquellen ist hinlänglich bewiesen, man kann sogar
riskieren zu behaupten, dass zumindest auf akademischem
Boden die patriarchalen Positionen ausgedient haben. Deutlich
werden solche Veränderungen am anderen Umgang mit Themen wie Gewalt in der Familie, sexuelle Nötigung oder am
Umgang mit gleichgeschlechtlichen Partnerschaften. Frauen
sind also unterwegs vom Rand der Gesellschaft, von den devianten Zonen zu den Zentren der Macht. Dazu hat Frauenforschung, wie Gerda Lerner sie betreibt, einen ganz wesentlichen
Beitrag geleistet.

Lerners Ansatz geht davon aus, dass Frauen in der geschriebenen Geschichte bisher zu wenig vorkommen, sie aber tatsächlich immer da waren und auch immer einen Anteil an der Geschichte hatten. Es galt nur, das androzentrische System, in dem Männer die Paradigmen der Forschung bestimmen, zu stürzen und an seine Stelle neue Grundbegriffe, eine andere Periodisierung zu setzen. Frauen müssen eine eigene Definition der Geschichtsdarstellung finden, bisher waren sie fremddefiniert. Ausgehend von den Kategorien sozialer Ungleichheit und den Beziehungen dieser Kategorien untereinander untersuchte sie die Felder Klasse, Hautfarbe und Geschlecht. Geprägt durch persönliche Erfahrung als »jüdische Frau« empfand sie sich zunächst in ihrem gesellschaftlichen Umfeld als Devianztyp, d. h. sie wich von der Norm ab. Sie fühlte sich doppelt diskriminiert, obwohl sie doch zur einen Hälfte der Bevölkerung gehört. Über die sie so nachdrücklich prägende Erfahrung des Jahres 1938 in Wien schreibt sie: »Von einem Tag zum anderen war ich als Mensch ausgelöscht.« Ihr wachsendes feministisches Bewusstsein legte sie als Maßstab auch an ihre Forschung und entdeckte dieses Bewusstsein als Basis der Geschichte des weiblichen Widerstandes.

In einem Artikel aus dem Jahr 1999, der für eine Tagung in Köln verfasst wurde, setzt sie sich noch einmal mit der Doppeldiskriminierung auseinander. Frauen und Juden waren immer unterdrückt, obwohl Frauen eine Hälfte der Menschen sind, während Juden immer eine Minderheit waren. Die Frauen sind in der Gesellschaft assimiliert, die Juden sind marginalisiert, ja abgeschottet. Der wichtigste Unterschied der beiden Gruppen bestand und besteht in der Einstellung zur Geschichte: Die Juden hatten immer ein intensives Geschichtsbewusstsein, die Frauen gar keines. Das resultiert daraus, dass bei den Juden Religion und Geschichte eng mit einander zusammenhängen. Denn das Wissen um die Geschichte der Unterdrückung des Judentums gehört zum kollektiven Bewusstsein.

Lerner unterscheidet in ihren Arbeiten sehr deutlich zwischen Frauenrechten und Frauenemanzipation. Frauenrechte bedeuten völlige Gleichberechtigung und Aufhebung der Benachteiligungen auf allen Ebenen. Frauenemanzipation geht aber weiter, sie will einen Ausgleich für den biologischen Unterschied, sie ist autonom und selbstbestimmend. So sollte z. B. Kindererziehung als eine gesellschaftliche und nicht als eine weibliche Verpflichtung wahrgenommen werden. Dazu meint Lerner, dass der Kampf um Frauenrechte schon vielerorts gewonnen wurde. Der Kampf um die Frauenemanzipation wurde noch nirgends gewonnen, trotz unterschiedlicher Fortschritte.

Ein wesentliches Werkzeug zur Diskriminierung bzw. Unterdrückung der Frauen war immer die Verweigerung der Erziehung, das Erlangen einer besseren oder höheren Bildung als unbedingt zum Überleben notwendig. Man verweigerte in den verschiedenen Gesellschaften den Frauen wichtiges Wissen, wie etwa noch im 19. Jahrhundert den Zugang zu den Universitäten. Wie andere Unterdrückte mangelte es ihnen an Vorbildern, an denen sie sich orientieren konnten. Es bestand lediglich das Bewusstsein, »anders« zu sein.

Frauenfiguren in der Geschichte, die aus der Masse herausragten, wie etwa Jeanne d'Arc nahmen ein schreckliches Ende. Sie dienten eher als Warnung denn als Vorbild. Durch eine derartige Darstellung der Geschichte wurden Frauen geschichtslos gemacht, die patriarchale Gesellschaft drängte Frauen an den Rand der Gesellschaft. Erst kollektive Bewegungen, Lerner erwähnt die Antisklavereikampagne oder Gewerkschaftsbewegungen, haben für die Frauen Möglichkeiten geschaffen, Eigenbewusstsein zu entwickeln.

Da seit über 2000 Jahren Geschichte von Männern geschrieben wurde, beschrieben sie immer nur ihre eigene und verbreiteten Halbwissen als Allgemeinwissen. Indem man Frauen die Denk- und Definitionsfähigkeit bestritt, nahmen Männer, Institutionen wie Staat und Kirche vor allem die weibliche Sexualität in Besitz. Sie brachten die Fortpflanzungsfunktionen unter ihre Kontrolle, um an der Macht zu bleiben. Daher haben Frauen bis zum 20. Jahrhundert, bis zur Verschriftlichung einer weiblichen Geschichte in der *Prähistorie* gelebt.

Zur Unterstützung ihres Ansatzes formulierte Lerner 13 Prinzipien zur feministischen Frauentheorie der Geschichte:

- Frauen sind die Hälfte der Menschheit. Frauen sind keine Devianz der Natur.
- Biologisch sind Männer und Frauen unterschiedlich.
- Frauen und Männer haben Gesellschaften geformt. Die Männerleistungen sind dokumentiert, die Frauenleistungen nicht.
- Frauen wurden aus der Geschichte ausgeschlossen.
- Männer- und Frauengeschichte sind unterschiedlich.
- Weibliche Sexualität wurde wegen der reproduktiven Fähigkeiten der Frauen zur Ware.
- Frauen wurden als Produktionsmittel betrachtet.
- Am Objekt Frau lernten Männer Vorherrschaft über andere.
- Auch Sklaverei stellte sich für Frauen und Männer unterschiedlich dar: Männer wurden als Arbeiter eingesetzt, bei Frauen wurde über ihre Arbeitskraft, über ihre Sexualität und über ihre Gebärfähigkeit bestimmt. Sie waren also dreifach ausgebeutet.
- Jede historisch bestehende Klasse zerfällt wieder in zwei Klassen: Männer und Frauen.
- Der marxistische Ansatz von Feminismus sieht eine Differenz zwischen dem Sex- und dem Gender-Konzept. Doch sex und gender lassen sich nicht trennen, sie sind interdependent.
- Staaten entstanden aus zwei Dominanzebenen: Männer herrschen über Frauen, Männer über andere Männer. Die Herrschaft über Frauen galt als Äquivalent zur männlichen Unterwerfung unter Machthaber.
- Das patriarchalische System funktioniert durch die Mitarbeit von Frauen.

Bereits 1967 publizierte sie »The Grimké Sisters« und 1972 »Black Women in White America«. In beiden Arbeiten setzte sie sich mit Diskriminierung und dem Beziehungsgeflecht von race und gender in Amerika auseinander. In den späteren Jahren wurden ihre Forschungen zunehmend interdisziplinär, sie bezog Erkenntnisse der Archäologie, der Ethnologie und der Theologie in ihre Arbeiten mit ein.

Politisch stand Lerner schon in Österreich der Sozialdemokratie nahe, jedenfalls war sie strikt antifaschistisch. Trotz der

McCarthy-Bewegung in Amerika bewahrte sie sich ihr linkes Bewusstsein, sie und ihr Mann waren immer in Bürgerrechtsbewegungen aktiv. Ihr Mann stand sogar auf Hollywoods Blacklist. 1992 besuchte Gerda Lerner Wien, wo sie an einer Veranstaltung des Literaturhauses teilnahm. 1995 wurde ihr der Käthe-Leichter-Preis verliehen, 1997 wurde sie mit dem Ehrendoktorat der Universität Wien ausgezeichnet. 2006 wurde Gerda Lerner mit dem Bruno-Kreisky-Preis für das politische Buch gewürdigt. Außerdem wurden ihr zahlreiche amerikanische und ausländische Ehrendoktorate verliehen.

Emigration bedeutete für Gerda Lerner den Verlust von Landschaft, von Heimat, von einem selbstverständlichen Dazugehören. Mit einem Tag auf den anderen wurde sie staatenlos und rechtlos. Alle Wurzeln zur Familie wurden abgeschnitten. So traf sie ihre Schwester erst nach 18 Jahren wieder, sie war ihr eine Fremde geworden. Überleben musste sie in einer fremden Sprache, sie teilte einen Alltag ohne Gemeinsamkeiten, ohne gemeinsame Feste. Vor allem der Verlust der Sprache schmerzte sehr, denn damit einher ging auch der Verlust des Glaubens an Gerechtigkeit und Güte. Sie musste ihre Kinder in einer fremden Sprache erziehen, alles Probleme, die man Kindern gar nicht begreiflich machen kann. Nach Wien zurückgekehrt, erlebte sie die Stadt, die sicherlich schöner geworden ist, wie eine Theaterkulisse, in der sie wieder die Sprache und das Sprechen erlernen musste.

Maria Schaumayer

* 7. Oktober 1931 Graz
† 23. Januar 2013 Wien

Wirtschaftswissenschaftlerin und weltweit
erste Notenbankpräsidentin

Die Kriegsjahre als Tochter eines bekannten Christlichsozialen, der als Leiter der Landesobst- und Weinbauschule in Silberberg bei Graz tätig gewesen war und 1938 aus dem Amt gewiesen wurde, in der NS-Zeit unbeschadet zu überstehen, war nicht ganz einfach. Ihre Mutter war eine begeisterte Lehrerin, aber hausfrauliche Talente, vor allem das Kochen, lagen ihr nicht so ganz. Daher erlernte Maria mit zehn Jahren bei einer Nachbarin das Kochen, eine Beschäftigung, der sie mit Leidenschaft ihr Leben lang nachging. Kochen lässt Zeit zum Denken und ist außerdem kreativ.

Schaumayer besuchte ab 1941 das Realgymnasium in Fürstenfeld. Ihr erster Berufswunsch war Mittelschullehrerin, und zwar in den Fächern Latein und Mathematik. Doch in den Nachkriegsjahren machte man ihr bei der Berufsberatung keine Hoffnung auf eine Stelle an einer Schule. Daher suchte sie nach der Matura in Fürstenfeld ein Studium, bei dem sie sowohl mit Sprachen als auch mit Mathematik zu tun haben würde. Da blieb nur die Hochschule für Welthandel, die sie in Wien ab 1949 besuchte. Ihre Liebe zu Sprachen ließ sie an der Hochschule Englisch, Französisch und Spanisch belegen. Ab 1952 wechselte sie an die Universität Innsbruck, wo sie 1954 mit einem Doktor in Wirtschaftswissenschaften abschloss.

Den sorgfältigen Umgang mit Geld und Handelsgütern hatte sie schon als Teenager gelernt. Denn im letzten Kriegsjahr 1945 erlebte sie in der Oststeiermark, was Hunger und Mangelwirtschaft bedeuteten. Da das Land schwer verwüstet und keine Ernte eingebracht worden war, lebten die Menschen von der Hand in den Mund. Als die abrückenden deutschen Soldaten zwei Tage vor Kriegsende ein Vorratslager freigaben, organisierte sie weder Mehl noch sonstige Lebensmittel, aber einen Leiterwagen voll Tabak. Mit diesem Tabak konnte die Familie durch Tauschhandel fast ein Jahr überleben, allerdings gewöhnte sie sich schon damals das Rauchen an, bei dem sie ihr Leben lang blieb.

Nach dem Studium trat sie 1956 nach einem kurzen Zwischenspiel in einem Industriebetrieb in die renommierte Creditanstalt-Bankverein ein, wo sie sich in zehn Jahren bis zur Prokura hocharbeitete. Davor hatte sie kurzfristig eine Auswanderung nach Uruguay überlegt, doch eine Krankheit ihrer Mutter veranlasste sie, in Österreich zu bleiben. Die Mutter war für die aus Zeitmangel unverheiratet gebliebene Maria Schaumayer der wichtigste Mensch ihres Lebens, ihr Urteil war ihr immer wichtig, sie bot ihr eine moralische Richtschnur für das Leben.

Politisch engagierte sie sich im 19. Wiener Bezirk bei der ÖVP, die Maria Schaumayer 1964 in den Landtag und Wiener Gemeinderat entsandte. Als 1965 durch die an der Landesregierung beteiligte ÖVP ein Stadtratsposten zu besetzen war, wurde Maria Schaumayer als Amtsführende Stadträtin für die Städtischen Unternehmungen angelobt. Anfängliche Zweifel der politischen Gegner konnte die erfahrene Fachfrau für Wirtschaft schnell beruhigen, ihr Wirken in diesem Ressort bis 1969 wurde von allen Fraktionen im Landtag gewürdigt, aber auch wegen ihrer brillanten Ressortführung teils mit Argwohn verfolgt. 1969 gelang es der SPÖ mit einer Überrumpelungsaktion im Zusammenwirken mit den Freiheitlichen, Maria Schaumayer aus dieser Funktion zu verdrängen; sie musste mit dem nicht sehr attraktiven Ressort für baubehördliche und sonstige technische Angelegenheiten vorliebnehmen. In späteren Jahren räumte Bürgermeister Felix Slavik ein, dass für seine Partei Maria Schaumayer und ihr höchst erfolgreiches Wirken zu einer politischen Gefahr geworden wäre.

Als die ÖVP in Wien 1973 in die Opposition ging, blieb Maria Schaumayer als Sprecherin der Fraktion im Wiener Landtag, sie arbeitete vor allem in Gemeinderatsausschüssen, die sich mit wirtschaftlichen Unternehmungen der Stadt befassten, wie dem

Ausschuss für Vermögensverwaltung. Sie gehörte auch dem Kontrollausschuss der Stadt Wien an. Auch in der Europäischen Frauenunion, einer Gründung der ÖVP-Abgeordneten Lola Solar, brachte sie ihre Wirtschaftskompetenz auf europäischer Ebene der christdemokratischen Parteien ein.

Beruflich stieg sie weiter auf der Karriereleiter hoch, als sie 1974 als Vorstandsmitglied in die Österreichische Kommunalkredit AG wechselte. Dort war sie für sie das gesamte Kreditgeschäft, Veranlagungen, Refinanzierungen und das gesamte Rechnungswesen zuständig.

Vier Jahre später wurde sie zum Vorstandsmitglied der Österreichischen Mineralölverwaltungs-AG (heute OMV) bestellt, wo sie die Finanzdirektion leitete. In der OMV setzte sie die entscheidenden Schritte zur Teilprivatisierung des Unternehmens und sorgte durch Reformen für eine schlanke Unternehmensstruktur.

1989 ging sie in der OMV in Pension und gedachte diese für Reisen und ihre sonstigen Hobbies zu nutzen, doch überraschend starb nach nur wenigen Monaten Amtszeit Hellmuth Klauhs, Präsident der Oesterreichischen Nationalbank. Die Österreichische Volkspartei, der das Vorschlagsrecht für diesen Posten zukam, nominierte Maria Schaumayer, die mit dem 1. Juni 1990 weltweit als erste Frau Chefin einer Notenbank wurde. Anfangs bestehende Bedenken, ob sie sich in diesem »Herrnreiterclub« durchsetzen würde, konnte sie bald zerstreuen. Ihre Fachkompetenz, ihr unglaublicher Einsatz verbunden mit Geradlinigkeit fand schnell international und national Anerkennung. Als sie 1995 in Pension ging, gab es schon weitere Notenbankpräsidentinnen, die ihrem Beispiel nachgefolgt sind.

Noch während ihrer aktiven Zeit hatte Maria Schaumayer, die zwar immer betonte, keine Quotenfrau gewesen zu sein und nur durch ihre große Fachkompetenz Karriere gemacht zu haben, eine Stiftung für die Förderung beruflicher Karrieren von Frauen gegründet. Sie rief auch den inzwischen institutionalisierten Journalistinnen-Kongress ins Leben, als es in den Redaktionen der Zeitungen und Zeitschriften noch keine weiblichen Chefredakteure und nur wenige Ressortleiterinnen gab. Inzwischen fand der 15. Kongress statt und die Personalsituation in der Zeitungslandschaft hat sich merkbar zu Gunsten der Frauen verändert. Einer Reihe von hervorragenden Journalistinnen ist es gelungen, die »gläserne Decke« nach oben zu durchstoßen und führende Positionen in der Medienlandschaft einzunehmen. Für viele Frauen war Schaumayers Ermutigung ein wichtiger Impuls für eine interessante Karriere.

Maria Schaumayer stellte ihr profundes Fachwissen und ihre breite gesellschaftliche Vernetzung auch in den Dienst sozialer Projekt, sie engagierte sich etwa für die Blindenwohlfahrt und ganz besonders für die Caritas Socialis, einer von Hildegard Burjan nach dem Ersten Weltkrieg gegründeten Schwesternschaft. Daher gehörte sich auch einem Personenkomitee an, das jahrelang für die Seligsprechung von Hildegard Burjan kämpfte, die schließlich 2012 erfolgte.

Dieses an Leistungen und achtungsgebietendem Engagement überreiche Leben hielt für Maria Schaumayer aber noch eine große Aufgabe bereit. Im Jahre 2000 wurde sie zur Regierungsbeauftragten für die Verhandlungen für die Entschädigung der NS-Zwangsarbeiter ernannt. Sie finalisierte die Verhandlungen mit dem US-Vizefinanzminister Stuart Eizenstat, Vertretern der österreichischen Wirtschaft, Vertretern aus sechs Staaten Osteuropas und den Opferanwälten. Dieses Abkommen bedeutete Rechtsfrieden und Schutz vor unüberblickbaren Sammelklagen, wie sie teils in den USA üblich sind. Für Maria Schaumayer war es ein persönliches Anliegen, den überlebenden Betroffenen möglichst rasch die vereinbarten sechs Milliarden Schilling zukommen zu lassen, vor allem in Anbetracht der Tatsache, dass viele der Opfer bereits in hohem Alter waren. In erster Linie waren diese Zahlungen als Versöhnungsgeste gedacht, da eine echte Entschädigung ja fast unmöglich ist.

Maria Schaumayer war sowohl in der Politik als auch in der Wirtschaft erfolgreich, sie überzeugte durch profundes Wissen und große Entschlossenheit. Trotz ihres schier unglaublichen beruflichen Einsatzes fand sie Zeit ihren Neigungen nachzugehen. In jüngeren Jahren spielte sie sehr gerne und hervorragend Tennis, sie liebte Bridge- und Tarockrunden im Freundeskreis, der immer ein wichtiger Teil ihres Lebens war.

JANE GOODALL

* 3. April 1934 London

Verhaltensforscherin und Umweltaktivistin

Jane Goodalls Lebenstraum von Jugend auf war Afrika, sie wollte den Kontinent bereisen und kennenlernen. Doch die Realisierung dieses Traumes schien in weiter Ferne. Es schickte sich nicht für ein Mädchen, außerdem waren die Eltern geschieden, was die finanzielle Lage ihrer Mutter mit zwei Töchtern nicht gerade erleichterte. Doch Janes Mutter glaubte an ihre Tochter und riet ihr, eine Sekretärinnenschule zu besuchen, wo sie nützliche Kenntnisse für eine Anstellung erwerben könnte.

1957 hatte sie genug Reisegeld für eine Schiffspassage angespart und reiste rund um Afrika – der Suezkanal war zu dieser Zeit wegen der Suezkrise des Jahres 1956 noch gesperrt – nach Kenya. Im Kenya National Museum bekam sie tatsächlich eine Anstellung und lernte dort den Anthropologen und Paläontologen Louis Leakey kennen, der nach Resten des ersten Menschen gesucht und fossile Funde in der Olduvai-Schlucht gemacht hatte. Leakey war danach überzeugt, dass sich die Wiege der Menschheit in Afrika befände und man daher das Verhalten von Primaten beobachten müsse, um Rückschlüsse auf die Ureinwohner dieser Erde ziehen zu können. Leakey meinte, dass für eine derartige Forschungsaufgabe eine nicht wissenschaftlich vorgebildete Frau geeignet wäre, da sie unvoreingenommen, aber mit Akribie an das Projekt herangehen würde. Darüber hinaus seien Frauen besser in der Lage, nonverbale Kommunikation zu deuten. Jane war sofort Feuer und Flamme, aber Forschungsgelder gab es nur für ein halbes Jahr. So machte sich Jane Goodall in den Gombe Stream Nationalpark auf, ein dichtes Waldgebiet an den Ufern des Tanganjikasees. Sie wurde von ihrer Mutter auf diese abenteuerliche Tour begleitet.

Anfangs brauchte sie Wochen, um die ersten Schimpansengruppen zu sichten, weitere Wochen dauerte es, bis die Tiere sich an sie gewöhnt hatten. Sie lernte ihre Furcht vor Leoparden zu bekämpfen und sich völlig selbstverständlich unter den Affen zu bewegen. Es brauchte lange, bis die Tiere Vertrauen fassten, wobei sie immer den direkten Blickkontakt zu den Schimpansen mied. Sie beschäftigte sich in Anwesenheit der Tiere mit Gräsern, tat so, als ob sie etwas suchte. Eines der Schimpansenmännchen, ein besonders mutiges Tier, kam immer öfter näher und wirkte auf die anderen aggressiven beruhigend. Sie nannte ihren ersten Kontakt David Greybeard, wie sie allen anderen Schimpansen auch Namen gab, im Unterschied zu standarisierten Forschungsprojekten, bei denen die Tiere Nummern erhielten. Sie wollte den Tieren auf Augenhöhe begegnen und ihnen Individualität verleihen.

Sie entdeckte, wie fürsorglich Schimpansenmütter ihre Jungen aufzogen, sie beschützten und unterwiesen. Fast am Ende des halben Jahres entdeckte sie ein sensationelles Verhalten: Ein Schimpanse suchte ein längeres Stöckchen und steckte es in einen Termitenbau. Nach einer Weile zog er es heraus und verzehrte die darauf sitzenden Termiten genüsslich. Das bedeutete, dass Schimpansen, deren genetische Information zu 99% mit der der Menschen übereinstimmt, Werkzeuge benutzen können. Bisher war man der Meinung, dass dies nur den Menschen vorbehalten wäre. Ein anderes Mal nahm ein Affe einen kleinen Ast, befreite ihn von Blättern und steckte ihn in den Termitenbau. Wieder konnte er damit reiche Beute machen. Jane Goodall war sich bewusst, etwas Großartiges entdeckt zu haben und berichtete begeistert an Leakey. Seine Antwort lautete: »Nun müssen wir den Menschen neu definieren, Werkzeug neu definieren oder Schimpansen als menschliche Wesen akzeptieren.«

Nun war klar, dass diese Forschungsergebnisse bildlich dokumentiert werden mussten. Leakey wandte sich an die National Geographic Society in London, die weitere Forschungsgelder und einen Fotografen nach Afrika schickte. Aus London kam Baron Hugo von Lawick angereist, ein für seine aufsehenerregenden Fotos und Filme bekannter Mann. Mit ihm gemeinsam beobachtete sie weiterhin »ihre« Schimpansen, Lawick lieferte sensationelles Foto- und Filmmaterial. Doch die Fachwelt zeigte sich pikiert, Goodall wäre doch nicht fachlich ausgebildet, außerdem war das Benennen der Tiere verpönt. Man nannte die sehr hübsche junge Frau herablassend das »Cover Girl vom National Geographic«, jedenfalls nahm man sie nicht ernst.

Inzwischen wurden die Schimpansen zutraulicher, Jane spielte mit ihnen und die Affen besuchten das Zeltlager der beiden Forscher und stahlen, was sie nur finden konnten. Jane hatte sich mittlerweile sehr mit dem Fotografen angefreundet, es wurde Liebe und Heirat, 1967 wurde der Sohn Hugo Eric Lewis geboren, der mit den Eltern im Dschungel lebte. Um ihn vor den Affen zu schützen, von denen Jane inzwischen wusste, dass sie auch Kleintiere jagten und nicht davor zurückschrecken würden, eine Baby zu verspeisen, wuchs der Junge, wenn er allein war, zu seiner Sicherheit in einem Käfig heran. Immer wieder kam es vor, dass Schimpansen auf den Käfig kletterten, an den Stangen rüttelten, schrien und das Kind erschreckten. Jedenfalls mied Jane Goodalls Sohn die Schimpansen, er entdeckte seine Welt im Wasser des Tanganjikasees. Er konnte schon schwimmen, bevor er richtig zu laufen lernte.

In den nächsten Jahren gingen die Beobachtungen weiter, allerdings übernahmen zum großen Teil Studenten die Aufgabe vor Ort, während Goodall sich der Dokumentation und der Verwaltung des wachsenden Projekts widmete. Das Wissen über Schimpansen hat sich durch die Forschungen Goodalls wesentlich erweitert, diese nächsten Verwandten des Menschen werden in freier Wildbahn bis 60 Jahre alt. Sie ernähren sich abwechslungsreich, nehmen Mineralstoffe zu sich und im Falle von Krankheit auch bestimmte Kräuter. Generell lernen sie durch das Beispiel ihrer Artgenossen. Anfangs mutmaßte Goodall, dass in den Schimpansengruppen alles friedlich verlaufen würde und es sanfte Affen gäbe. Später musste sie feststellen, dass es Hierarchien gab, dass Alpha-Männchen andere zu dominieren suchten und dass es geradezu zu Kriegen zwischen Gruppen kommen könnte, die einander durch Kindsraub und Kannibalismus bekämpften. Grundsätzlich entwickeln auch

Schimpansen ein Feindschema: das ist der »Fremde«, der nicht zur Gruppe Gehörige.

Die Ehe von Jane Goodall hielt infolge der konträren Lebensauffassungen nur zehn Jahre, er war extrovertiert und furchtbar eifersüchtig, sie war introvertiert und sehr sparsam. Daher kam es 1974 zu einer amikalen Scheidung. Ein Jahr später heiratete Jane den ehemaligen Bomberpiloten und nunmehrigen Direktor des Nationalparks, der auch als Parlamentarier in Dar es Salaam wirkte. Fünf Jahre später verlor sie ihn durch Krebs.

Die nächsten Jahre widmete sie nur der Arbeit. Sie schrieb ihr Hauptwerk »The Chimpanzees of Gombe. Patterns of Behaviour«. Dieses Werk fand bereits allgemein Anerkennung und so wurde sie von der Akademie der Wissenschaften in Chicago zu einer Konferenz eingeladen, bei der nicht nur die Verhaltensmuster der Schimpansen thematisiert wurden, sondern auch die Einschränkung ihres Lebensraumes und die Tatsache, dass sie noch immer gejagt wurden und daher vom Aussterben bedroht wären. Diese Konferenz änderte Janes Leben völlig. Von nun an wurde sie zur weltweit agierenden Aktivistin für die Schimpansen. Sie ging auf Reisen, hielt Vorträge und traf führende Politiker, die sie auf das Problem im Besonderen, aber auch auf allgemeine Umweltprobleme aufmerksam machte. Stets wurde sie auf ihren Reisen von einem kleinen Stoffaffen, der in eine Banane beißt, begleitet, Mr. H., der inzwischen zu ihrem Markenzeichen wurde. Zehn Monate im Jahr reist sie durch die ganze Welt, nur zwei Monate verbringt sie in Bournemouth an der Kanalküste, in einem von der Großmutter ererbten Haus.

Thema ihrer Vorträge sind längst nicht mehr nur die Schimpansen, sondern eine umfassende Kritik an der weltweit unzureichenden Umweltpolitik. Sie stellt die unangenehme Frage, warum die Menschen trotz ihrer angeblich großen Intelligenz die Welt derart hemmungslos zerstören. Ein Heilmittel sieht sie in der Überzeugungsarbeit bei Jugendlichen. Deshalb gründete sie das Kinderprojekt »Roots&Shoots« (wörtlich: Wurzeln und Schösslinge), das inzwischen auf 10.000 Gruppen in 120 Ländern angewachsen ist. Jede dieser kleinen Gruppen soll drei Projekte entwickeln, eines für ein besseres Leben der Menschen, eines für die Tiere und ein drittes für die Umwelt. Sie selbst schuf noch weitere Projekte, etwa für das Flüchtlingslager Lugufu in Tansania. Durch Theaterspielen lernten die traumatisierten Kinder, dass man Affen nicht töten und essen sollte. Stattdessen wäre es klüger, Hühner zu züchten, wobei sie bei der Einrichtung von Brutstationen half. Um die Einengung des Lebensraumes für die Schimpansen, der durch Rodung gefährdet ist, zu verhindern, fördert sie in Tansania Aufforstungsprojekte, die schon erste Erfolge zeigen. Sie verbindet eine derartige Initiative mit Mikrokrediten für Frauen in den Dörfern, denen sie nach dem Beispiel von Yunus den Aufbau eines selbstständigen Gewerbes ermöglicht.

In den letzten Jahren interessierte sich Jane Goodall nicht nur für Afrika, sondern auch für das in South Dakota gelegene Pine-Ridge-Reservat der Lakota-Indianer, eine der ärmsten Gegenden der USA. Oder für die Erhaltung des Ökogleichgewichts am Platte River, wo jährlich im Frühjahr zehntausende Kanadakraniche Station auf ihrem Weg zu ihren Brutplätzen in Kanada machen.

2002 ernannte sie UN-Generalsekretär Kofi Annan zur Friedensbotschafterin der Vereinten Nationen. 2009 wurde ihr für ihr Engagement für die Primaten der »Citizien of the World Award« überreicht. Sie bedankte sich für diese Auszeichnung auf Schimpansenart mit einer Umarmung und Jauchzern. Eine so prominente Schauspielerin wie Angelina Jolie, die auch für UNHCR als Testimonial wirkt, unterstützt Goodalls Wirken.

Jane Goodall fasst ihre Wertvorstellungen für einen lebenswerten Planeten so zusammen: »Wir müssen lernen, in Harmonie und Frieden zu leben. Nicht nur miteinander, sondern auch mit der Natur. Denn wenn wir morgen alle Waffen niederlegen, aber nicht in Harmonie mit der Natur leben, brauchen wir die Waffen bald, weil wir um Wasser und die letzten Bodenschätze kämpfen.«

MAIREAD CORRIGAN

* 27. Januar 1944 Belfast

BETTY WILLIAMS

* 22. Mai 1943 Belfast

Nordirische Friedensaktivistinnen und Nobelpreisträgerinnen

Mairead Corrigan kommt aus einer einfachen katholischen Familie, sie ist das zweite von sieben Kindern. Ihr Vater war Fensterputzer, die Mutter Hausfrau. Als Mairead ein Teenager war, zog ihre Familie in ein katholisches Substandardviertel in Belfast, wo sie nach Absolvierung der Grundschule das Miss Gordon's Commercial College, eine Handelsschule, besuchte. Danach arbeitete sie als Sekretärin. In den siebziger Jahren erhielt sie eine bessere Position als Chefsekretärin in der Brauerei Guinness.

Seit ihrer Jugend war sie in der katholischen Laienorganisation Legio Mariae, vor allem in der Jugendbetreuung, tätig. Mit einer Freundin gründete sie den ersten Kindergarten in ihrem Viertel. Durch das Sammeln von Spenden konnte ein Veranstaltungshaus eingerichtet werden. Schließlich leitete Corrigan das Zentrum der Legio Mariae. In dieser Funktion gründete sie eine Spiel- und Erholungseinrichtung für behinderte Kinder.

1972 erweiterte sie ihren Tätigkeitsbereich gewaltig, in diesem Jahr nahm sie an der neunten Weltmissionskonferenz des Ökumenischen Rates der Kirchen in Thailand teil, wo sie die Gemeinsamkeit mit anderen Konfessionen in Frieden erlebte, was sie nachdrücklich beeindruckte. Ein Jahr später reiste sie im Auftrag von Legio Mariae in die Sowjetunion, um dort einen

Dokumentarfilm über christliche Gemeinschaften zu drehen. Zurückgekehrt hielt sie vor allem in Schulen Vorträge, wo sie von ihren Eindrücken und Erlebnissen berichtete. Außerdem besuchte sie als Vertreterin der Legio Mariae inhaftierte katholische Gefangene und half so, den Kontakt zu den Familien aufrecht zu erhalten. Ein einschneidendes Erlebnis war für sie, als 1973 einer ihrer katholischen Freunde, ebenso bei der Legio Mariae tätig, getötet wurde. Sie übernahm nun seine Jugendgruppe. Wie viele nordirische Familien war auch sie im engsten Umfeld von den Auseinandersetzungen im nordirischen Bürgerkrieg betroffen, denn schon 1968 war eine ihrer Nichten bei einem Autounfall getötet worden. Der Fahrer des Wagens hatte aus einer bewaffneten Auseinandersetzung fliehen wollen und dabei ihre Nichte tödlich verletzt.

Schießereien waren in Belfast in diesen Jahren an der Tagesordnung. Die Menschen wussten zwar, wie sie sich in einer Stadt, in der wegen der Militärpatrouillen alles finster war, bewegen konnten. Unter diesen Umständen war es trotzdem äußerst schwer, ein normales ziviles Leben zu führen.

Ein tragischer Vorfall im August 1976 änderte Corrigans Leben völlig: Ein IRA-Terrorist war von britischen Soldaten in seinem Auto erschossen worden. Das führerlose Auto fuhr weiter in eine Personengruppe, bestehend aus zwei Schwestern Corrigans und deren vier Kindern. Ein sechs Wochen altes Baby und ein kleines Mädchen waren sofort tot, ein zweieinhalbjähriger Junge starb nach wenigen Stunden. Corrigans Schwester Anne wurde schwer verletzt und lag wochenlang im Koma. Mairead hörte von diesem schrecklichen Unfall in den Nachrichten und musste noch am selben Tag mit ihrem Schwager die drei toten Kinder identifizieren.

Dieser schreckliche Unfall, keineswegs der erste ähnliche Fall in dem seit Ende der sechziger Jahre andauernden Nordirlandkonflikt, löste aber ein Umdenken aus. Bisher hatten beide Streitparteien, nämlich Katholiken bzw. Protestanten, jeweils dem oder den Beteiligten des gegnerischen Lagers die Schuld an der Katastrophe zugewiesen. Diesmal lehnten die betroffenen Familien es ab, Schuldige zu benennen. Corrigan sprach in einem Fernsehinterview in diesem Sinne. Viele Menschen waren des sinnlosen Blutvergießens leid, sie wollten ein Ende der Gewaltspirale, denn inzwischen hatten hunderte Menschen in dieser sinnlosen Auseinandersetzung den Tod gefunden.

Beeindruckt von den Geschehnissen, veröffentlichte Betty Williams, die Augenzeugin des Unfalls geworden war, einen landesweiten Aufruf zu Frieden und Versöhnung. Williams stammte aus einer armen protestantischen Familie, war aber katholisch erzogen worden. Religiöse Spannungen waren ihr daher wohlvertraut. Schon mit 14 Jahren musste sie ihre Mutter, die einen Schlaganfall erlitten hatte, pflegen. Eine gründliche Ausbildung blieb ihr versagt, sie belegte nur Kurse an einer Handelsschule. Sie hielt sich daher lediglich mit Gelegenheitsjobs über Wasser. Mit 18 Jahren heiratete sie einen protestantischen Schiffsingenieur, war allerdings durch ihre Herkunft und durch den Tod zweier Cousins, die eher zufällig Opfer von gewaltsamen Auseinandersetzungen im Nordirlandkonflikt geworden waren, den politischen Entwicklungen gegenüber sensibler und aufmerksamer geworden.

Corrigan und Williams trafen zusammen und berieten weitere Maßnahmen. Das erste Ergebnis ihrer Bemühungen war eine große Demonstration am 14. August 1976 für den Frieden, an der 10.000 Menschen in Belfast teilnahmen, ohne Unterschied der Religion. Daraus entstand nach wenigen Tagen die Bewegung der Peace People, die von Corrigan, Williams und dem Journalisten Ciaran McKeown gegründet wurde. Diese drei Protagonisten formulierten eine einfache Botschaft an alle Beteiligten des Bürgerkriegs:

- »Wir wollen leben und lieben und eine gerechte und friedliche Gesellschaft aufbauen.
- Wir wünschen für unsere Kinder und uns selbst, daß unser Leben zu Hause, bei der Arbeit und beim Spiel ein Leben der Freude und des Friedens sei.
- Wir wissen, dass solch ein Leben aufzubauen von uns Hingabe, harte Arbeit und Mut fordert.
- Wir wissen, dass viele Probleme in dieser Gesellschaft bestehen, in denen der Ursprung von Konflikten und Gewalt liegt.

- *Wir wissen, daß jedes abgefeuerte Geschoß und jede explodierte Bombe diese Arbeit schwieriger machen.*
- *Wir lehnen den Einsatz von Bomben und Geschossen und alle Gewalttätigkeiten ab.*
- *Wir widmen uns tagaus, tagein der Arbeit mit unseren Nächsten in nah und fern beim Aufbau dieser friedlichen Gesellschaft, in der die Tragödien, die wir erfahren haben, nur eine böse Erinnerung und eine ständige Mahnung bedeuten.«*

In der Folge fanden in Nordirland wöchentlich Friedensdemonstrationen, die Peace Rallies statt, an denen bis zu 500.000 Menschen teilnahmen. Die beiden Frauen reisten von Stadt zu Stadt, um für ihr Anliegen zu werben. Höhepunkt dieser Friedenskampagne war eine Großdemonstration auf dem Trafalgar Square in London im Oktober 1976, an der auch die amerikanische Friedensaktivistin Joan Baez teilnahm. Dadurch gewann das Anliegen der beiden Frauen internationale Aufmerksamkeit, 300.000 Pfund an Spendengeldern flossen in das Projekt. Damit wurde die Zeitschrift »Peace by Peace« finanziert, ein zentrales Büro eingerichtet und einige kommunale Projekte finanziert. Corrigan und Williams reisten durch die ganze Welt, um ihre Ziele darzulegen.

Im Jahr 1977 wurden sie in Oslo mit dem Friedensnobelpreis ausgezeichnet. Corrigan bemerkte dazu: »Für mich bedeutet der Nobelpreis, dass wir die Welt durch Gewaltlosigkeit verändern können, und viele Menschen haben genau wie ich diese Vision.« Daher setzte sie ihre Überzeugungsarbeit als hauptberufliche Aktivistin fort, doch das öffentliche Interesse ging langsam zurück. Der Nordirlandkonflikt ging aber weiter. Auch in ihrer eigenen Familie gingen die Tragödien weiter, ihre Schwester und ihr Schwager scheiterten bei einer Emigration nach Neuseeland. Beide kehrten zurück und ihre vom seinerzeitigen Unfall schwer traumatisierte Schwester Anne beging angesichts der trostlosen Situation Selbstmord.

Mairead Corrigan, die inzwischen ihren Schwager geheiratet hatte und dessen Kinder und auch bald eigene mitversorgte, arbeitete in der Ökumenischen Bewegung, im Internationalen Versöhnungsbund und in der britischen Pax Christi Dependance. Ihre Hauptaufgabe sah sie in der Friedenserziehung der Jugend. Neben ihrer, die ganze Welt umfassenden Reise- und Vortragstätigkeit gründete sie in Nordirland eine interkonfessionelle Schule, um die religiösen Spannungen zumindest in der jungen Generation abzubauen. Überall auf der Welt war und ist sie bei Friedensaktionen und Bewegungen dabei; in Burma etwa setzte sie sich für die Freilassung von Aung San Suu Kyi ein, in Israel nahm sie an der Ship-to-Gaza 2010-Aktion teil, deren Ziel es war, die israelische Blockade des Gazastreifens aufzuheben.

Williams, die bei der Nobelpreisverleihung mit Corrigan die Teilung des Preisgeldes vereinbart hatte, wurde sehr bald von den Friedensorganisationen angegriffen, weil sie Nobelpreisgeld für private Zwecke und nicht für Projekte verwendet hätte. Williams argumentierte, dass sie infolge des Scheiterns ihrer Ehe fast vor dem Ruin gestanden hätte. Jedenfalls veranlassten sie die Differenzen mit den irischen Friedensorganisationen, in die USA auszuwandern, wo sie sich wieder verehelichte. In den USA engagierte sie sich wieder für Friedensprojekte und Kinderrechtsorganisationen.

Beide Friedensaktivistinnen erhielten eine ganze Reihe internationaler Auszeichnungen, Williams hielt sogar Vorlesungen an der Nova Southeastern University in Tampa, Florida.

Unmittelbar erfolgreich waren die Bestrebungen der beiden nordirischen Frauen nicht, denn der Konflikt dauerte immerhin bis zum Karfreitagsabkommen von 1998. Doch sie hatten in die hermetische und fundamentalistische Gedankenwelt Nordirlands eine Vision gepflanzt, die wohl mit beachtlicher Zeitverzögerung, aber letztlich doch ein Ende der bewaffneten Auseinandersetzungen und damit ein Ende des Mordens herbeigeführt hatte.

Aung San Suu Kyi

* 19. Juni 1945 Yangon (früher Rangun,
  Myanmar, früher Burma)

Kämpferin für Demokratisierung

Myanmar, die Heimat der Friedensnobelpreisträgerin Aung
San Suu Kyi, war bis 1948 eine britische Kolonie, die während
des Zweiten Weltkrieges schwer unter der japanischen Besat-
zung zu leiden hatte. Nach der Unabhängigkeit etablierten sich
vor allem Militärregime, die das Land nach außen abriegelten,
eine korrupte Misswirtschaft führten, was eine Verarmung der
breiten Bevölkerung herbeiführte. Vor und während des Zweiten Weltkrieges kämpften verschiedene Gruppierungen um Unabhängigkeit und Demokratisierung. Vor allem linke bzw. kommunistische Gruppen, nach dem Zweiten Weltkrieg erfolgreich
auch von China unterstützt, positionierten sich für eine Machtübernahme, was von den Militärs verhindert wurde. Ab 1962
hatte sich ein totalitäres Militärregime etabliert, das die bestehenden Gegensätze zwischen Arm und Reich noch vertiefte.

Bis 2012, bis zur Lockerung der kompletten Abschottung des
Landes, dominierte in Myanmar die birmanische Mehrheitsbevölkerung. Die 135 verschiedenen Ethnien, die in fast autono-
men Staaten einen Dauerkrieg gegen die Militärs führten, hatten keinerlei Anteil am politischen Leben des Landes. Religiöse
Minderheiten, wie Muslime an der Grenze zu Bangladesh, werden von der buddhistischen Mehrheitsbevölkerung aus dem öffentlichen Leben exkludiert.

Bereits Vater und Mutter von Aung San Suu Kyi hatten in der
Geschichte des Landes eine bedeutsame Rolle gespielt. Ihr Vater
war einer der wichtigsten Kämpfer für die Unabhängigkeit vom
britischen Kolonialreich. Schon in den vierziger Jahren hatte er
an der Ausarbeitung einer demokratischen Verfassung mitge-

wirkt. 1947 verhandelte er in London mit Premier Clement Attlee über die Unabhängigkeit und konnte die prinzipielle Zustimmung der britischen Regierung erreichen. Im Juli desselben Jahres wurde er während einer Kabinettssitzung von einem Anhänger einer rivalisierenden Gruppe ermordet. Für Burma war er ein Freiheitsheld, dem ein großer Anteil an der Unabhängigkeit des Landes zukam.

Ihre Mutter Khin Kyi, während des Zweiten Weltkrieges Krankenschwester und Kämpferin für Frauenrechte, hatte nach dem Tod ihres Mannes dessen Parlamentssitz übernommen und anschließend eine wichtige Funktion im Rahmen der WHO innegehabt. Aung San Suu Kyis Kindheit war von materieller Sorglosigkeit geprägt, allerdings keineswegs luxuriös, sondern eher asketisch. Sie konnte aber eine teure englische Privatschule besuchen, wuchs also doppelsprachig heran. 1960 wurde ihre Mutter zur Botschafterin in Indien ernannt, die erste Frau ihres Landes, die einen derart hohen Posten erreichte. Die damals 15-jährige Tochter begleitete ihre Mutter nach Indien, wo sie ein liberales College besuchte. Von dort ging sie 1964 nach Oxford zum Studium, wo sie ihren Mann Michael Aris kennenlernte, den sie 1972 heiratete. Dieser Ehe entstammen die beiden Söhne Kim und Alexander. Ihr Mann war Historiker und Experte für ostasiatische Geschichte, vor allem für die Geschichte Tibets. Er sprach auch Tibetisch. Eine Zeit lang lebte das Ehepaar in Bhutan, wo Michael Aris als Lehrer in der königlichen Familie, vor allem des Kronprinzen tätig war. Zu dieser Zeit studierte Aung San Suu Kyi internationale Beziehungen an der University of New York, wo sie während es Generalsekretariats von U Thant einen Posten in der UNO erhielt. In Amerika wurde sie auch mit den politischen Ideen von Mahatma Gandhi und Martin Luther King bekannt, beide Männer wurden für sie Vorbilder. Ende der siebziger Jahre begann Aung San Suu Kyi zu schreiben, Sachbücher über Nepal und Bhutan und auch eine eher heroisierende Biographie über ihren Vater.

Erst 1988 kehrte Aung San Suu Kyi nach Burma zurück, als ihre Mutter einen Schlaganfall erlitten hatte. Nach einem Auslandsaufenthalt von 25 Jahren war Aung San Suu Kyi entsetzt über die Zustände im Land. In den siebziger und achtziger Jahren war Burma zu einem »failed state« geworden, es war eines der ärmsten Länder Asiens. Inflationen, Hungersnöte und Bürgerkrieg mit den zahlreichen Minderheiten brachten den Staat an den Rand der Katastrophe. Sicherlich war der späteren Friedensnobelpreisträgerin schon vorher bewusst gewesen, dass ihr Name politisches Kapital war, dass sie unter Umständen in ihr Heimatland würde zurückkehren müssen. Als sie 1988 kam, waren gerade wieder Studentenproteste gegen die verheerende wirtschaftliche Lage mit brutaler Gewalt unterdrückt worden; es gab zahllose Tote. Auch tausende buddhistische Mönche, die im gesellschaftlichen Leben des Landes einen wichtigen Platz einnehmen, schlossen sich den Protesten an. Damals sympathisierte Aung San Suu Kyi mit den Studenten, war aber unentschlossen, ob sie aktiv an deren Kampf teilnehmen sollte.

Als Ne Win, der seit 1962 an der Macht war, zurücktrat, schöpften die Reformer neue Hoffnung, ein neuer Premier wurde gewählt, der aber sofort den Ausnahmezustand verhängte. Daraufhin kam es zur größten Protestwelle in der Geschichte des Landes, Millionen Menschen demonstrierten gegen die korrupten Machthaber. Wieder wurde die Protestbewegung blutig unterdrückt; es gab tausende Tote, Tausende wanderten in die überfüllten Gefängnisse. Jetzt war für Aung San Suu Kyi der Augenblick gekommen, in die Ereignisse einzugreifen. Sie schrieb einen öffentlichen Brief an Junta, in dem sie Vorschläge für eine Demokratisierung des Landes unterbreitete. Was sie als Dialogbereitschaft verstand, wurde von den Militärs als Provokation empfunden. Ihr Haus wurde zum Mittelpunkt der völlig friedlich agierenden Demokratiebewegung. Als sie am 26. August 1988 vor der Shwedagon-Pagode eine Rede vor tausenden Demonstranten hielt, an einem der heiligsten Orte der Buddhisten des Landes und an einem Ort, an dem schon ihr Vater eine historische Rede gehalten hatte, verlangte sie von den Militärs ein Mehrparteiensystem und Wahlen. Selbstverständlich war sie sich der Symbolik dieser Aktion bewusst, aber im Gegensatz zu ihrem Vater, der als Guerilla gegen die Briten gekämpft hatte, führte sie die Auseinandersetzung frei von jeder Gewalttat.

In diesem Jahr beteiligte sie sich an der Gründung der National League für Democracy (NLD). Bald hatte die Partei Millionen Mitglieder und konnte erfolgreich die Massen trotz Behinderungen durch das Regime, mobilisieren. 1989, mitten in der Wahlkampagne, wurde Aung San Suu Kyi verhaftet und unter Hausarrest gestellt. Zwar gewann ihre Partei 1990 die Wahlen, doch die Militärs waren nicht gesonnen, die Macht abzutreten.

Die folgenden Jahre waren für Aung San Suu Kyi ein zermürbendes Wechselspiel von Hausarrest, Haft und Phasen der relativen Mobilität. Hätte sie in diesen Jahren das Land verlassen, wäre ihr eine Wiedereinreise unmöglich gemacht worden. Es hätte den Militärs den Beweis geliefert, dass es ihr ja nicht um das Schicksal des Landes, sondern nur um ihr eigenes Wohlbefinden gehe. Als sie im Jahr 2000 kurz nach Mandalay reiste, folgte sofort eine Haft, die erst nach geraumer Zeit wieder in Hausarrest umgewandelt wurde. Erst nach 2010 konnte sie sich wieder frei bewegen.

Als ihr englischer Mann Michael Aris, der in Bhutan lebte, an Krebs erkrankte, konnte sie ihn nicht besuchen, da sie fürchten musste, nicht wieder in ihre Heimat zurückkehren zu dürfen. Ihr Mann starb 1999, ohne dass sie ihn noch einmal gesehen hätte. 1991 verlieh ihr das Nobelpreiskomitee den Friedensnobelpreis, da sie aber unter Hausarrest stand, konnte sie den Preis nicht entgegennehmen. An ihrer Stelle hielt ihr Sohn die Dankesrede.

Der sehr zögerlich nach 2010 eingeleitete Reformprozess hatte mit einer Entlassung zahlreicher politischer Gefangener begonnen. 2015 sollen wieder Präsidentenwahlen stattfinden, bei denen Aung San Suu Kyi gerne mit der Partei NLD (National League for Democracy) antreten möchte, für die sie bei Nachwahlen am 1. April 2012 insgesamt 44 von 45 zu vergebenden Sitzen gewinnen konnte und damit einen Sitz im Parlament. Allerdings muss noch ein Hindernis beseitigt werden, das darin besteht, dass San Suu Kyi mit einem Ausländer verheiratet war und damit zur Ausländerin geworden war. 2008 wurde ein Gesetz, sichtlich auf Aung San Suu Kyi persönlich zugeschnitten, erlassen, dass »Ausländer« nicht wählbar seien. Eine Änderung dieser Regelung erfordert ein Verfassungsgesetz, das an der Parlamentsmehrheit der USDP, der Partei der Militärs, scheitern könnte.

Im Juni 2012, konnte San Suu Kyi nach der Lockerung des strengen Hausarrests ausreisen und ihre Nobelpreisrede persönlich in Oslo halten. Sie berichtete von Besserungen der allgemeinen gesellschaftlichen Situation, etwa davon, dass manche ethnische Minderheiten inzwischen in Verhandlungen um Reformen einbezogen würden. Das Kachinvolk im Norden des Landes hatte dagegen wieder zu den Waffen gegriffen. Dieser Aufstand, sowie die Erhebung der im Westen lebenden Volksgruppe der Rohingya wurden von den Militärs brutal niedergeschlagen.

Seit der Öffnung drängen westliche Firmen mit Investitionen ins Land, allerdings lässt die Infrastruktur noch sehr zu wünschen übrig. Weder Verkehrswesen noch Bankwesen befinden sich auf der Höhe der Zeit, moderne Medien sind kaum entwickelt. Einen wichtigen Wirtschaftsfaktor für eine korrupte Minderheit stellt nach wie vor der Drogenhandel dar. Das in der Kolonialzeit relativ hohe Bildungsniveau ist gesunken. Die Arbeitslosigkeit ist mit 37% enorm hoch.

Trotz des jahrelangen Hausarrests war Aung San Suu Kyi in den westlichen Medien immer präsent, es gab Berichte über sie und ihr Wirken. Ihre wöchentlichen Reden vor ihrer Haustür fanden über spezielle Kanäle bei Interessierten im ganzen Land Verbreitung und erreichten auch Medien außerhalb Myanmars. Westliche Politiker, die das Land offiziell besuchten, sprachen immer wieder ihre persönliche Situation an. International renommierte Künstler erhoben ihre Stimme für eine Aufhebung des Hausarrests. Besucher durfte San Suu Kyi nicht empfangen, schon gar keine Journalisten. In ihren an die Öffentlichkeit gelangten Stellungnahmen äußerte die Friedensnobelpreisträgerin nie Rachegefühle, im Gegenteil, sie betonte immer wieder mit den Generälen ins Gespräch kommen, mit ihnen und nicht gegen sie Reformen erreichen zu wollen. Sie formulierte ihre Hoffnungen immer sehr vorsichtig, um unter keinen Umständen einen Anlass für Verschärfungen der Situation oder gar für eine neuerliche Verhaftung zu geben. Bei ihren Anhänger ist die »Lady« ein Idol, eine Ikone für eine zukünftige politische Partizipation.

Shirin Ebadi

* 21. Juni 1947 Hamadan (Persien)

Erste iranische Richterin und Menschenrechts-aktivistin

Shirin Ebadi, eine gläubige und fromme Muslima, hat gegen das Regime des Schah Reza Pahlevi gekämpft und gejubelt, als seine Herrschaft, die von vielen als zu westlich orientiert gesehen wurde, 1979 zu Ende ging. An dessen Stelle trat die Herrschaft der Ayatollahs unter Chomeini, die von Ebadi begrüßt wurde. Doch dieses von ihr so favorisierte Regime vertrieb sie aus dem Richteramt und degradierte sie demütigend. Jahrelang kämpfte sie in ihrem Land für die Besserstellung der Frauen und für Menschenrechte; heute lebt sie in Großbritannien im Exil.

Ebadi wuchs sehr behütet in einer frommen persischen Mittelstandsfamilie in Teheran auf, der Vater war Professor für Wirtschaftsrecht. 1969 schloss sie das Jurastudium ab und wurde als erste Frau in Persien in ein Richteramt berufen. Von 1975 bis 1979, bis zum Sieg der Ayatollahs, hatte sie einen Senatsvorsitz am Teheraner Stadtgericht. 1975 heiratete sie den um fünf Jahre älteren Bauingenieur Dschawad Tawazulian, im selben Jahr wurde die glänzende Juristin zur Präsidentin der iranischen Richtervereinigung gewählt. 1979 war es mit der beeindruckenden Karriere vorbei, zunächst musste sie sich mit einem Posten als Sekretärin am Gericht begnügen, 1984 wurde sie im Alter von 37 Jahren vom Gericht in Pension geschickt.

Da sie keineswegs die Berufstätigkeit aufgeben wollte, beantragte sie eine Anwaltslizenz und konzentrierte sich auf eher aussichtslose Fälle, außerdem publizierte sie einige juristische Werke, etwa zu Kinderrechten. Sie meinte dazu: »Vorher hatte niemand in Iran eine Idee von Kinderrechten. Ich musste erklären, was Kinderrechte überhaupt sind.« Des Weiteren schrieb sie »Geschichte und Dokumentation der Menschenrechte in Iran«, mittlerweile ein Standardwerk zur Menschenrechtssituation in ihrem Land. Da sich das Mullahregime so sehr auf den Koran bezog, intensivierte sie ihre Koranstudien im Kontext mit der islamischen Rechtsprechung und stellte dabei fest, dass so manche Lehrmeinung der Ayatollahs nichts mit dem Koran zu tun hatte. So konnte sie dank ihrer Argumentation mit dem Koran durchsetzen, dass Frauen wieder Untersuchungsrichterinnen sein durften, sie durften aber kein Urteil über Männer fällen.

Ebadis wesentlichstes Arbeitsgebiet wurden die Frauenrechte, die durch das neue Regime extrem beschnitten wurden, etwa wurde zunächst das Heiratsalter von Mädchen auf neun Jahre herabgesetzt. Ebadi nannte diese Regelung moderne Sklaverei. Dank ihrer Bemühungen wurde dieses Gesetz rückgängig gemacht und das frühere Limit von 13 Jahren wieder eingeführt. Immer wieder kämpfte sie auch vor Gericht gegen familienfeindliche Urteile, etwa, dass bei einer Scheidung die Kinder automatisch dem Vater zugesprochen wurden. Für Frauen ist die Möglichkeit, sich scheiden zu lassen, extrem eingeschränkt. Entweder der Ehemann stimmt zu oder eine Scheidung ist ausdrücklich im Ehevertrag vorgesehen. Besonders benachteiligt im iranischen Familienrecht sind uneheliche Kinder, denn sie erhalten keine Geburtsurkunde, womit sie in die Illegalität abgedrängt werden. Dagegen organisierte Ebadi Proteste und besorgte Geburtsurkunden für diese Kinder. Sie erreichte auch, dass Männer im Falle einer für die Frau unerwünschten Scheidung der Frau eine Abfindung zahlen müssen.

1994 gründete Ebadi, die inzwischen zwei Töchter geboren hatte, eine »Organisation zum Schutz von Kindern«. Der Staat duldet, dass Väter ihre 13-jährigen Töchter, vermählen können. Es gab keine Einspruchsmöglichkeiten. Ihr Bemühen galt besonders den Straßenkindern, von denen etwa 25.000 bis 30.000 auf den Straßen Teherans leben sollen. Ebadi kümmerte sich um Heime für die Kinder und gründete Schulen. Das Preisgeld des Nobelpreises widmete sie den Teheraner Straßenkindern. In Fällen, wo der Vater sein eigenes Kind ermordete, ermutigte sie die Ehefrauen Anzeige zu erstatten, denn sonst konnte der Vater nicht angeklagt werden.

Alle diese Aktivitäten wurden auch international bemerkt. Ebadi war Teilnehmerin an zahlreichen Menschenrechtskonferenzen, 1996 erhielt sie den Preis von »Human Rights Watch«. Ihre Strategie verfolgt das Ziel, die Situation von Frauen im Iran und die Menschenrechte durch einen Wandel innerhalb des Regimes zu verändern. Ihr Standpunkt lautet: »Rechte werden einem nicht gegeben, man muss sie sich nehmen.«

Als 1997 der als Reformer eingeschätzt Chatami Präsident wurde, verband sie damit große Hoffnungen. Die zähe und resolute Anwältin verteidigte des Öfteren kritische Intellektuelle, in manchen Fällen durchaus erfolgreich. Doch im Jahre 2000 wurde sie unter dem fadenscheinigen Vorwurf, die »öffentliche Meinung beschmutzt« zu haben, inhaftiert. Man steckte sie 26 Tage in Einzelhaft, verurteilte sie zu einer Bewährungsstrafe und zu teilweisem Berufsverbot. Alle Hoffnungen auf einen gemäßigten Präsidenten wurden durch die Übermacht des von den Ayatollahs gebildeten Wächterrats, der ohne Kontrolle alle Bereiche des öffentlichen Lebens kontrolliert, zunichte. Die Ayatollahs entscheiden, was gut und böse ist, ob ein vom Parlament beschlossenes Gesetz in die Tat umgesetzt wird.

2003 – Ebadi befand sich in Paris bei einer Menschenrechtskonferenz – erfuhr sie von der Zuerkennung des Friedensnobelpreises. Als sie nach Teheran zurückkehrte, wurde sie von 25.000 Menschen am Flughafen begrüßt, darunter viele Frauen, die als Ausdruck des Protestes gegen das »finstere« Regime weiße Kopftücher trugen. Man überreichte Ebadi ebenso weiße Blumen als Zeichen der Solidarität. Im Namen dieser Protestbewegung, als deren Teil sich Ebadi fühlt, forderte sie die Freilassung aller politischen Gefangenen. Als ihr in Oslo der Nobelpreis überreicht wurde, nahm sie ihn ohne Kopftuch entgegen, das sie aber im eigenen Land, wo das Kopftuch Gesetz ist, trägt. Generell meinte sie zur publizistisch aufgebauschten Kopftuchfrage: »Anstatt den Frauen zu befehlen, was sie auf dem Kopf zu tragen haben, sollten wir ihnen beibringen, ihren Kopf zu gebrauchen.«

In all den Jahren gab und gibt es eine Opposition gegen das Regime der Ayatollahs, viele Reformer und Regimegegner kommen aus dem System, wobei den Frauen dabei ein großer Stellenwert zukommt. Persien, das nach dem irakisch-iranischen Krieg, der 1988 zu Ende ging, sowohl wirtschaftlich als auch sozial schwer angeschlagen war, ist nach wie vor ein Land mit hoher Arbeitslosigkeit. Es ist ein sehr junges Land mit einer hohen Alphabetisierungsquote, die Jugend ist gut ausgebildet, aber frustriert, weil die Arbeitsmarktsituation unbefriedigend und perspektivlos ist. Für neue Perspektiven für diese Jugend kämpft Ebadi, die jungen Menschen sollen in einem islamischen Staat leben können, in dem Demokratie und Menschenrechte nicht im Widerspruch zum Islam stehen. Sie kämpft dafür, dass Frauen viele der Rechte, die sie bereits unter dem Schah hatten, zurückerhalten sollten. Im Grunde blieb den Frauen ja nur das Wahlrecht, aber das sollten sie intensiv nutzen, um eine Änderung durch den Stimmzettel herbeizuführen.

2005 hielt Ebadi in Tübingen einen Vortrag auf Einladung der Stiftung Weltethos, in dem sie vorrangig die Einhaltung der Menschenrechte trotz aller bestehenden kulturellen Unterschiede betonte. Ein Jahr später wurde sie bei einer Großdemonstration in Teheran verhaftet und kurz inhaftiert. Zwei Jahre später wurde ein von ihr gegründetes Menschenrechtszentrum in Teheran zugesperrt, weil es angeblich Propaganda gegen das System mache. Die Spannungen zwischen Ebadi und dem Regime stiegen, im November 2009 wurde von den Behörden ihr Bankschließfach geräumt und die Nobelpreisurkunde beschlagnahmt. Daraufhin verließ Ebadi das Land und ging nach Großbritannien, wo sie seitdem lebt und unverdrossen für Demokratie und Menschenrechte im islamischen Staat Iran kämpft. Vor allem für die Frauen im Land ist sie ein großes Vorbild.

Jody Williams

* 9. Oktober 1950 Battleboro (Vermont, USA)

Menschenrechtsaktivistin

Die Menschenrechtsaktivistin Jody Williams studierte Englisch und Spanisch; daran schloss sich ein Masterstudium über internationale Beziehungen an der Johns Hopkins School of Advanced International Studies. Nach Abschluss ihrer Studien unterrichtete Williams in Washington, in London und in Mexiko.

Ihr Engagement in humanitären Projekten startete sie 1984 als Koordinatorin des »Nicaragua-Honduras-Lehrprogramms«. Dieses sollte amerikanische Opinion Leaders aus den Bereichen Politik und Wirtschaft über die Folgen des Bürgerkrieges in den beiden Staaten informieren. Sie wandte sich damit gegen die offizielle Politik der Vereinigten Staaten, die unter Ronald Reagan die rechten Contra-Rebellen gegen die Sandinisten in Nicaragua unterstützten. Zwischen 1986 bis 1992 fungierte sie als Vizedirektorin der »Medizinischen Hilfe für El Salvador«.

1991 trat sie der »Vietnam Veterans of America Foundation« bei, wo sie erstmals mit den katastrophalen Folgen von Landminen vertraut wurde. Angesichts dieser Erfahrungen entwickelte sie ein Konzept für eine Internationale Kampagne gegen den Einsatz von Landminen (International Campaign to Ban Landmines, ICBL). Als Koordinatorin dieses Projekts war sie international unterwegs, um Mitstreiter zu finden bzw. weltweit die Politiker zu überzeugen, sich einem internationalen Abkommen zum Verbot der Landminen anzuschließen. Man geht ja international von der Annahme aus, dass etwa 100 Millionen Minen in 70 Ländern dieser Erde ausgelegt wurden. Jährlich verursachen diese den Tod oder schwere Verletzungen von etwa 2500 Menschen. In den Vereinigten Staaten wird die Aktivität für ICBL diffamiert und als Nestbeschmutzung angesehen.

Williams argumentierte nicht nur mit einem Appell an die Menschlichkeit der Staaten, sondern konnte auch überzeugend darlegen, dass Landminen verheerende wirtschaftliche Folgen haben. Grundsätzlich ist es so, dass die Herstellung einer Mine sich auf fünf Dollar beläuft, die Entfernung und Entschärfung aber kostet fast 1000 Dollar. Des Weiteren verursachte die Versorgung von verletzten und oftmals auf Dauer erwerbsunfähigen Personen den Aufwand von Millionen Dollar, die eingespart werden könnten.

Im September 1997 schließlich erreichte Jody Williams bei der Konferenz von Ottawa einen Vertrag für das Verbot von Landminen. Am 3. Dezember desselben Jahres ratifizierten 122 Staaten diesen Vertrag, leider nicht so wichtige Staaten wie Russland, China und die USA. Letztere begründen ihre Ablehnung mit der Situation zwischen Nord- und Südkorea. Österreich wirkte bei der Ottawa-Konvention maßgeblich mit. Inzwischen hat sich die Anzahl der Unterzeichner auf mehr als 160 erhöht. Auch ein Passus über Opferhilfe wurde in das Ottawa-Dokument aufgenommen, denn noch ist es so, dass fast täglich etwa zehn Menschen durch explodierende Minen – die Bezeichnung »Antipersonenminen« ist zweifellos zynisch – sterben.

Trotzdem verfolgte Williams unermüdlich ihr Ziel weiter, ein Dachverband aller Anti-Landminen-Organisationen wurde gegründet. Aktivistengruppen in mehr als 60 Ländern unterstützen diese Initiative. Williams als Koordinatorin fand seinerzeit in Prinzessin Diana eine wichtige Unterstützerin. So wurde von diesem Dachverband eine Landkarte erstellt, auf der die weltweit ausgelegten Landminen und deren Stückzahl eingezeichnet wurden. Man bemühte sich die Unterstützung jener Staaten zu gewinnen, auf deren Gebiet oder an deren Grenzen Minen ausgelegt waren. Nicht immer mit Erfolg, wie etwa das Beispiel Südkoreas zeigt, dass sich weigerte, die Minen an der Grenze zum Norden beseitigen zu lassen. In anderen Staaten wurde die Räumung verminter Gebiete in Angriff genommen, allerdings verursacht die professionelle Räumung nicht nur enorme Kosten, sondern ist auch äußerst zeitaufwendig. Mitten in Europa, im ehemaligen Kriegsgebiet von Bosnien-Herzegowina sind vermutlich noch 120.000 Minen vergraben, 2,4% des Landes sind vermint. Nach Kriegsende sind mehr als 600 Menschen bei der Explosion von Minen getötet worden, mehr als 1700 wurden schwer verletzt. Eine komplette Räumung in Bosnien würde Kosten in Höhe von 40 Millionen Euro verursachen.

Erfreulicherweise wurde die Neuproduktion von Landminen mittlerweile eingestellt, alte, nicht verlegte Bestände wurden vernichtet.

Für diese großartige Initiative wurde Jody Williams 1997 in Oslo mit dem Friedensnobelpreis ausgezeichnet.

Benazir Bhutto

* 21. Juni 1953 Karatschi
† 27. Dezember 2007 Rawalpindi (ermordet)

Erste Premierministerin eines islamischen Staates

Als Benazir Bhutto am 16. November 1988 als Regierungsche-
fin angelobt wurde, war sie die erste Frau in der islamischen
Welt, die eine derartige Position erreicht hatte. In einer von Männern mit Clandenken dominierten politischen Szene, die noch
dazu von Korruption und politischen Morden beherrscht war,
gelang ihr eine Sensation.

Benazir Bhutto kam aus einer Familie, in der politisches Engagement Tradition hatte. Ihr Vater Zulfikar Ali Bhutto, der aus
einer adeligen Rajputfamilie aus dem nordwestindischen Rajas-
tan stammt, die zum Islam konvertiert war, hatte bereits mehrfach politische Erfahrungen gesammelt. Er hatte in Amerika
und in Großbritannien studiert, sein Land bei der UNO vertreten und mehrere Ministerposten bekleidet. Im Jahre 1967 hatte
er die Pakistan People's Party (PPP) gegründet und schließlich
das Amt des Premiers und des Staatspräsidenten übernommen.
Der Name Bhutto war also im ganzen Land ein Begriff.

Seine Tochter Benazir erhielt eine hervorragende Ausbildung
in Harvard und an der Oxford University. Praktische Politerfah-
rung sammelte die noch nicht 20-jährige, als sie ihren Vater als
Assistentin zu den Vereinten Nationen begleitete. Damals stand
der Konflikt mit Indien um Ostpakistan, das heutige Bangladesch, auf der Tagesordnung. Ali Bhutto bekämpfte die Abspal-
tung Ostpakistans, doch im März 1971 wurde der unabhängige
Staat Bangladesch ausgerufen, ein Krieg mit Indien um diese
Ostprovinz endete für Pakistan mit einer peinlichen Niederlage. Nach ihrem Studienabschluss kehrte Benazir Bhutto nach
Pakistan zurück.

1977 wurde ihr Vater durch einen Militärputsch des Stabschefs der Armee Mohammed Zia ul-Haq gestürzt. Letzterer versprach zunächst freie Wahlen, doch als ein Wahlsieg Bhuttos evident wurde, stellte er ihn wegen angeblicher Ermordung von Politikern vor Gericht. Bhutto wurde verurteilt und im April 1979 hingerichtet, seine Tochter Benazir unter Hausarrest gestellt. Hunderte Anhänger Bhuttos wurden verhaftet, alle Medien seiner Partei verboten.

Erst 1984 erhielt Benazir Bhutto die Erlaubnis zur Ausreise nach Großbritannien und organisierte von dort aus den Wiederaufstieg der Partei ihres Vaters. 1986 hob Zia ul-Haq das Kriegsrecht auf, zwei Jahre später kam er bei einem Flugzeugabsturz, dessen Ursache ungeklärt und mysteriös blieb, ums Leben. Benazir Bhutto kehrte sofort nach Pakistan zurück und kandidierte an der Spitze der Partei ihres Vaters für das Amt des Premiers. Bei diesen freien Wahlen erzielte sie einen großartigen Sieg und übernahm das Amt der Premierministerin in einer Koalitionsregierung. Sie ließ politische Gefangene frei und stellte die Bürgerrechte wieder her. Doch gegen die im Lande herrschende Korruption und Kriminalität blieb sie machtlos.

Allerdings konnte sie sich nicht lange dieser Position erfreuen, 1990 wurde sie von Staatspräsident Ghulam Ishaq Khan wegen Machtmissbrauch und Korruptionsvorwürfen entlassen. Das Parlament wurde aufgelöst. Gegen Bhutto fand allerdings kein Gerichtsverfahren statt, sie ging mit ihrer Partei in die Opposition.

Bei den nächsten Wahlen im Oktober 1993 wurde sie mit großer Mehrheit wiedergewählt. Sie führte die vom Vorgängerkabinett betriebene Privatisierungspolitik fort und förderte das Atomwaffenprogramm des Landes. Bei den Parlamentswahlen vier Jahre später verlor ihre Partei die Mehrheit, es kam wieder die Muslimliga an die Macht.

Zwei Jahre später ging Bhutto mit ihrer Familie ins Exil nach Dubai, da man ihr mit Anschlägen gedroht hatte. Weitere Ambitionen auf ein politisches Amt gab sie jedoch nicht auf, obwohl Staatspräsident Pervez Musharraf, eine Lex Bhutto beschließen ließ, dergestalt, dass ein Premier nur zwei Amtszeiten ausüben dürfe.

Als im Januar 2008 wieder Parlamentswahlen anstanden, kehrte Benazir Bhutto trotz Drohung etwa der al-Qaida wieder nach Pakistan zurück, um bei den Wahlen zu kandidieren. Einerseits wurde sie in der Öffentlichkeit umjubelt, andererseits wurde bereits am nächsten Tag ein Sprengstoffanschlag auf sie verübt, bei dem sie jedoch unverletzt blieb, aber 139 Menschen ihr Leben verloren. In dieser verfahrenen Situation handelte sie mit Präsident Musharraf einen Deal aus: Sie solle wieder Premier werden und er Präsident bleiben. Sein Amt als Chef des Militärs solle er aber niederlegen. Doch Musharraf verhängte den Ausnahmezustand und stellte Bhutto vorübergehend unter Hausarrest. Zwei Wochen vor den Wahlen wurde Bhutto bei einer Wahlveranstaltung in Rawalpindi von einem Attentäter erschossen. Die offizielle Sprachregelung lautete, dass sie durch die Druckwelle eines Bombenattentats getötet wurde, Anhänger ihrer Partei behaupteten hingegen, dass sie Opfer eines Scharfschützen geworden sei. Ein Amateurvideo bestätigte letztlich diese Version. Al-Qaida distanzierte sich von diesem Attentat, die Vertreter der Opposition wollten Kräfte um Präsidenten Musharraf für den Anschlag verantwortlich machen. Ein UN-Untersuchungsbericht stellte jedenfalls 2010 klar, dass sowohl die Sicherheitsmaßnahmen unzureichend waren, als auch die Untersuchungen nach dem Attentat äußerst schlampig durchgeführt wurden. Es wurde nicht einmal eine Obduktion vorgenommen.

Nach Bhuttos Tod kam es im ganzen Land zu Demonstrationen und Ausschreitungen, die von den Behörden mit Tränengas und Schlagstöcken unterdrückt wurden. Ihren letzten Weg begleiteten Hunderttausende.

Bhutto, eine gemäßigte moderne Muslima mit westlicher Bildung und amerikafreundlich eingestellt, hatte nur wenige Chancen in einer derart patriarchalischen Gesellschaft, in der es noch immer üblich war, politische Gegner durch Attentate und Anschläge zu beseitigen, zu überleben. Erschwerend kam hinzu, dass diese männerdominierte Gesellschaft eine dominante Frau nicht ertragen konnte. Sie berichtete selbst in einem Interview, dass in der Zeit, als sie Premier war, sich der Armeechef weigerte, vor ihr zu salutieren. Sie war charismatisch, eloquent und couragiert, Eigenschaften, die eine Bedrohung für eine patriarchale Gesellschaft darstellten. Als sie 2008 in einem Interview über ihre Regierungstätigkeit Bilanz zog, meinte sie: »Ich weiß, dass ich auf dem richtigen Weg war, in Erziehung zu investieren, aber es war nicht genug. Nur eine pluralistische Gesellschaft, die die alten patriarchalischen Gesellschaften überwindet, wird mit den aktuellen Herausforderungen zurechtkommen. Wahlen sind nur ein Schritt in Richtung Transformation der Gesellschaft, es bedarf eines demokratiebewussten Militärs und Rechtssystems. ... Ich werde niemals meinen Traum von einem Pakistan aufgeben, das in Frieden lebt mit Afghanistan, mit Indien – und seinem Volk ein Leben in Würde und Sicherheit ermöglicht.«

Rigoberta Menchú

* 9. Januar 1959 Chimel (Guatemala)

Menschenrechtsaktivistin und Friedensnobelpreisträgerin

Rigoberta Menchú ist das Kind bitterarmer Bauern aus dem
Hochland von Guatemala. Das Elend des täglichen Lebens, der
stete Kampf ums Überleben, die Ausbeutung durch die Besitzer
der Fincas, für die die armen Bauern mehrere Monate im Jahr
auf den Baumwoll- und Kaffeefincas arbeiten, um ein wenig
Geld für ihre Familien zu verdienen, ist unglaublich. Im Hochland bearbeiteten die Campesinos (Bauern) höchstens einen
Viertelhektar für den Eigenbedarf an Mais und Bohnen, den sie
zuvor selbst gerodet hatten. Bis dieser Boden Ernte trug, vergin-
gen zumeist sechs bis sieben Jahre. Schon die kleinsten Kinder
müssen bei der Feldarbeit helfen. Die einzige Stütze, die diese
entkräfteten Menschen haben, ist ihr Zusammengehörigkeits-
gefühl innerhalb der Dorfgemeinschaft.
    Für das Mädchen Rigoberta, aus dem Mayavolk der Quiché
stammend, das nur die indigene Sprache, aber kein Spanisch
spricht, ist die Umwelt außerhalb des Dorfes fremd und feind-
lich. Der Schulbesuch ausgeschlossen, Eltern und Geschwister
verdienen fast nichts. Die Feldfrüchte, die sie anbauen, werden
ihnen immer wieder weggenommen, von korrupten Grundbe-
sitzern werden sie unter Ausnutzung ihres Analphabetentums
betrogen. Immer wieder landen die Bauern in der Schuldenfal-
le und verlieren so das kleine Stück Ackerland. Der Mangel bei
Rigobertas Familie ist so groß, dass ein kleinerer Bruder buch-
stäblich verhungert. Ein weiterer Bruder kam um, als auf einer
Finca mit Pflanzengift gespritzt wurde und keiner darauf geachtet hatte, ob er sich noch auf dem Feld aufhielt.
    Rigobertas Vater, der von Behörden und reichen, weißen
Landbesitzern, den Terratenientes oder Ladinos, immer wieder

verfolgt und inhaftiert wird, organisiert mit Gleichgesinnten eine Widerstandsbewegung, der sich das kluge Mädchen anschließt. Erst im Alter von 20 Jahren beherrscht sie die spanische Sprache, zuvor waren es nur wenige Sprachfetzen, die sie sich als Dienstmädchen im Haus eines Weißen angeeignet hatte. Dort wurde sie schlechter ernährt und behandelt als der Hund der Familie. Sie schreibt später dazu: »All meine Unwissenheit und Bescheidenheit nutzten sie aus.«

Doch durch den Vater war sie schon sehr früh politisch sensibilisiert, sie erlernte andere Mayasprachen, um die einzelnen indigenen Gruppen – es gibt etwa 20 verschiedene Mayastämme, die ebenso viele Sprachen verwenden – zu vernetzen. Das Wissen, das sie durch Schulung der Eltern und Älterer aus dem Dorf, aber auch aus eigener Erfahrung erworben hatte, gab sie an Jüngere in der Dorfgemeinschaft weiter.

Die Mayas sind katholisch, aber nur in zweiter Linie, in erster Linie fühlen sie sich den animistischen Traditionen ihrer Vorfahren verbunden. Sie leben in großer Achtung vor der Natur und dem Leben. Für sie sind die Gaben der Natur, etwa Wasser oder jedes Maiskorn, heilig. Ihre Lebensrealität, in der das Leben von Indigenen nichts wert ist, steht dem diametral entgegen. Viele ihrer Traditionen werden nur als Geheimwissen weitergegeben

Ihr Vater kam mehrmals ins Gefängnis, weil er für die Indios und ihre Rechte kämpfte. Um überhaupt bei den Behörden gehört zu werden, musste die Familie einen Dolmetscher bezahlen, denn ein Ladino pflegte nicht mit einem Indio zu sprechen. Die Dolmetscher ihrerseits waren oft Betrüger, die falsch im Interesse der Behörden übersetzten. Durch die laufenden Übergriffe der Behörden und der Landbesitzer starteten die Campesinos Abwehrinitiativen, die Spirale der Gewalt drehte sich immer schneller. Im ganzen Land herrschte Bürgerkrieg, arm gegen reich, linke Gewerkschaftsanhänger gegen rechte Landbesitzer, Ladinos gegen Indigenas. 1980 kam ihr Vater ums Leben, als Anhänger des Regimes die spanische Botschaft stürmten und in Brand setzten. Ihre Mutter und ein Bruder wurden von Regierungstruppen ermordet. 1981 musste Rigoberta, die bereits Streiks und Großdemonstrationen der Landarbeiter organisiert hatte, mit Hilfe von Freunden nach Mexiko flüchten.

Von Mexiko aus arbeitete sie weiter an einer gemeinsamen Front der verschiedenen oppositionellen Gruppen. Im Vordergrund stand für sie die vermehrte politische Teilhabe der indigenen Bevölkerung.

1983 diktierte Rigoberta die Geschichte ihrer Kindheit, Jugend und späteren politischen Sozialisation der Journalistin Elisabeth Burgos. Das Buch erschien unter dem Titel »Yo, Rigoberta Menchú«. Ein Jahr später lag bereits eine deutsche Übersetzung vor. Kritiker meinten zu diesem Buch, dass Menchú manche Schilderungen übertrieben habe. Sollte jedoch nur die Hälfte ihrer Berichte den Tatsachen entsprechen, so ist es noch immer schlimm genug, wie damals die indigene Bevölkerung in Guatemala behandelt wurde. Durch dieses Buch wurde Rigoberta Menchú weltweit bekannt. Seit dem Erscheinen ihres Buches arbeitete sie mit der Menschenrechtskommission in Genf zusammen.

1990 ehrte sie die UNESCO mit dem Preis für Friedenserziehung, zwei Jahre später wurde ihr der Friedensnobelpreis für ihren Einsatz für die indigene Bevölkerung verliehen. Zuvor hatten herrschende Kreise in Guatemala die Verleihung des Nobelpreises an Rigoberta Menchú zu verhindern versucht. Von den Vereinten Nationen wurde sie zur UNESCO-Sonderbotschafterin zur Förderung einer Kultur des Friedens und der Rechte indigener Menschen ernannt.

Erst 1996 ging in ihrem Land der Bürgerkrieg zu Ende, der etwa 200.000 Menschenleben gefordert hatte. Rigoberta Menchú konnte wieder in ihre Heimat zurückkehren. Drei Jahre später versuchte sie, in Spanien Generäle des früheren Regimes vor Gericht zu bringen, scheiterte aber. Auch das Verfahren gegen den Ex-Polizeichef Javier Figueroa, der 2011 von Österreich, wo er seit Jahren als Asylant lebte, nicht an Guatemala ausgeliefert wurde und daher in Österreich vor Gericht stand, endete 2013 mit einem Freispruch, weil die Beweislage nicht ausreichte.

Als 2007 die Wahl zum Präsidenten anstand, bewarb sich auch Rigoberta Menchú, sie wurde allerdings nur von drei Prozent der Wahlberechtigten gewählt.

Noch immer ist Rigoberta Menchú weltweit als Botschafterin für Menschenrechte, vor allem für die indigene Bevölkerung auf der ganzen Welt unterwegs.

Leymah Gbowee

* 1. Februar 1972 Monrovia

Ellen Johnson Sirleaf

* 29. Oktober 1938 Monrovia

Friedensnobelpreisträgerinnen aus Liberia

Als die beiden Liberianerinnen, Ellen Johnson Sirleaf, eine gewiefte Politikerin, und Leymah Gbowee, eine Menschenrechtsaktivistin, 2011 in Oslo mit dem Friedensnobelpreis ausgezeichnet wurden, gab es neben der Freude, dass der Preis an zwei Frauen aus Afrika verliehen wurde, eine Reihe kritischer Stimmen. Afrikakenner monierten, dass Sirleaf eine durch Jahrzehnte gewitzte Politikerin sei, deren Verstrickung in das Taylor-Regime nicht völlig aufgedeckt wäre. Die zweite Preisträgerin wäre außerhalb Nigerias völlig unbekannt und daher als globales Vorbild ungeeignet.

Nun, es lohnt einen kurzen historischen Blick auf das Land zu werfen, das 1847 von Antisklavereiaktivisten für nach Afrika rückwanderungswillige Schwarze als unabhängige Republik gegründet wurde. Die Verfassung des Landes lehnte sich eng an die US-Verfassung an. Die Elite der neuen Republik waren die aus Amerika rückgewanderten Schwarzen, die Amerikoliberianer. Hinter diesem an sich sehr lobenswerten Projekt steckte aber auch ein von wirtschaftlichen Interessen bestimmtes Kalkül. Amerikanische Wirtschaftskreise wollten sich quasi selbst eine Kolonie in Afrika schaffen. In der Tat blieb Liberia, das »freie« Land, längst von amerikanischer Unterstützung abhängig, Amerikaner hatten im Land das Sagen. Dies führte zu einer tiefen Spaltung zwischen den 16 indigenen Ethnien und den rückgewanderten Amerikoliberianern.

Nach dem Zweiten Weltkrieg erlebte das Land unter der Präsidentschaft von William S. Tubman einen wirtschaftlichen Aufschwung durch ausländische Investoren, der nicht nur den großen Küstenstädten, sondern auch dem Landesinneren und seinen verschiedenen Ethnien zugutekam. Trotzdem waren der Staat und seine Wirtschaft hoch verschuldet, der Internationale Währungsfonds installierte Kontrolleure, die die Abwicklung von Entwicklungshilfeprojekten überprüfen sollten. Im Zuge eines der wichtigen Sanierungsprobleme kam es 1979 zu den sogenannten »Reisunruhen«. Liberia pflanzte und exportierte bis dahin in erster Linie Reis. Auf Anraten von Experten sollte aber mehr diversifiziert werden, d. h. Kaffee und Kakao angebaut werden, die beide bessere Weltmarktpreise erzielen konnten. Nicht bedacht wurde dabei, dass für die eigene Bevölkerung zu wenig Ertrag vom Reisanbau übrig blieb. Es kam so zu Verknappungen bei gleichzeitig international steigenden Reispreisen infolge Dürre in der Sahelzone. Preisregulierungen unter Präsident Tolbert blieben ergebnislos, Unruhen, Generalstreik und tote Demonstranten verschärften das Klima. Ein ungerechtfertigtes Todesurteil gegen einen Minister der Regierung ließ den Sergeanten Samuel K. Doe einen erfolgreichen Militärputsch starten. Zusätzlich stand im Hintergrund aller Kämpfe auch die Auseinandersetzung zwischen den einzelnen Ethnien.

An der wirtschaftlichen Situation des Landes änderte sich nichts, im Gegenteil wurde alles noch chaotischer. Angeheizt durch weitere Putschversuche und grausame Mordtaten versank das Land 1985 in einem Bürgerkrieg. Der im Exil in Côte d'Ivoire lebende Liberianer Charles Taylor stellte sich an die Spitze einer gegen Doe gerichteten Bewegung, Doe wurde besiegt, aber nicht der Frieden für das Land gewonnen. Warlords kämpften ohne Rücksicht auf die Zivilbevölkerung, Generäle, die Kindersoldaten anwarben, führten Guerillaeinsätze gegen einzelne Ethnien, aber auch im benachbarten Sierra Leone, das wegen seiner Diamantenminen die finanzielle Basis für Kriegsmaterial und damit Fortsetzung der Kämpfe liefern konnte. 1996 wurde endlich in Abuja in Nigeria ein Friedensabkommen geschlossen. Ein Jahr später wurde Charles Taylor mit etwa 75%

der Stimmen gewählt. Doch die funktionslos gewordenen Warlords und die politischen Gegner Taylors zettelten neuerlich einen Bürgerkrieg an, 1999 bis 2003 flammten immer wieder
Kämpfe auf, die verschiedenen Parteiungen wurden von Inter-
essengruppen aus dem Ausland gestützt. Zuletzt kontrollierte
Taylor höchstens ein Drittel des Landes. Außerdem geriet er
selbst unter Verdacht von Kriegsverbrechen in Sierra Leone und
des Handels mit »Blutdiamanten«. Auf amerikanischen Druck
verließ Taylor das Land und musste sich später vor dem Internationalen Gerichtshof in Den Haag verantworten, 2013 erfolgte
die Bestätigung seiner Verurteilung zu 50 Jahren Haft. Dieser
Bürgerkrieg hatte hunderttausende Tote gekostet, fast eine Mil-
lion Menschen wurden vertrieben, die verübten Grausamkeiten
hatten ein bis dahin nie gekanntes Ausmaß erreicht.

In Liberia wurde eine Übergangsregierung eingesetzt, 2005
fanden reguläre Präsidentenwahlen statt, bei denen Ellen Johnson Sirleaf zur Präsidentin ihres Landes gewählt wurde. Im Januar 2006 wurde sie angelobt. Sie ist das erste gewählte weibliche Staatsoberhaupt eines afrikanischen Landes. Woher kam
diese Frau, die sich einer sehr hohen Zustimmung erfreuen
konnte?

Sirleafs Vater gehörte dem Volk der Gola an, ihr Großvater
mütterlicherseits stammte aus Deutschland. Ihr Vater war von
Beruf Armenanwalt, betätigte sich auch politisch und wurde als
erster Angehöriger einer indigenen Ethnie in das Repräsentan-
tenhaus gewählt. Ihre christliche Mutter hatte eine Schule gegründet und zog auch als Predigerin durchs Land. Ellen war
das dritte von vier Kindern. Sie heiratete bereits mit 17 Jahren,
eine frühe Scheidung war die Folge. Ab 1961 konnte sie in den
USA studieren und machte einen Abschluss in Rechnungswesen an der University of Wisconsin und einen Abschluss in
Wirtschaftswissenschaften an der University of Colorado. Von
1969 bis 1971 belegte sie Öffentliche Verwaltung an der Harvard
University. Nach der Rückkehr in ihr Heimatland wurde sie
1972/73 Finanzministerin unter Präsident Tolbert. Sein Sturz
und seine Ermordung veranlassten sie um Exil in Kenia anzu-
suchen, wo sie von 1982 bis 1985 die Funktion einer Vizepräsi-

dentin der Citibank für Afrika ausübte. In den Jahren ihrer Ausbildung und der Berufsausübung zog sie ihre Kinder allein auf.

1985 kehrte sie nach Liberia zurück und wollte für den Senat kandidieren, doch stattdessen wurde sie verhaftet und mit zehn Jahren Gefängnis bedroht. Sie konnte das Land verlassen, ging in die Vereinigten Staaten und wurde Vizepräsidentin der Equator Bank in Washington, D.C. Ab 1997 leitete sie die Entwicklungsprogramme der UNO für Afrika. Außerdem gehörte sie Gremien der Weltbank an und veröffentlichte Fachbücher zu Wirtschaftsfragen. Anfangs hatte sie Taylor gegen Doe unterstützt, zog sich aber dann zurück. Sie kandidierte bereits 1997 gegen Taylor, allerdings nur mit bescheidenem Erfolg. Wiederum verließ sie das Land und kehrte erst nach Taylors Abgang 2003 nach Liberia zurück. Sie übernahm die Leitung der Commission on Good Governance in Liberia und den Vorsitz der Unity Party, für die sie schließlich bei den Präsidentenwahlen erfolgreich war. Im November 2011, kurz nachdem ihre Nominierung für den Friedensnobelpreis bekannt geworden war, siegte sie mit 90% der Stimmen und wurde zum zweiten Mal Präsidentin. Die Koinzidenz der Ereignisse wurde ihr zum Vorwurf gemacht, ebenso, dass sie mit harter Hand die Zügel in der Hand behielt. Der Beiname, die »Eiserne Lady« Afrikas zu sein, wird sie wahrscheinlich nicht nur gekränkt haben. Jedenfalls ist in Liberia der Bürgerkrieg zu Ende, Sirleaf kam gewaltfrei und durch ordnungsgemäße Wahlen an die Macht. Das Nobelpreiskomitee wies ausdrücklich auf ihre Verdienste für Frauenrechte in ihrem Land hin. Sicherlich steht sie vor riesigen Aufgaben, vor allem fehlt dem Land eine nationale Identität. Es musste weder gegen Kolonialismus noch gegen Apartheid kämpfen. Die Probleme sind vielmehr struktureller und sozialer Natur, es gilt eine moderne Zivilgesellschaft zu formen, die sich ihrer afrikanischen Wurzeln bewusst ist. So sind etwa die Kindersoldaten des Bürgerkriegs wieder in die Gesellschaft einzugliedern oder aber das Problem des Landbesitzes generell zu klären. Großes Vorbild ist in vielen Fragen Südafrika.

Leymah Roberta Gbowee ist um zwei Generationen jünger als ihre Preiskollegin. Sie kam nach Jugendjahren, die sie in der

Provinz verbracht hatte, mit 17 Jahren nach Monrovia zurück, als gerade der Bürgerkrieg ausbrach. Ganz praktisch und pragmatisch kümmerte sie sich als »Streetworkerin« um traumatisierte Kinder und Jugendliche, arbeitete 1995/96 im Gesundheitsministerium, wo sie Bürgerkriegsflüchtlinge versorgte. 2002 gründete sie die Bewegung »Women of Liberia Mass Action for Peace«. Es war eine gewaltfreie Gruppe, die Aktionen gegen das Taylor-Regime organisierte. Ihr gemeinsames Zeichen waren weiße T-Shirts, die die Mitglieder der Gruppe zur Unterstreichung ihre friedlichen, daher »reinen« Absichten trugen. Diese Bewegung wurde rasch größer – und letztlich erfolgreich. Gbowee engagiert sich weiterhin in afrikanischen friedensstiftenden Frauennetzwerken und wurde schon vor der Nobelpreisverleihung mit zahlreichen Preisen für gewaltfreien Kampf für Frauenrechte ausgezeichnet. Beide Frauen haben auf ganz unterschiedlichen Wegen, aber jedenfalls gewaltfrei dazu beigetragen, dass Liberia ein wenig seinem Namen gerecht wird.

TAWAKKOL KARMAN

* 7. Februar 1979 Taiza (Jemen)

Journalistin und Menschenrechtsaktivistin

Tawakkol Karman entstammt einer politisch aktiven Familie, ihr Vater Abdul-Salam Karman war Justizminister in der Regierung des jemenitischen Präsidenten und Langzeitdiktators Ali Abdullah Salih, der aber sein Amt aus Protest gegen die brutale Niederschlagung der Aufstände im Süden des Landes niedergelegt hatte. Tawakkol wuchs in einer Zeit des Bürgerkriegs heran, die Ereignisse um die Spaltung des Landes in einen nördlichen und südlichen Teil wurden in ihrem Elternhaus lebhaft diskutiert, das Vorgehen des Diktators Salih kritisiert und abgelehnt. Sowohl Tawakkols Vater als auch ihr Onkel gehörten der oppositionellen Al-Islah-Partei an, einer jemenitischen Schwesterpartei der Islamisten, in der auch die junge Frau ihre politische Heimat fand.

Karman studierte an der Universität von Sana'a Politikwissenschaft, lernte Englisch und begeisterte sich über das Lesen von Autobiographien für Freiheitskämpfer wie Nelson Mandela, Mahatma Gandhi oder Martin Luther King. Der Politik des gewaltlosen Widerstands wurde zu ihrem Vorbild für ihren Kampf für Menschen- und Frauenrechte im Jemen. Als Journalistin kämpfte sie gegen offenkundige Missstände in ihrem Land, wie etwa Kinderehen, gegen die Verheiratung ganz junger Mädchen mit wesentlich älteren Männern. Sie arbeitete als Reporterin der Zeitung Al-Thawarah und gründete 2005 mit gleichgesinnten Frauen und Unterstützung ausländischer NGOs die Vereinigung »Women Journalists Without Chains«. Hauptthemen ihrer Berichte sind Verstöße gegen Frauen- und Menschenrechte.

Oberstes Ziel ihrer Proteste war der 2012 gestürzte Präsident Salih, gegen ihn veröffentlichte sie Artikel in gedruckten Medien und Online, mit Massen-SMS organisierte sie wöchentliche

Kundgebungen gegen den Präsidenten. Sie forderte ein Ende der weit verbreiteten Korruption, die Freilassung der zahlreichen politischen Gefangenen sowie Meinungs- und Versammlungsfreiheit. Sie verlangte außerdem Frauenquoten im öffentlichen Dienst. Um ihrer Aufgabe besser nachgehen zu können, legte sie den traditionellen schwarzen Gesichtschleier der jemenitischen Frauen ab, sie trägt nur mehr ein Kopftuch wie eine gläubige Muslima, allerdings bunt, mit Blumen gemustert, was zu ihrem Markenzeichen wurde.

Ihre zahlreichen Proteste blieben nicht ohne Folgen, sie wurde mehrfach inhaftiert und immer wieder wegen ihrer Aktivitäten vom Regime schwer bedroht. Anfang 2011, bei Ausbruch des »Arabischen Frühlings« in Tunesien, häuften sich auch im Jemen die Proteste, die Studenten gingen auf die Straße, Karman wurde ein weiteres Mal verhaftet, was zur Ausweitung der Proteste führte. In ihren Ansprachen weist sie immer wieder darauf hin, dass die Diktatur des Präsidenten Salih die Jugend des Landes um ihre Zukunft betrogen habe, aber nicht nur das, sondern ihnen auch ihre Ehre und Würde geraubt hätte. Sie warf ihm vor, Verfassungsänderungen herbeiführen zu wollen, die ihm eine dritte Kandidatur für das Präsidentenamt gestatten, er daher auf eine monarchische Staatsform hinarbeite.

Ein Fünftel der jemenitischen Bevölkerung von etwas mehr als 24 Millionen lebt in größter Armut, 50% der Menschen sind Analphabeten. Jemen besitzt kaum Öl und gehört zu den wasserärmsten Ländern der Welt. Schätzungen behaupten, dass um etwa 2025 Jemen über keinerlei Wasservorräte mehr verfügen würde, da der Grundwasserspiegel ständig sinke. Das sind die dringendsten Probleme des Landes, auf die hinzuweisen Karman nicht müde wird. Infolge des Bürgerkriegs und der korrupten Eliten wurde Jemen zu einem Hauptstützpunkt der al-Qaida und anderer islamischer Extremisten. Karman machte immer wieder darauf aufmerksam, dass die USA zwar Millionen Dollar zur Unterstützung im Kampf gegen terroristische Organisationen ins Land fließen ließ, diese Summen aber nie für den ursprünglichen Zweck verwendet wurden, sondern im Korruptionssumpf versickert seien.

Als ihr im Spätherbst 2011 der Friedensnobelpreis, gemeinsam mit den liberianischen Politikerinnen Leymah Gbowee und Ellen Johnson Sirleaf, verliehen wurde, war dies zweifellos eine politische Entscheidung. Die Begründung des Nobelpreiskomitees lautete, dass ihr »gewaltfreier Kampf für die Sicherheit von Frauen und für das Recht der Frauen, sich in vollem Umfang an Frieden schaffender Arbeit zu beteiligen«, ausschlaggebend für die Zuerkennung des Preises gewesen wäre. Es bedeutete eine Anerkennung der Bewegungen in den arabischen Ländern. Tawakkol Karman war die erste Frau aus dem arabischen Raum, die derart geehrt wurde, sie war nach Shirin Ebadi die zweite Muslima, die einen Friedensnobelpreis erhielt und ist weltweit die jüngste Preisträgerin.

Medien auf der ganzen Welt interessierten sich nach der Verleihung des Preises für die Arbeit dieser jemenitischen Journalistin, sie musste zahlreiche Interviews geben und mit Vorträgen in vielen Ländern über den Kampf der Friedensaktivisten im Jemen berichten. In einem Spiegelinterview erklärte sie, befragt zu ihren Zielen: »Wir wollen eine moderne Zivilgesellschaft, weltoffen und zukunftsorientiert.«

Karman ist eine fromme Muslima, sie ist verheiratet und hat drei Kinder. Bei ihren Protesten und anderen Initiativen wird sie von ihrem Mann nachhaltig unterstützt. Dass ihre gewaltfreie Vorgangsweise nicht überall auf Verständnis oder Zustimmung stößt, beweist, dass ihr im August 2013, ein Monat nach dem Sturz des islamistischen Präsidenten Mursi, eine Einreise nach Ägypten verweigert wurde. Bei all diesen Aktivitäten nimmt es nicht Wunder, dass man sie »Mutter der Revolution« nennt.

Auch nach dem Sturz von Diktator Salih sieht Tawakkol Karman noch vieles zu tun. Sie nimmt an internationalen Konferenzen teil, etwa an der Menschenrechtskonferenz »Vienna+20« im Juni 2012 in Wien, sie ist Mitglied der nationalen Konsenskommission, in der der nationale Dialog zwischen den verschiedenen politischen Gruppierungen geführt wird. Sie spricht Besserungen im Land an, aber ist nicht zufrieden, denn demokratische Rechte, Meinungs- und Frauenfreiheit ist noch nicht völlig erreicht.

Malala Yousafzai

* 12. Juli 1997 Swat-Tal (Pakistan)

Bildungsaktivistin

Als Malala Yousafzai am 12. Juli 2013, also an ihrem 16. Geburtstag, das Rednerpult der Vereinten Nationen in New York bestieg, war sie weltweit so bekannt, wie kaum ein anderer Teenager ihres Alters. Die Umstände, die ihr zu ihrer globalen Berühmtheit verhalfen, waren und sind jedoch keineswegs erfreuliche.

Die Tochter eines Lehrers – ihr Name Malala rührt von einer paschtunischen Volksheldin aus dem letzten Viertel des 19. Jahrhunderts, die gegen die Briten kämpfte, her – zeigte schon früh ihre Bildungsbeflissenheit und ihren unbeirrbaren Eifer, ihre Meinungen und Vorstellungen anderen mitzuteilen. Denn bereits mit elf Jahren begann sie unter dem Pseudonym Gul Makai ein Blog-Tagebuch über die Gewalttaten der Taliban im Swat-Tal zu führen, vor allem gegen deren, Gewalttätigkeit ankündigende Polemik gegen Mädchen, die es wagten eine Schule zu besuchen. 2007 hatten die Taliban in Malalas unmittelbarer Heimat erreicht, dass Mädchen der Schulbesuch wieder verweigert wurde. Auch das Hören von Musik, vor allem westlicher Pop-Musik, wurde für Mädchen verteufelt. Malala ließ sich jedoch nicht beirren und trat immer wieder öffentlich für die Rechte der Mädchen auf Bildung ein. Sie vertrat ihren Standpunkt auch im Fernsehen, womit sie landesweit bekannt wurde. Die pakistanische Regierung würdigte Malalas Einsatz für Mädchenbildung 2011 mit dem Friedenspreis.

Doch die Macht der Zentralregierung reicht nicht bis in das Swat-Tal, wo die radikalen Taliban noch immer das Sagen haben. 2012 beschlossen sie, dem »Treiben« Malalas Einheit zu gebieten und an ihr ein Exempel zu statuieren. Als Malala am

9. Oktober von der Schule mit dem Bus heimfahren wollte, be-
stiegen zwei Männer den Bus, fragten gezielt, wer denn Malala sei und schossen ihr in den Kopf. Ein weiteres Mädchen
wurde ebenfalls schwer verletzt. Dank sofortiger Erstversor-
gung überlebte das schwer verletzte Mädchen. Sie wurde zunächst in ein Militärspital nach Peschawar und dann nach Isla-
mabad gebracht, wo eine erste Operation ihren Zustand stabi-
lisierte. Dank internationaler Unterstützung wurde sie am
15. Oktober in eine Militärspital nach Birmingham geflogen,
wo man auf Schusswunden spezialisiert ist. Die pakistanische
Regierung setzte zehn Millionen Rupien zur Ergreifung der
Täter aus. Bisher hat man von einem entsprechenden Erfolg
nichts gehört.

Wenige Tage nach dem Attentat flog auch Malalas Familie
nach Birmingham. Ihr Vater wurde für drei Jahre zum Bil-
dungsattaché ernannt.

Malala, wieder genesen und bis auf einige kosmetische Eingriffe, die noch gemacht werden müssen, wieder völlig hergestellt, sprach vor den Vereinten Nationen furchtlos, selbstsicher
und ohne Scheu. In Anwesenheit von fast 1000 Jugendlichen aus
80 Nationen, die ihrer Ansprache lauschten, forderte sie erneut
das Recht auf Bildung für alle Jugendlichen dieser Welt: »Ich stehe hier, um meine Stimme zu erheben für das Recht jedes einzelnen Kindes auf Bildung.« Denn noch immer sind es etwa 60
Millionen Kinder, die ohne Bildung aufwachsen müssen. Sie ap-
pellierte an ihre Altersgenossen: »Nehmen wir unsere Bücher
und unsere Stifte, sie sind die stärksten Waffen.« Denn: »Ein
Kind, ein Lehrer und ein Buch können die Welt verändern.« Be-
merkenswertes Detail am Rande von Malalas Rede: Sie trug einen Schal, der einst Benazir Bhutto gehörte, was durchaus als
ein politisches Statement zu werten ist bzw. Bhutto als Vorbild
erkennen lässt.

Am Ende ihrer Rede überreichte sie Generalsekretär Ban Ki-
Moon einen Aufruf mit vier Millionen Unterschriften an alle
Mitgliedstaaten der Vereinten Nationen, dass diese für Bildung
sorgen sollten. Ban Ki-Moon nannte sie eine »Heldin« und
möchte den Zugang zu Bildung für alle Jugendlichen zu einer

der Hauptaufgaben der Staatengemeinschaft machen. Inzwischen wurde der britische Expremier Gordon Brown zum Sonderbeauftragten der UNO für Bildung ernannt.

Durch ihre tapfere Haltung, die auch ein heimtückisches Attentat nicht zu ändern vermochte, wurde Malala zu einem Vorbild für alle Mädchen dieser Welt, denen fanatische Muslime angeblich aus religiösen Gründen den Zugang zu Bildung verwehren wollen. Das feige Attentat hat ihre Bereitschaft für Bildung zu kämpfen nicht geschwächt, sondern im Gegenteil eher gestärkt.

Die Reaktionen in Pakistan auf das Attentat waren anfangs einhellig ablehnend, doch die Proteste hielten nur kurz an. Seit geraumer Zeit werden in den Gebieten der Taliban wieder Schulen in die Luft gesprengt, bildungshungrige Mädchen und deren Eltern verfolgt. Beschimpfungen über das Internet sind an der Tagesordnung. Die kürzlich erfolgte Aufforderung der Taliban an Malala, dass sie doch daheim eine Koranschule besuchen könnte, muss man als Entlastungsmanöver bewerten. Das Swat-Tal ist nach wie vor eine Hochburg der Taliban, die Angst noch immer allgegenwärtig.

Unbekannt bleiben wollende Abgeordnete aus Frankreich, Kanada und Norwegen haben im Februar 2013 Malala offiziell für den Friedensnobelpreis nominiert, den sie letztlich nicht bekam, zweifellos wegen ihres Alters. Doch sie wurde vom amerikanischen Präsidenten Barack Obama im Weißen Haus empfangen, Queen Elisabeth II. lud sie in den Buckingham Palace. Weitere Auszeichnungen wie der von einer Menschenrechtsorganisation verliehene Anna-Politkowskaja-Preis sowie der internationale Friedenspreis für Kinder (»KidsRights«), der mit 100.000 Euro dotiert ist, würdigten Malalas Einsatz. Am 12. Oktober 2013 wurde ihr in Straßburg im EU-Parlament von Parlamentspräsident Martin Schulz der Sacharow-Preis für Meinungsfreiheit überreicht.

Der bereits mit einem Oscar ausgezeichnete Dokumentarfilmer Davis Guggenheim will Malalas Leben verfilmen. Noch 2013 erschien ihre Biographie mit dem Titel »I am Malala«. Malala und das zweite Mädchen, das beim Attentat verletzt wurde, besuchen nun beide eine Highschool in Birmingham. Ihre Zukunft sieht der pakistanische Tecnager, der ursprüngliche Ärztin werden wollte, nun in der Politik. Sie will in ihrem Land Premier werden, um Mädchen eine Ausbildung zu ermöglichen.

Literaturliste

Amirpur Katajun, Gott ist mit den Furchtlosen. Schirin Ebadi – Die Friedensnobelpreisträgerin und der Kampf um die Zukunft Irans, Herder spektrum Freiburg 2003

Bengtsson Jesper, Ikone der Freiheit. Aung San Suu Kyi. Eine Biographie, Rotbuch Berlin 2009

Bracke Gerhard, Melitta Gräfin Stauffenberg. Das Leben einer Fliegerin, Langen Müller München 1990

Brinkschulte Eva/Labouvie Eva (Hrsg.), Dorothea Christiana Erxleben. Weibliche Gelehrsamkeit und medizinische Profession seit dem 18. Jahrhundert, Mitteldeutscher Verlag Halle (Saale) 2006

Burgos Elisabeth, Rigoberta Menchú. Leben in Guatemala, Lamuv Göttingen 1989

Ceranski Beate, »Und sie fürchtete sich vor niemandem.« Die Physikerin Laura Bassi (1711–1778), Campus Frankfurt 1996

Charles-Roux Edmonde, Coco Chanel. Ein Leben, Fischer Frankfurt 1990

Egghardt Hanne, Österreicher entdecken die Welt. Forscher, Abenteurer, Pioniere, Styria premium Wien 2011

Fölsing Ulla, Geniale Beziehungen. Berühmte Paare in der Wissenschaft, Beck München 1999

Fürle Brigitte (Hrsg.), Ida Pfeiffer. Eine Frau fährt um die Welt. Promedia Wien 1989

Genschorek Wolfgang, Schwester Florence Nightingale, Hirzel Leipzig 1990

Göttler Norbert, Mutter Teresa, Rowohlt Reinbek bei Hamburg 2010

Habinger Gabriele, Ida Pfeiffer. Eine Forschungsreisende des Biedermeier, Milena Verlag Wien 2004

Hamann Brigitte, Bertha von Suttner. Ein Leben für den Frieden, Piper München 1986

Harenberg Lexikon der Nobelpreisträger. Alle Preisträger seit 1901. Ihre Leistungen, ihr Leben, ihre Wirkungen. Harenberg Lexikon Verlag Dortmund 2000

Hastedt Regina, Dorothea Erxleben. Historischer Roman über die erste deutsche Ärztin, Oberbaum Berlin 1995

Heiland Helmut, Maria Montessori, Rowohlt Reinbek bei Hamburg 1991

Hervé Florence/Höltschl Rainer (Hrsg.), absolute Simone de Beauvoir, Orange Press Freiburg 2003

Hoffrath Christiane, Bücherspuren. Das Schicksal von Elise und Helene Richter und ihrer Bibliothek im »Dritten Reich«, Böhlau Wien 2010

Honegger Claudia/Wobbe Theresa, Frauen in der Soziologie. Neun Portraits, Beck München 1998

Jahoda Marie/Lazarsfeld Paul/Zeisel Hans, Die Arbeitslosen von Marienthal. Ein soziographischer Versuch, edition suhrkamp Frankfurt 1978

Keintzel Brigitta/Korotin Ilse (Hrsg.), Wissenschaftlerinnen in und aus Österreich. Leben – Werk – Wirken, Boehlau Wien 2002

Kerner Carlotte (Hrsg.), Nicht nur Madame Curie … Frauen, die den Nobelpreis bekamen, Beltz&Gelberg Weinheim 1997

Kluwe Sigbert, Weibliche Radikalität. Historische Fallstudien, Campus Frankfurt 1979

Köhler-Lutterbeck Ursula/Siedentopf Monika, Lexikon der 1000 Frauen, Dietz Bonn 2000

Melchior Gerda/Schütz Volker, Jane's Journey. Die Lebensreise der Jane Goodall, Hansanord Feldafing 2011

Menchú Rigoberta/Liano Dante, Das Mädchen aus Chimel, Peter Hammer Verlag Wuppertal 2000

Pankhurst Emmeline, Ein Leben für die Rechte der Frauen. Mit einem Nachwort von Agnes S. Fabian und Hellmut Roemer, Steidl Göttingen 1996

Pernoud Régine, Hildegard von Bingen. Ihre Welt – Ihr Wirken – Ihre Vision, Herder Spektrum Freiburg 1996

Plankensteiner Barbara/von Bussel Gerard/Augustat Claudia, Abenteuer Wissenschaft. Etta Becker-Donner in Afrika und

Lateinamerika, Museum für Völkerkunde Wien, Ausstellungskatalog 2012

Schnittger Marianne, Hatschepsut. Eine Frau als König von Ägypten, WBG Darmstadt 2011

Schödl Ingeborg, Männerwelten – Frauenwerke. Hildegard Burjans Vermächtnis an Politik und Kirche, Edition Tau Bad Sauerbrunn 1991

Schröder Hannelore, Die Frau ist frei geboren. Texte zur Frauenemanzipation, Band I: 1789–1870, Beck München 1979

Schubert Kathrin, Maria Sibylla Merian. Reise nach Surinam, Frederking&Thaler München 2010

Sirleaf Ellen Johnson, Mein Leben für Liberia. Die erste Präsidentin Afrikas erzählt, Krüger Frankfurt 2009

Tollmien Cordula, Fürstin der Wissenschaft. Die Lebensgeschichte der Sofja Kowalewskaja, Beltz&Gelberg Weinheim 1995

Verdel Helena/Kogoj Traude, Die hundert bedeutendsten Frauen des europäischen Ostens, Wieser Klagenfurt 2003

Winter Michael, Pferdestärken. Die Lebensliebe der Clärenore Stinnes, Rowohlt Reinbek bei Hamburg 2004

Yousafzai Malala mit Christina Lamb, Ich bin Malala. Das Mädchen, das die Taliban erschießen wollten, weil es für das Recht auf Bildung kämpft, Droemer München 2013

Zimmermann Helmut/Bieger Eckhard, Elisabeth. Heilige der christlichen Nächstenliebe, Topos Kevelaer 2006